PREMIÈRE ÉDITION

DES OEUVRES COMPLETTES

DE

PIERRE CORNEILLE.

12 VOLUMES IN-8°.

AVERTISSEMENT DE L'ÉDITEUR.

« Le génie de Corneille, dit Voltaire [1], a tout créé en « France. Avant lui, presque personne ne pensait avec « force et ne s'exprimait avec noblesse. » En effet, Corneille a, le premier, ouvert les ames au sentiment du beau et s'est servi de l'art pour ennoblir la pensée; il a fait la langue puissante avant Pascal, la poésie sublime avant Racine; *le Cid, Horace, Cinna, Polyeucte, le Menteur,* et d'autres chefs-d'œuvres, lui ont mérité le nom de Père du théâtre français; en 1836, sa ville natale, Rouen, lui érigea une statue; cependant, en 1854, on n'a pas encore une édition exacte et complette des œuvres de ce poëte « véritablement né pour « la gloire de son pays, comparable aux Eschyle, aux « Sophocle, aux Euripide, dont la fameuse Athènes ne

---

[1] Note sur *Héraclius*, acte IV, scène III. Voyez aussi, livre VI, la dernière note de l'acte V d'*Andromède*, et la première de l'*Examen* de cette pièce.

« s'honore pas moins que des Thémistocle, des Périclès,
« qui vivaient en même temps qu'eux [1]. »

En 1845, nous apprimes que l'édition des œuvres de Pierre Corneille éditée par M. Parelle, publiée par nous en 1824, n'est pas complette, et nous résolûmes d'en préparer une nouvelle. Réunir les éditions originales, pour les conférer et y recueillir les variantes; rechercher les ouvrages encore inédits, et ceux que Pierre Corneille a publiés, mais que les éditeurs n'ont peut-être pas connus; faire rectifier et completter le commentaire de Voltaire : telle est la tâche que nous nous sommes imposée.

Quel texte a-t-on adopté[2]? qu'a-t-on ajouté aux éditions précédentes? par qui, et dans quelles vues, les nouvelles notes ont-elles été écrites? Ces questions pouvant être faites, nous desirons les prévenir.

Pierre Corneille a publié beaucoup d'éditions, ou partielles ou collectives, de ses ouvrages; mais ce n'est qu'en 1682, dans sa 76e année, qu'il réunit et publia, avec de nouvelles corrections, tout son théâtre, ses examens de pièces, et ses discours sur la poésie dramatique. Ce fut comme son dernier mot : deux ans après, il n'existait plus.

On a dit, et avec raison, que cette édition de 1682 est très incorrecte; néanmoins, elle est la base de notre

---

[1] RACINE, *Discours à l'Académie françoise pour la réception de Thomas Corneille.*

[2] Il existe trois textes du théâtre de Pierre Corneille : celui de l'auteur, édition de 1682; celui revu et corrigé par son frère, édition de 1692, et celui des éditions publiées par Voltaire en 1764 et 1774. Voyez ci-après la note 2 de la page 3.

réimpression. Ainsi que l'a fait remarquer M. Parelle [1], « des négligences typographiques, faciles à expliquer « par le grand âge de l'auteur et par l'état de faiblesse « dans lequel il vécut pendant ses dernières années, ne « sauraient ôter à l'édition de 1682 l'autorité que sa date « lui assure. Du reste, il a suffi de conférer les éditions « antérieures pour faire disparaître ces incorrections. »

Grace à la bienveillante obligeance de messieurs les administrateurs de la bibliothèque du roi, aujourd'hui bibliothèque impériale, de ceux de la bibliothèque de la ville de Paris, de M. Beuchot, de M. Victor Cousin, etc., etc., presque toutes les éditions publiées par Pierre Corneille ont été longtemps sous nos yeux. Nous en avons fait la collation. Ce long et minutieux travail nous a donné la certitude que le texte de l'édition de 1824 fut très bien établi par M. Parelle; c'est le véritable texte de l'auteur, puisque c'est celui de 1682, sans les fautes typographiques. Nous le reproduisons, après y avoir fait quelques corrections qui nous ont été fournies par la collation des éditions originales [2].

---

[1] Dans la *Préface* de notre édition de 1824.

[2] L'édition de 1692 porte sur les titres : *revue et corrigée par l'auteur;* mais le privilége dit formellement, au contraire, que les changements et les corrections sont de Thomas Corneille. Les nombreuses différences qu'on trouve dans cette édition n'étant point de l'auteur des pièces, nous ne devions pas préférer le texte de 1692. Celui des éditions publiées par Voltaire ne peut non plus remplacer le texte de 1682. Voltaire n'a point connu l'édition de 1682, ou du moins il ne l'a pas consultée ; car il a très souvent donné le texte des premières : aussi lui est-il arrivé de faire des remarques sur des vers qui n'existaient plus, et de relever des fautes que Corneille avait cor-

Quant aux recherches pour completter la collection des œuvres, elles n'ont pas été inutiles; nous ajoutons aux éditions précédentes :

Un poëme de 244 vers, *le Presbytère d'Hénouville*, imprimé à Rouen en 1642.
Un sonnet sur Louis XIII.
La lettre de Corneille à Colbert, sur le retard qu'éprouvait le payement de sa pension.
Des vers à Louis XIV sur le même sujet.
Des vers à Scudéry, sur sa comédie du *Trompeur puni*.
Un sonnet à M. de Campion.
Une lettre de Corneille à Rotrou.
La préface de l'édition de 1654.
Un quatrain pour le Christ de saint Roch.
Neuf hymnes pour le jour de la fête de sainte Geneviève.
Quatre lettres de Corneille, sur l'auteur de l'*Imitation de Jésus-Christ*.
Un volume in-12 de 540 pages, dédié à la reine, intitulé : *l'Office de la Sainte Vierge, les sept Pseaumes pénitentiaux, les Vespres et Complies du dimanche, le tout tradvit en françois, tant en vers qv'en prose, avec tous les Hymnes du Breviaire romain, mis aussi en vers françois,* par P. Corneille; Paris, 1670. Ce volume ne se trouve dans aucune collection de ses œuvres; cependant il prouve deux faits : que Corneille fut très pieux, et que, ne croyant pas qu'il pût suffire d'instruire et de charmer le monde, il voulut aussi l'édifier [1].

Nous regrettons beaucoup de ne pouvoir augmenter notre édition de la traduction en vers que Corneille a

rigées. Voyez les variantes du *Cid*, du *Menteur*, de *Pompée*.

[1] On sait que Corneille ne fit, en livres de piété, que des traductions. Voici la raison qu'il en donne; elle nous semble confirmer l'assertion qu'il fut très pieux : « Nous avons tous « l'obligation d'employer à la gloire de Dieu une partie des

faite des deux premiers livres de *la Thébaïde* de Stace ; mais les recherches de M. Floquet, de l'académie de Rouen, de M. Aimé-Martin, etc., etc., ainsi que les nôtres, n'ont eu aucun résultat. Déja, au commencement du siècle dernier, Fontenelle et le premier éditeur des *OEuvres diverses de P. Corneille* cherchèrent et ne purent trouver un exemplaire de cette traduction[1] ; elle fut cependant publiée du vivant de l'auteur ; car la permission de l'imprimer fut accordée en 1671, et Ménage, dans ses *Observations sur la langue françoise, Paris*, 1675, en cite trois vers, avec l'indication des pages auxquelles il renvoie. La traduction du poëme n'étant pas complette, peut-être n'en fut-il imprimé qu'un très petit nombre.

« talents que nous en avons reçus. Il ne faut pas toutefois atten-
« dre de moi, dans ces sortes de matières, autre chose que des
« traductions ou des paraphrases. Je suis si peu versé dans la
« théologie et dans la dévotion, que je n'ose me fier à moi-même
« quand il en faut parler. Je les regarde comme des routes in-
« connues où je m'égarerois aisément si je ne m'assurois de
« bons guides ; et ce n'est pas sans beaucoup de confusion que je
« me sens un esprit si fécond pour les choses du monde, et si
« stérile pour celles de Dieu... » (Voyez, t. XII, l'avis *Au lecteur*
qui précède les *Louanges de la Sainte Vierge*.)

[1] Il falloit, dit Fontenelle (*Vie de Corneille*), qu'il n'eût point d'aversion pour Stace, quoique inférieur à Lucain, puisqu'il en a traduit en vers et publié les deux premiers livres de *la Thébaïde*. Ils ont échappé à toutes les recherches qu'on a faites depuis un temps pour en trouver quelque exemplaire. — J'aurois souhaité orner ce Recueil de la traduction, par M. Corneille, des deux premiers livres de Stace ; mais, quelque soin que je me sois donné, il ne m'a pas été possible de la découvrir. (*Préface des OEuvres diverses de P. Corneille ; Paris*, 1738.)

Il nous reste à parler des annotations et des variantes.

Notre *Variorum* se compose du commentaire de Voltaire, des notes inédites de M. Aimé-Martin, des remarques de La Harpe, de Palissot, de Marmontel, etc.

Lorsque nous fûmes décidé à publier une nouvelle édition des œuvres de Corneille, M. Aimé-Martin nous conseilla de la faire semblable à nos dernières éditions in-8° de Racine et de Molière (1844-45). « Réimprimez, nous dit-il, le commentaire de Voltaire [1]; sauf quelques irrévérences et un petit nombre d'erreurs, c'est encore aujourd'hui le chef-d'œuvre du genre; je me charge des notes pour le completter; je ne chercherai que l'utile, que le vrai. » Effectivement, les notes de M. Aimé-Martin offrent peu de discussions, et beaucoup de faits; il a voulu rectifier, completter; mais il n'a pas voulu rabaisser l'œuvre d'un homme de goût, d'esprit et de talent. Quelques mois après la mort de M. Aimé-Martin, ses exécuteurs testamentaires nous remirent ce qu'il avait écrit pour notre édition. Plus de six cents notes sur les principales pièces étaient achevées; elles sont insérées dans le commentaire, et signées des initiales de son nom. M. Aimé-Martin avait aussi terminé une *Étude* de la langue de Corneille et du commentaire de Voltaire : nous la donnons. Cette *Étude* démontre que P. Corneille fut le premier et le plus ingénieux réformateur de notre langue : dans la seconde partie de son *Étude*, M. Aimé-Martin signale

[1] Nous avons même conservé ses remarques sur des vers supprimés ou changés par Corneille. Ses préfaces se retrouvent en notes.

les torts et la cause des erreurs du commentateur de Corneille.

Le nombre des variantes a été un peu augmenté. Les variétés de leçons des grands écrivains ont en général de l'intérêt; mais celles de Corneille sont nécessaires lorsqu'on veut connaître entièrement le génie créateur de ce grand poëte. Dans les premières pièces, les variantes offrent le tableau de la licence du théâtre au commencement du xviie siècle; elles sont, en outre, un témoignage de l'amélioration des mœurs de ce temps. Les corrections et les changements ayant un double but, la décence et la langue, le recueil des œuvres de Corneille serait incomplet, si l'on n'y trouvait pas les premières leçons. Nous avons ajouté aux variantes la date des éditions qui les contiennent. Ces dates ne seront point inutiles aux historiens de notre langue; elles prouveront, du moins, que nous avons conféré beaucoup d'éditions originales.

La *Notice sur Corneille*, par Fontenelle, est suivie de *Nouveaux détails sur la vie de ce grand poëte*, par Emm. Gaillard, secrétaire perpétuel de l'académie de Rouen.

Enfin, après beaucoup de recherches et de longs travaux, nous offrons aux amis de la littérature du xviie siècle : la première édition complette des œuvres de Pierre Corneille, le texte de la dernière édition revue et corrigée par l'auteur, les variantes, le commentaire de Voltaire, les 600 notes inédites de M. Aimé-Martin, des remarques de La Harpe, de Marmontel, de Palissot, de Lemercier, etc., etc.

Les soins et le temps employés à l'établissement de

cette réimpression nous font espérer un favorable accueil des amateurs de bonnes éditions : ce serait un puissant encouragement pour continuer la publication de la collection des Classiques français, que nous nous proposons de donner en 60 vol. Quatorze sont en vente : les œuvres de Molière, 6 vol.; celles de Racine, 6 vol., et les Aventures de Télémaque, 2 vol.

Lefèvre.

L'exécution typographique de la nouvelle édition des OEuvres de Corneille est confiée à MM. Firmin Didot frères; très probablement, elle satisfera MM. les amateurs de beaux livres. Les caractères sont de la fonderie de M. Rignoux; ils rappellent les beaux types de M. Pierre Didot l'aîné. Le papier est celui de cet *Avertissement-Prospectus*.

Le premier volume sera en vente en février 1854, et, chaque mois, il sera publié un volume, dont le prix est de 7 fr.

On peut souscrire, dès à présent, sans rien payer d'avance,

A PARIS,

CHEZ L'ÉDITEUR, RUE HAUTEFEUILLE, 18.

La liste des Souscripteurs sera imprimée à la fin du dernier volume.

PARIS. — TYPOGRAPHIE DE FIRMIN DIDOT FRÈRES.
rue Jacob, 56.

LES
CLASSIQUES FRANÇOIS

PUBLIÉS

PAR M. LEFÈVRE.

QUINZIÈME VOLUME.

PARIS. — TYPOGRAPHIE DE FIRMIN DIDOT FRÈRES,
Imprimeurs de l'Institut de France.
RUE JACOB, 56.

OEUVRES

DE

P. CORNEILLE

AVEC LES NOTES

DE TOUS LES COMMENTATEURS.

TOME PREMIER.

A PARIS,

CHEZ FIRMIN DIDOT FRÈRES, LIBRAIRES,

RUE JACOB, 56;

ET CHEZ L'ÉDITEUR, RUE HAUTEFEUILLE, 18.

M DCCC LIV.

AVIS DE L'ÉDITEUR.

« Le génie de Corneille, dit Voltaire [1], a tout créé « en France. Avant lui, presque personne ne pensait « avec force et ne s'exprimait avec noblesse. » En effet, Corneille a, le premier, ouvert les ames au sentiment du beau et s'est servi de l'art pour ennoblir la pensée ; il a fait la langue puissante avant Pascal, la poésie sublime avant Racine ; *le Cid, Horace, Cinna, Polyeucte, le Menteur*, et d'autres chefs-d'œuvre, lui ont mérité le nom de Père du théâtre français ; en 1836, sa ville natale, Rouen, lui érigea une statue : cependant, en 1854, on n'a pas encore une édition exacte et complette des œuvres de ce poëte « véritablement né pour « la gloire de son pays, comparable aux Eschyle, aux « Sophocle, aux Euripide, dont la fameuse Athènes ne « s'honore pas moins que des Thémistocle, des Périclès, « qui vivoient en même temps qu'eux [2]. »

En 1845, nous apprîmes que l'édition des œuvres

---

[1] Note sur *Héraclius*, acte IV, scène III. Voyez aussi, tome VI, la dernière note de l'acte V d'*Andromède*, et la première de l'*Examen* de cette pièce.

[2] RACINE, *Discours à l'Académie françoise pour la réception de Thomas Corneille*.

de Pierre Corneille éditée par M. Parelle, publiée par nous en 1824, n'est pas complette, et nous résolûmes d'en préparer une nouvelle. Réunir les éditions originales, pour les conférer et y recueillir les variantes; rechercher les ouvrages encore inédits, et ceux que Pierre Corneille a publiés, mais que les éditeurs n'ont peut-être pas connus; faire rectifier et completter le commentaire de Voltaire : telle est la tâche que nous nous sommes imposée.

Quel texte a-t-on adopté [1] ? qu'a-t-on ajouté aux éditions précédentes? par qui, et dans quelles vues, les nouvelles notes ont-elles été écrites? Ces questions pouvant être faites, nous desirons les prévenir.

Pierre Corneille a publié beaucoup d'éditions, ou partielles ou collectives, de ses ouvrages; mais ce n'est qu'en 1682, dans sa 76e année, qu'il réunit et publia, avec de nouvelles corrections, tout son théâtre, ses examens de pièces, et ses discours sur la poésie dramatique. Ce fut comme son dernier mot : deux ans après, il n'existait plus.

On a dit, et avec raison, que cette édition de 1682 est très incorrecte; néanmoins, elle est la base de notre réimpression. Ainsi que l'a fait remarquer M. Parelle [2], « des négligences typographiques, faciles à expliquer « par le grand âge de l'auteur et par l'état de faiblesse

---

[1] On a trois textes du théâtre de Pierre Corneille : celui de l'auteur, édition de 1682; celui revu et corrigé par son frère, édition de 1692, et celui des éditions publiées par Voltaire en 1764 et 1774. Voyez ci-après la note 1 de la page 3.

[2] Dans la *Préface* de notre édition de 1824.

« dans lequel il vécut pendant ses dernières années, ne
« sauraient ôter à l'édition de 1682 l'autorité que sa
« date lui assure. Du reste, il a suffi de conférer les
« éditions antérieures pour faire disparaître ces incor-
« rections. »

Grace à la bienveillante obligeance de messieurs les administrateurs de la bibliothèque du roi, aujourd'hui bibliothèque impériale, de ceux de la bibliothèque de la ville de Paris, de M. Beuchot, de M. Victor Cousin, etc., etc., presque toutes les éditions publiées par Pierre Corneille ont été longtemps sous nos yeux. Nous en avons fait la collation. Ce long et minutieux travail nous a donné la certitude que le texte de l'édition de 1824 fut très bien établi par M. Parelle; c'est le véritable texte de l'auteur, puisque c'est celui de 1682, sans les fautes typographiques. Nous le reproduisons, après y avoir fait quelques corrections qui nous ont été fournies par la collation des éditions originales [1].

Quant aux recherches pour completter la collection

---

[1] L'édition de 1692 porte sur les titres : *revue et corrigée par l'auteur;* mais le *privilége* dit formellement, au contraire, que les changements et les corrections sont de Thomas Corneille. Les nombreuses différences qu'on trouve dans cette édition n'étant point de l'auteur des pièces, nous ne devions pas préférer le texte de 1692. Celui des éditions publiées par Voltaire ne peut non plus remplacer le texte de 1682. Voltaire n'a pas connu l'édition de 1682, ou du moins il ne l'a point consultée; car il a très souvent donné le texte des premières : aussi lui est-il arrivé de faire des remarques sur des vers qui n'existaient plus, et de relever des fautes que Corneille avait corrigées. Voyez les variantes du *Cid*, du *Menteur*, de *Pompée*, etc.

des œuvres, elles n'ont pas été inutiles; nous ajoutons aux éditions précédentes :

Un poëme de 244 vers, le *Presbytère d'Hénouville*, imprimé à Rouen en 1642.
Un sonnet sur Louis XIII.
La lettre de Corneille à Colbert, sur le retard qu'éprouvoit le payement de sa pension.
Des vers à Louis XIV sur le même sujet.
Des vers à Scudéri, sur sa comédie du *Trompeur puni*.
Un sonnet à M. de Campion.
Une lettre de Corneille à Rotrou.
La préface de l'édition de 1654.
Un quatrain pour le Christ de Saint-Roch.
Neuf hymnes pour le jour de la fête de sainte Geneviève.
Quatre lettres de Corneille, sur l'auteur de l'*Imitation de Jésus-Christ*.
Un volume in-12 de 540 pages, dédié à la reine, intitulé : *L'Office de la sainte Vierge, les sept Pseaumes Pénitentiaux, les Vespres et Complies du Dimanche, le tout tradvit en françois, tant en vers qv'en prose, avec tous les Hymnes du Breviaire romain, mis aussi en vers françois*, par P. Corneille; Paris, 1670. Ce volume ne se trouve dans aucune collection de ses œuvres; cependant il prouve deux faits : que Corneille fut très pieux, et que, ne croyant pas qu'il pût suffire d'instruire et de charmer le monde, il voulut aussi l'édifier [1].

Nous regrettons beaucoup de ne pouvoir augmenter notre édition de la traduction en vers que Corneille a

---

[1] On sait que Corneille ne fit, en livres de piété, que des traductions. Voici la raison qu'il en donne; elle nous semble confirmer l'assertion qu'il fut très pieux : « Nous avons tous l'obli« gation d'employer à la gloire de Dieu une partie des talents que « nous en avons reçus. Il ne faut pas toutefois attendre de moi, « dans ces sortes de matières, autre chose que des traductions ou « des paraphrases. Je suis si peu versé dans la théologie et dans « la dévotion, que je n'ose me fier à moi-même quand il en faut

DE L'ÉDITEUR.

faite des deux premiers livres de *la Thébaïde* de Stace ; mais les recherches de M. Floquet, de l'académie de Rouen, de M. Aimé-Martin, etc., etc., ainsi que les nôtres, n'ont eu aucun résultat. Déja, au commencement du siècle dernier, Fontenelle et le premier éditeur des *OEuvres diverses de P. Corneille*, cherchèrent et ne purent trouver un exemplaire de cette traduction [1] ; elle fut cependant publiée du vivant de Corneille ; car la permission de l'imprimer fut accordée en 1671 [2], et Ménage, dans ses *Observations sur la langue françoise*, Paris, 1675, en cite trois vers, en indiquant les pages où ils se trouvent [3]. La traduction du poëme n'étant pas complette, peut-être n'en fut-il imprimé qu'un très petit nombre.

« parler. Je les regarde comme des routes inconnues où je m'éga-
« rerois aisément si je ne m'assurois de bons guides, et ce n'est
« pas sans beaucoup de confusion que je me sens un esprit si
« fécond pour les choses du monde, et si stérile pour celles
« de Dieu... » (Voyez, t. XII, l'avis *Au lecteur* qui précède les *Louanges de la Sainte Vierge*.)

[1] « Il falloit, dit Fontenelle (*Vie de Corneille*), qu'il n'eût point d'aversion pour Stace, quoique inférieur à Lucain, puisqu'il en a traduit en vers et publié les deux premiers livres de *la Thébaïde*. Ils ont échappé à toutes les recherches qu'on a faites depuis un temps pour en trouver quelque exemplaire. » — « J'aurois souhaité orner ce Recueil de la traduction, par M. Corneille, des deux premiers livres de Stace ; mais quelque soin que je me sois donné, il ne m'a pas été possible de la découvrir. » (*Préface des OEuvres diverses de P. Corneille*; Paris, 1738.)

[2] Cette permission est énoncée dans le *Privilége* pour *Tite et Bérénice*.

[3] Voyez les *Observations sur la langue françoise*, par Ménage, 1675, tome I, pages 133 et 168.

Il nous reste à parler des annotations et des variantes.

Notre *Variorum* se compose du commentaire de Voltaire, des notes inédites de M. Aimé-Martin, des remarques de La Harpe, de Palissot, de Marmontel, etc.

Lorsque nous fûmes décidé à publier une nouvelle édition des œuvres de Corneille, M. Aimé-Martin nous conseilla de la faire semblable à nos dernières éditions in-8° de Racine et de Molière (1844-45). « Réimprimez, nous dit-il, le commentaire de Voltaire[a]; sauf quelques irrévérences et un petit nombre d'erreurs, c'est encore aujourd'hui le chef-d'œuvre du genre. Je me charge des notes pour le completter; je ne chercherai que l'utile, que le vrai. » Effectivement, les notes de M. Aimé-Martin offrent peu de discussions, mais beaucoup de faits; il a voulu rectifier, completter, et n'a pas voulu rabaisser l'œuvre d'un homme de goût, d'esprit et de talent. Quelques mois après la mort de M. Aimé-Martin, ses exécuteurs testamentaires nous remirent ce qu'il avait écrit pour notre édition. Plus de six cents notes sur les principales pièces étaient achevées; elles sont insérées dans le commentaire, et signées des initiales de son nom. M. Aimé-Martin avait aussi terminé une *Étude* de la langue de Corneille et du commentaire de Voltaire : nous la donnons. Cette *Étude* démontre que P. Corneille fut le premier et le

---

[1] Nous avons même conservé ses remarques sur des vers supprimés ou changés par Corneille. Ses préfaces se retrouvent en notes.

plus ingénieux réformateur de notre langue : dans la seconde partie de son *Étude*, M. Aimé-Martin signale les torts et la cause des erreurs du commentateur de Corneille.

Le nombre des variantes a été un peu augmenté. Les différences de leçons des grands écrivains ont en général de l'intérêt ; mais celles de Corneille sont nécessaires lorsqu'on veut connaître entièrement le génie créateur de ce grand poëte. Dans les premières pièces, les variantes offrent le tableau de la licence du théâtre au commencement du XVIIe siècle ; elles sont, en outre, un témoignage de l'amélioration des mœurs de ce temps. Les corrections et les changements ayant un double but, la décence et la langue, le recueil des œuvres de Corneille serait incomplet, si l'on n'y trouvait pas les premières leçons. Nous avons ajouté aux variantes la date des éditions qui les contiennent. Ces dates ne seront peut-être pas inutiles aux historiens de notre langue ; elles prouveront, du moins, que nous avons conféré beaucoup d'éditions originales.

La *Notice sur Corneille*, par Fontenelle, est suivie de *Nouveaux détails sur la vie de ce grand poëte*, par Emm. Gaillard, secrétaire perpétuel de l'académie de Rouen.

La traduction de l'*Imitation de Jésus-Christ* est accompagnée du texte latin et des variantes.

Enfin, après beaucoup de recherches et de longs

AVIS DE L'ÉDITEUR.

travaux, nous offrons aux amis de la littérature du xviie siècle : la première édition complette des œuvres de Pierre Corneille, le texte de la dernière édition revue et corrigée par l'auteur, les variantes, le commentaire de Voltaire, les 600 notes inédites de M. Aimé-Martin, des remarques de La Harpe, de Marmontel, de Palissot, de Lemercier, etc., etc.

LEFÈVRE.

LES NOMS DES ANNOTATEURS SONT AINSI INDIQUÉS :

AIMÉ-MARTIN.	A.-M.
LA HARPE.	LA H.
LEMERCIER.	LEM.
MARMONTEL.	MARM.
PALISSOT.	P.
PARELLE.	PAR.
VOLTAIRE.	V.

ÉTUDE

DE LA LANGUE DE CORNEILLE

ET DU COMMENTAIRE DE VOLTAIRE.

I.

DE LA LANGUE DE CORNEILLE.

Lorsque Corneille vint, une grande révolution se préparait dans les mœurs. Une certaine pruderie inconnue de nos pères, et qui n'était que la pudeur, tendait à relever l'humanité. Au lieu de faire de nos infirmités un sujet inépuisable de folâtreries et de gausseries, comme Rabelais et Montaigne, on essayait déjà de les voiler. Corneille n'est pas du siècle de Louis XIV; mais il y touche : le *Cid* vint donc à temps. Dans l'action la plus simple et la plus émouvante, l'honneur et l'amour s'élèvent jusqu'à l'héroïsme. C'est ainsi que, par la noblesse des sentiments, nous fûmes appelés à plus de dignité, et par la dignité à la politesse, qui est le respect que l'homme se porte à lui-même. Dès lors la langue s'épure comme le cœur, les mots rudes disparaissent, les images grossières s'évanouissent. L'homme ne rit plus de son corps qu'il ne peut refaire, mais il rit encore de ses vices qu'il peut corriger. En ennoblissant les sentiments, Corneille fait une double révolution dans les mœurs et dans la langue; il prépare la société du grand siècle, cette société qui devait civiliser le monde.

Pour apprécier avec justice la marche de Corneille, il faut l'étudier à son point de départ, dans *Mélite* et dans *Clitandre*. Les premières éditions de ces pièces ont parfois la crudité des contes de la reine de Navarre et la licence de ceux de Boccace. Les éditions suivantes constatent, par de nombreuses corrections, les progrès de l'ame du poëte et son double travail pour donner la moralité à la scène et la pureté à la langue. Il serait impossible aujourd'hui de citer un seul des vers licencieux qui, au début de Corneille, enchantaient ses spectateurs, et que, plus tard, de son propre mouvement, le premier et sans modèle, il se hâta de supprimer. Ce fut un sacrifice ; il le fit sans ostentation et sans faiblesse, instruisant le public et le préparant, par ce glorieux exemple, aux grandes leçons de Racine et de Molière.

Corneille, devenu vieux, a donc pu dire de lui-même, sans être accusé d'outrecuidance, « qu'il laissoit, après « vingt ans de travaux, le théâtre en meilleur état qu'il ne « l'avait trouvé et du côté de l'art et du côté des mœurs[1]. » Il aurait pu ajouter, et du côté de la langue. Nous nous arrêterons sur ce point inexploré de l'histoire littéraire : c'est là surtout l'objet de notre examen.

Observons d'abord Corneille au moment où, dans des corrections pleines de hardiesse, il cherche à se débarrasser d'une multitude de mots surannés que lui-même, à son début, avait employés dans *Mélite*, ou dans *Clitandre*. La transition est très marquée, elle signale la décadence des derniers vestiges du vieux gaulois, et l'introduction des mots français. Alors on le voit substituer *laisser* à *lairrer*, *donner* à *bailler*, *persuasion* à *suasion*, *imprévu* à *impourvu*, *prix* à *loyer*, *tromper* à *affiner*; alors il supprime les mots *soulas*, *forcenerie*, *à guise*, *avecque*, *bastant*, *consomme* dans le sens de *consume*, et ces locutions décrépites, *se saouler*

---

[1] *Préface de Pertharite*.

DE LA LANGUE DE CORNEILLE.

à son dam, pour *se contenter à ses périls; mettre en cervelle*, pour *préoccuper, inquiéter* : toutes expressions employées dans la première édition de *Clitandre* et de *Mélite*, et dont Corneille a dit, dans l'examen de cette dernière pièce, que le style naïf était alors une peinture de la conversation des honnêtes gens [1].

Mais c'était peu de dégrossir la langue, il fallait réparer ses pertes; il fallait plus, il fallait l'élever jusqu'à la poésie et la rendre capable d'exprimer noblement de nobles pensées. Telle était alors sa pauvreté, qu'un poëte n'aurait pu qualifier, sans de longues périphrases, soit le bras qui punit, soit le cœur qui pardonne, soit les disgraces du sort et de la fortune, soit enfin cette qualité de l'esprit qui fait entreprendre les choses avec une adroite légèreté. Corneille voulant que toutes ces choses pussent se dire d'un mot, il fit *punisseur* [2], *exorable* [3], *infélicité* [4], qui sont restés français, et il popularisa *dextérité*, depuis peu introduit dans la langue. Des circonvolutions interminables étaient également nécessaires pour spécifier un raisonnement qui n'a que l'apparence de la vérité, ou une finesse difficile à démêler, ou un caractère plein de ruses et de déguisements; Corneille créa le mot *captieux* [5], qui représente aujourd'hui toutes ces nuances d'idées : il créa également le mot *impénétrable* [6], mot si nécessaire qu'on le croirait aussi vieux que la langue, et qui, cependant, n'y entra qu'en 1640. Ainsi, avant Corneille on n'aurait pu dire : des arbres *impénétrables* aux rayons du soleil, ou, figurément, en se servant de la même expression : les desseins de Dieu sont *impénétrables*. On a écrit que Corneille avait

---

[1] *Examen de Mélite*.
[2] *Pompée*, acte IV, scène IV.
[3] *Cinna*, acte III, scène III.
[4] *Polyeucte*, acte V, scène III.
[5] *Rodogune*, acte IV, scène V.
[6] *Polyeucte*, acte V, scène III.

également créé le mot *invaincu*, qu'on trouve dans le *Cid*; c'est une erreur, le mot est de Ronsard; mais Corneille, en le plaçant dans un chef-d'œuvre, le fit français.

La plupart de ses innovations semblent d'ailleurs n'avoir d'autre but que d'abréger. Les périphrases le gênent, il veut arriver, il veut peindre. C'est ainsi qu'au lieu de dire, comme on disait avant lui : *embraser derechef*, *flatter derechef*, *apaiser derechef*, il dit simplement *rapaiser*, *rembraser*, *reflatter*. Il ouvre la voie à ce genre de réduplicatifs si utiles, et que son exemple devait faire multiplier à l'infini. L'idée lui vient aussi de créer, à l'imitation de Montaigne, des verbes composés, tels que *s'entre-parler*, *s'entre-aimer*, *s'entre-regarder*, *s'entre-choquer*. Heureuse hardiesse qui débarrassait la langue de cette forme pesante : *se parler l'un à l'autre, se regarder l'un l'autre, se choquer l'un contre l'autre*. Enfin il imagina (et c'est son idée la plus hardie et la plus pittoresque), d'unir deux adjectifs contradictoires dont l'un deviendrait l'épithète de l'autre, transformé en substantif. Cette nouveauté devait produire des alliances de mots du genre de celles-ci : *adorable parjure, heureux ingrats, perfides généreux, cruels généreux*, alliances qui tirent toute leur valeur poétique de la place qu'elles occupent dans le discours, et de la pensée vive, concise, inattendue, que le poëte veut en faire jaillir.

Voyez dans *Horace* lorsque Julie vient raconter à Sabine, femme d'Horace et sœur de Curiace, que les deux camps émus de pitié s'opposent au combat sacrilége des alliés et des frères, et lorsque, voyant renaître l'espérance dans le cœur de Sabine, elle ajoute :

> Vous n'êtes pas, Sabine, encore où vous pensez......
> En vain d'un sort si triste on veut les garantir,
> Ces *cruels généreux* n'y peuvent consentir.

On sent que le poëte a trouvé le moyen d'exprimer, par l'alliance imprévue de ces deux adjectifs une foule d'idées et de sentiments qui bouleversent son ame : c'est l'héroïsme et la barbarie; c'est la vie donnée pour la gloire; c'est l'amour de la famille sacrifié à un amour plus puissant, l'amour de la patrie. Deux mots expriment tout cela et bien d'autres choses encore. L'effet vraiment prodigieux de ces sortes d'alliances est de répondre à toutes les émotions que fait naître une situation forte, ou une idée puissante : leur sens s'élargit suivant l'imagination de celui qui parle ou qui écoute.

Une si heureuse innovation ne devait pas rester sans imitateurs. Racine emprunta celle-ci à Corneille :

    Pleure, Jérusalem, pleure, cité perfide,
    Des prophètes divins *malheureuse homicide*.

Molière suivit l'exemple de Racine :

    Une *coupable aimée* est bientôt innocente.

Boileau vint ensuite, et l'association pittoresque de deux épithètes contradictoires lui inspira un des plus jolis vers du *Lutrin* :

    Sans sortir de leurs lits, plus doux que leurs hermines,
    Ces *pieux fainéants* faisoient chanter matines.

Enfin Voltaire qui, on ne sait trop pourquoi, a presque blâmé une hardiesse semblable dans *Héraclius*, dit lui-même dans la *Henriade* :

    L'amitié, que les rois, ces *illustres ingrats*,
    Sont assez malheureux pour ne connaître pas.

Voilà un succès bien constaté : la forme ne peut plus se perdre, elle est acquise à notre poésie. Toutefois il est bon de remarquer que l'abbé d'Olivet est le seul grammairien qui en ait parlé. Il a cité Boileau, mais il ne s'est pas avisé de remonter jusqu'à Corneille. Voltaire avait tant crié contre *les fautes de français* de celui qu'il gratifiait d'un commentaire, qu on eût traité de paradoxe l'idée de signaler le vieux poëte comme un des plus ingénieux et des plus ardents réformateurs de la langue. Personne alors n'eût osé lui attribuer autre chose que de beaux vers, et des barbarismes.

Sept années seulement séparent *Mélite* de la tragi-comédie du *Cid*, et déja toutes les vieilles locutions, tous les vieux mots, employés dans *Mélite,* ont disparu de la langue. Entre ces deux pièces, qui donc est venu imprimer le mouvement? Quels chefs-d'œuvres ont vu le jour? quels grands écrivains se sont révélés? Ni chefs-d'œuvre, ni grands écrivains. Je vois Rotrou, mais il ne donna son *Venceslas* qu'en 1649, qu'après les belles pièces de celui qu'il nommait son maître. Je vois Tristan, Mairet, Scudéri, Du Ryer, médiocrités envieuses, comme toutes les médiocrités; et plus envieux qu'eux tous, je vois le terrible cardinal qui, dans l'espoir d'étouffer l'admiration de tout un peuple, pousse l'Académie en corps contre *le Cid* et son auteur [1]. Et c'était là, en vérité, tout le siècle littéraire [2] au moment où Corneille enrichissait le théâtre et renouvelait la langue.

Ainsi rien de remarquable ne s'était passé, entre *Mélite* et *le Cid,* en dehors des travaux de Corneille. La révolution qui s'opérait dans la langue venait donc de lui. Elle étonna ses envieux. C'était une langue noble, énergique, imprévue; une langue qui avait l'ampleur de son ame et qui en exprimait les sentiments. On sait quelle guerre terrible lui fut suscitée à ce sujet. Il avait pour ennemis cette espèce d'hommes qu'on voit toujours aux époques d'inno-

---

[1] « Faites savoir à ces messieurs que je desire leur jugement sur *le Cid*, et que je les aimerai comme ils m'aimeront. » (*Paroles du cardinal.*)

[2] On peut y joindre, si l'on veut, quelques auteurs de sonnets et de poëmes épiques, tels que Gombauld, Baro, Desmarest, Chapelain, Boisrobert, Maynard, etc., etc.

vation, le visage tourné vers le passé, et se refusant l'intelligence et les bienfaits du présent. Scudéry, le plus insensé de tous, en appelait à la grammaire et à son épée. Il ne voulait ni de la nouvelle langue, ni de la nouvelle poésie, et sans doute il avait de bonnes raisons pour cela : on eût dit que chaque vers du *Cid* lui était une insulte personnelle. Aussi ses critiques sont-elles pleines d'amertume. Il repousse toute innovation, signalant les mots et les tours qui lui semblent avoir quelque apparence de nouveauté, et marquant ainsi sans le vouloir toutes les conquêtes poétiques de Corneille.

La pauvreté de sa langue, à lui Scudéry, est d'ailleurs assez prouvée par la nature de ses critiques : tout ce qu'il reprenait alors est devenu la langue d'aujourd'hui. Par exemple, il ne veut pas qu'on dise *gagner des combats*, comme on dit *gagner des batailles*. Il blâme l'emploi du mot *égaré* pour exprimer le trouble de l'esprit. Il rejette *faire l'impossible*, pour faire tout ce qui est possible. Il se déclare également contre cette belle expression : *rendre le calme à vos esprits flottants*, disant pour toute raison qu'il ne croyait pas que cette façon de faire flotter les esprits fût bonne. Enfin il attaque ce beau vers qui personnifie la race du *Cid* et la rend pour ainsi dire présente à l'affront de don Diègue :

> Le premier dont ma race ait vu rougir son front.

« Le front d'une race, s'écrie Scudéry, quelle étrange chose ! « *il ne falloit plus que dire : les bras de ma lignée et les* « *cuisses de ma postérité!* » Ce qu'il y a de singulier, c'est que l'Académie adopta cette critique. Elle ne voulait pas, dit Voltaire, qu'une race eût un front et que ce front pût rougir, comme si le privilége de la poésie n'était pas de tout animer.

Les notes des Quarante, comme on voit, n'étaient guère meilleures que celles de Scudéry, seulement elles étaient plus polies. L'Académie manquait alors de poëtes, d'écrivains, et de critiques. Aussi repousse-t-elle innocemment les meilleures expressions. Elle ne veut pas qu'on puisse dire : *bouillant de sa querelle* [1]; elle blâme l'emploi du mot *ferveur* [2] dans les sujets non théologiques, *la ferveur des amants.* Elle critique *arborer des lauriers, ordonner une armée.* Les plus beaux vers la trouvent insensible; on dirait que sa vieille langue l'empêche de comprendre la nouvelle. Voyez lorsque, dans le magnifique récit de la défaite des Maures, Rodrigue, en voulant peindre leur fuite, dit si poétiquement :

> Ils gagnent leurs vaisseaux, ils en coupent les câbles,
> Nous *laissent pour adieux des cris épouvantables.*

L'Académie décide aussitôt qu'on ne doit pas dire : *laisser un adieu, ni laisser des cris*, mais bien : *dire adieu,* et *jeter des cris;* à quoi elle ajoute cette judicieuse observation, *que les vaincus ne disent jamais adieu aux vainqueurs :* ce qui, en effet, n'est guère d'usage. Sur de si bonnes raisons Corneille reste perplexe. Sa phrase est si complettement travestie qu'il ne se comprend plus lui-même, et qu'il finit par supprimer le vers. Mais plus tard, il arriva qu'un jeune homme, doué au suprême degré du sens poétique, reprit l'expression abandonnée, et fit le vers suivant :

> Qu'il n'ait en expirant que ces cris pour adieu.

Puisque l'Académie, dit-il, condamne cette expression : *laisser des cris pour adieu,* et que Corneille la rejette, moi, je la prends. Ce jeune homme qui avait un sentiment si vif des beautés de Corneille, et qui donnait une si rude leçon à l'Académie, c'était Racine [3].

---

[1] *Le Cid*, acte II, scène VI.
[2] *Le Cid*, acte I, scène I.
[3] Voyez *Bajazet*, acte IV, scène V.

DE LA LANGUE DE CORNEILLE.

On le voit, *le Cid* ne fut pas seulement le renouvellement du théâtre, il fut le renouvellement de la langue. Corneille commença cette grande révolution que Racine devait achever, et c'est ce dont ni l'Académie, ni Duclos, ni d'Olivet, ni Voltaire, ne paraissent s'être doutés. Dans *le Cid* il n'y a pas trois mots vieillis [1], et il n'y en a pas un seul qui soit entièrement mis hors de cours. On a dit cela des *Lettres provinciales;* mais n'est-ce rien que *le Cid* les ait précédées de vingt ans? n'est-ce rien qu'*Horace, Cinna, Polyeucte, le Menteur, Rodogune, Héraclius, Nicomède,* aient appris à Pascal les secrets de ce style simple, sublime, ou comique, dont il ne s'avisa qu'après la publication de ces chefs-d'œuvre? Disons-le hardiment, Pascal fut heureux de venir après Corneille; il put profiter des progrès que celui-ci avait fait faire à la langue. S'il eût trouvé cette langue dans l'état où elle était avant *Mélite,* il est au moins douteux qu'il eût écrit les *Petites Lettres* de ce style où rien n'a vieilli. En déblayant la route, le grand poëte avait rendu possible la marche puissante et facile du grand prosateur. C'est donc dans *le Cid* que notre langue montra pour la première fois ce caractère de noblesse qui tient de l'espagnol et du romain. La naïveté du vieux gaulois y est relevée par la vigueur de la pensée, ou plutôt ici c'est la pensée qui fait la langue. Pour s'en convaincre il suffit de jeter les yeux sur la scène brillante du défi entre Rodrigue et le comte.

RODRIGUE.
A moi, comte, deux mots.
LE COMTE.
Parle.
RODRIGUE.
Ote-moi d'un doute.
Connois-tu bien don Diègue?
LE COMTE.
Oui.

[1] Les mots *choir* pour tomber, *chef* pour tête, *heur* pour bonheur.

RODRIGUE.
                    Parlons bas ; écoute
Sais-tu que ce vieillard fut la même vertu,
La vaillance et l'honneur de son temps ? le sais-tu ?
            LE COMTE.
Peut-être.
            RODRIGUE.
        Cette ardeur que dans les yeux je porte,
Sais-tu que c'est son sang ? le sais-tu ?
            LE COMTE.
                        Que m'importe !
            RODRIGUE.
A quatre pas d'ici je te le fais savoir.
            LE COMTE.
Jeune présomptueux !
            RODRIGUE.
                Parle sans t'émouvoir.
Je suis jeune, il est vrai ; mais aux ames bien nées
La valeur n'attend pas le nombre des années.

Voilà ce dialogue simple, naturel, rapide, dont Corneille donna chez nous le premier exemple ; là chaque mot est l'expression d'une passion forte et contenue : point de forfanterie ; les colères sont intérieures, on les sent, on ne les voit pas : aussi l'émotion est-elle à son comble. A présent pesez les expressions, analysez les phrases ; que trouvez-vous ? Les phrases et les expressions les plus vulgaires. Dans la langue vulgaire Corneille a su trouver les éléments de sa langue poétique, et c'est avec ces éléments qu'il nous passionne et nous enlève. Vous voyez bien que toute sa poésie vient de son ame. Ne vous laissez donc pas tromper aux critiques de Voltaire, à ses cris sans cesse répétés de solécismes, de barbarismes, de fautes de français. Corneille est aussi grand par le style que le furent, avec une langue infiniment supérieure, Homère, Sophocle, Euripide ; il n'a ni la pureté, ni la souplesse de ces maîtres en l'art d'écrire, mais il a leur puissance, avec une audace d'expression, une naïveté vigoureuse.

DE LA LANGUE DE CORNEILLE.

> Et le charme divin de la simplicité,

sans modèle jusques à lui, et après lui sans imitateurs. Lisez la scène si touchante du père et du fils après le combat et le triomphe. Le fils vient de quitter sa maîtresse, il a vu ses larmes, il s'est offert à sa vengeance, il est au désespoir. Le père, lui, est ivre de joie; il a couru toute la ville cherchant son fils, son sauveur; enfin il le rencontre, et, tout haletant, il s'écrie :

> Rodrigue, enfin le ciel permet que je te voie!
> RODRIGUE.
> Hélas !
> DIÈGUE.
> Ne mêle point de soupirs à ma joie;
> Laisse-moi prendre haleine afin de te louer.
> Ma valeur n'a point lieu de te désavouer ;
> Tu l'as bien imitée, et ton illustre audace
> Fait bien revivre en toi les héros de ma race :
> C'est d'eux que tu descends, c'est de moi que tu viens ;
> Ton premier coup d'épée égale tous les miens,
> Et d'une belle ardeur ta jeunesse animée
> Par cette grande épreuve atteint ma renommée.
> Appui de ma vieillesse, et comble de mon heur,
> Touche ces cheveux blancs à qui tu rends l'honneur,
> Viens baiser cette joue, et reconnois la place
> Où fut empreint l'affront que ton courage efface.

Quelle plénitude de cœur! quel amour, et quel orgueil paternel! Les sentiments sont si profonds des deux parts, la douleur et la joie sont si brûlantes, que les formes les plus simples, les mots qui, dans une situation semblable, viendraient à tout le monde, suffisent pour les exprimer : *Ne mêle point de soupirs à ma joie. Touche ces cheveux blancs. Viens baiser cette joue : reconnois la place où fut empreint l'affront que ton courage efface.* On ne dirait pas autrement. Le sublime de l'art a été d'élever ces phrases vulgaires à la hauteur tragique, et elles s'y soutiennent par la noblesse des caractères, par la vérité des sentiments, par le pathétique de la situation. Le style est simple et les passions sont grandes; mais il ne faut pas s'y tromper, ce n'est pas la simplicité antique, c'est une simplicité naïve et toute gauloise, pleine à-la-fois de bonhomie et de naturel. Sophocle et Euripide n'ont rien de semblable, et, je ne crains pas de le dire, ils n'ont rien de plus beau.

II.

VOLTAIRE COMMENTATEUR.

« Le génie de Corneille, malgré ses négligences fré-
« quentes, a tout créé en France. Avant lui, presque per-
« sonne ne pensait avec force, et n'écrivait avec noblesse. »
Ainsi s'exprime Voltaire dans une note d'*Héraclius*, acte IV, scène III. Remarquez que la restriction de la première ligne n'affaiblit en rien l'éloge qui est complet, et ses notes sont pleines de morceaux semblables; rarement, il laisse passer, je ne dis pas une scène, mais un beau vers sans exprimer son admiration et sans chercher à la faire partager. Il a des louanges qui éclairent l'esprit, d'autres qui saisissent le cœur. En parlant de la belle scène de *Cinna* au second acte, il va jusqu'à dire : «Aucun écrivain n'a approché de la force, de la profondeur, de la netteté, de la précision de ce discours. Tous les corps de l'État auraient dû assister à cette pièce pour apprendre à penser et à parler.» Ailleurs il dit simplement : «Cette scène est d'un genre dont il n'y a aucun exemple chez les anciens ni chez les modernes.» Ailleurs encore, à propos de l'entrevue d'Horace et de Curiace au second acte de cette pièce, il s'écrie : « Ce sont ces traits qui ont mérité à Corneille le nom de grand, non seulement pour le distinguer de son frère, mais du reste des hommes.» On aime cette justice

éclatante rendue à celui qui a tout créé en France; l'autorité du critique s'accroît de toute la puissance de son génie comme poëte, et son admiration vient éclairer la nôtre.

Toutefois là ne s'arrête pas le travail de Voltaire. Il n'a fait une si large part à l'éloge que pour se donner le droit de la critique. Aussi son commentaire peut-il être considéré comme un traité complet de l'art, tel que les maîtres seuls le conçoivent. Vous y trouverez les règles d'une rhétorique et d'une poétique supérieures, règles qui ne sont écrites nulle part, que le goût le plus exquis peut seul faire découvrir, et qui ne se dévoilent qu'au génie. Sous ce rapport, il faut le dire, son œuvre ne mérite que des louanges; mais c'est ici que commencent les fautes. A peine a-t-il saisi la plume du critique qu'une réaction furieuse s'opère dans son esprit. D'abord, les chutes fréquentes de Corneille l'affligent; il gronde, il gourmande, il plaisante. Puis, tout à coup cédant à son impatience, il passe de la critique à l'invective, et l'on n'entend plus que ces expressions irrévérentieuses : *discours de soubrette*, *phrases de gazetier*, *galimatias*, *plats solécismes*. Un vers lui semble-t-il mauvais? c'est du style *de madame Pernelle dans Molière*. Une tirade lui semble-t-elle incorrecte? ce sont *des vers de Chapelain, un amas de barbarismes et d'incongruités*. Je cherche en vain le critique au goût fin et délicat, à l'admiration passionnée qui tout-à-l'heure déifiait Corneille; je ne vois plus qu'un censeur impitoyable qui se sert de l'injure comme s'il voulait insulter un ennemi.

Mais son esprit essentiellement juste ne tarde pas à reconnaître sa faute. Il lui suffit d'un beau vers pour faire naître son repentir, et c'est probablement dans un de ces jours de gracieuse contrition qu'il écrivait à Duclos : « Il y
« a souvent des notes trop dures; je me suis laissé emporter
« à trop d'indignation contre les fadeurs de César et de
« Cléopâtre dans *Pompée*, et contre le rôle de Félix dans
« *Polyeucte*. Il faut être juste, mais il faut être poli, et dire

« la vérité avec douceur [1]. » La leçon est légèrement donnée! mais comment exiger davantage d'un auteur qui se frappe lui-même? Voyons si elle lui profitera.

On sait que Voltaire commença son examen des œuvres de Corneille sur une mauvaise édition de 1644 [2]. Plus tard, on lui procura un exemplaire de l'édition de 1664 [3], en deux volumes in-folio, édition encore bien incomplette et qui devait subir dans la suite de nombreuses corrections. Ce fut un malheur pour Voltaire, qui ne connut point le véritable texte de Corneille, publié par Corneille lui-même en 1682. Aussi combien de notes inutiles, combien de critiques sans objet! Le commentateur juge ce qui n'existe plus, et sa légèreté inattentive va jusqu'à porter ses jugements sur ce qui n'a jamais existé. Cette dernière assertion peut paraître incroyable. Justifions-la par un exemple :

En parcourant le second acte d'*Héraclius*, Voltaire est frappé de ces vers que le prince adresse à Eudoxe, sa maîtresse :

. . . . Pour éviter l'inceste
Je n'ai qu'à m'éloigner de ce climat funeste ;
Mais si je me dérobe au *sang* qui vous est dû,
Ce sera pour moi seul que vous l'aurez perdu.

« Que veut dire ce vers obscur? s'écrie Voltaire. Est-ce le
« *sang* d'Héraclius, est-ce celui de Phocas? Comment Eudoxe
« aura-t-elle perdu ce sang? Quelles expressions louches,
« fausses, inintelligibles! Il semble que Corneille ait, après
« ses succès, méprisé assez le public pour ne jamais soigner
« son style, etc. »

---

[1] *OEuvres de Voltaire*, édition de Beuchot. *Correspondance*, tome LIX, page 600.

[2] *Correspondance de Voltaire*, édition de Beuchot; *lettre à Duclos*, 14 septembre 1761.

[3] Depuis plus de trois mois il travaillait à son commentaire lorsque cette édition lui fut envoyée.

Voilà tout un acte d'accusation. Mais de quoi s'agit-il en effet? D'un mot estropié par l'imprimeur. Ouvrez l'édition de 1664 (pourquoi Voltaire ne l'ouvrait-il pas, puisqu'elle était sous ses yeux!), au lieu de *sang*, vous lisez *rang*. N'admirez-vous pas comment le simple changement d'une lettre a tout bouleversé, et la pureté du texte, et le sens du vers et jusqu'à la raison du commentateur?

Les fautes de ce genre sont presque des malheurs, surtout lorsqu'elles suscitent des répréhensions pleines de colère. En voici une seconde, dont un simple accent oublié par l'imprimeur fut la cause première. Trompé par une mauvaise édition de *Nicomède*, dans laquelle il lit ce vers :

Le reste de l'Asie à nos *côtes rangée*,

Voltaire se hâte d'écrire : « On dit *ranger les côtes*, mais « non *ranger aux côtes*, pour *située*. C'est un barbarisme. » Au lieu de *côtes*, lisez *côtés* : c'est le texte de l'édition de 1664; le vers reprend son véritable sens, et il se trouve que la note du commentateur n'a plus d'objet.

De pareilles notes devaient égayer la critique; mais la critique n'avait pas le temps de se livrer à ces recherches. Elle s'attacha à ce qui frappait tout le monde, aux expressions dures, aux invectives insultantes : heureuse si elle s'était bornée à de simples reproches d'impolitesse ou d'irrévérence, l'indignation des lecteurs lui aurait appris qu'elle avait frappé juste ; mais elle alla plus loin, et ce fut la fin de son triomphe : elle osa voir le dénigrement et l'envie dans les notes les plus innocentes; elle accusa Voltaire d'atténuer la gloire de Corneille pour relever la sienne. Comme si des injures pouvaient donner la gloire! comme si l'abaissement d'un grand poëte pouvait honorer son commentateur!

Avant de songer à son travail, Voltaire avait peu lu Corneille. L'étude des belles pièces le remplit d'admiration : c'est alors qu'il s'écriait : «*Cinna* est le chef-d'œuvre de

« l'esprit humain ¹. » Mais le vol de Corneille est loin d'être toujours égal, l'air et l'espace lui manquent quelquefois ; de là des chutes incroyables : ni dans le bon, ni dans le mauvais, Corneille ne saurait être médiocre. Ce contraste inaccoutumé étonna Voltaire. Il comprenait bien qu'un grand génie pût tomber, mais il ne pouvait s'habituer à le voir tomber si bas. L'explication de ses colères est dans ses déceptions sans cesse renouvelées. On sent qu'il en veut à Corneille de n'être pas toujours grand : il avait tant de bonheur à l'admirer ! « Ce Pierre me fait passer de mauvais quarts-d'heure, écrivait-il au comte d'Argental, *je suis outré contre lui*. Il est comme les bouquetins et les chamois de nos montagnes, qui bondissent sur un rocher escarpé et descendent dans des précipices ². » Un mois plus tard, ce même ami lui ayant reproché quelques boutades un peu vives, il lui écrivait encore : « Je voudrais qu'on vous donnât par plaisir à commenter *Othon*, *la Toison d'or*, et *Sophonisbe* ; la patience vous échapperait comme à moi ³. » On le voit, pour expliquer les violences du commentateur (car il s'agit de les expliquer et non de les excuser), pour les expliquer, disons-nous, ce n'est pas assez de lire ses notes, il faut encore étudier son caractère si éminemment irritable, et faire une large part aux déceptions, à l'impatience, à l'ennui. Et avec cela on n'expliquera rien, si on ne place en première ligne la noble passion qui remplit la vie de Voltaire : l'amour du beau !

Si les notes inconvenantes étaient la seule imperfection de ce curieux et beau travail, quelques traits de plume suffiraient pour les faire disparaître, et le commentaire ne pourrait qu'y gagner, car les injures n'apportent avec elles ni lumière, ni instruction : leur moindre défaut est de blesser le lecteur et d'être inutiles. Mais à côté de ces notes

¹ *OEuvres de Voltaire*, tome LIX, page 609.
² *Ibid.* tome LX, page 578.
³ *Ibid.* tome LX, page 614.

plus ou moins inexcusables, il en est d'autres qui appartiennent à la critique grammaticale, à la science, trop peu appréciée par Voltaire, de la langue que parlait Corneille ; et celles-là, ce serait une faute de les effacer; il faut les rectifier et les combattre.

Aucun écrivain n'a possédé à un plus haut degré que Voltaire le sentiment délicat de la correction et de la pureté de la langue. Aussi, lorsqu'il condamne une phrase, il est rare qu'on puisse appeler de son jugement. Mais, pour être utile au commentateur, cette qualité précieuse en demandait une autre que malheureusement il ne possédait pas : c'était la connaissance de la langue de Corneille. Cette langue si simple, encore à moitié gauloise, et à laquelle le génie du poëte avait su donner pour la première fois de la noblesse et de la grandeur, Voltaire eut la singulière idée de la soumettre aux règles de la nôtre. Par une inconcevable aberration d'esprit, il se met à poursuivre Corneille de ses notes grammaticales, l'accusant de ne pas parler français, repoussant tels mots, condamnant telles locutions, comme si ces mots et ces locutions n'avaient jamais appartenu à la langue. Sur ce point la préoccupation, ou plutôt la légèreté de Voltaire, passe l'imagination : elle va jusqu'à effacer de sa mémoire les choses qu'il savait le mieux. Ouvrez *Héraclius*, acte II, scène v, vous y verrez que Martian ordonne à Exupère de réunir ses troupes, parceque, dit-il,

Il faut donner un chef à votre *illustre bande*.

Ce mot *bande* frappe Voltaire, il saisit sa plume, et il écrit étourdiment : «Une bande ne se dit que des voleurs;» c'est toute sa note. Or, il faut d'abord remarquer qu'il ne s'agit pas d'une bande, mais d'une *illustre bande*. Corneille a soin d'ennoblir le mot par une épithète, et cependant ce mot n'était pas déshonoré à cette époque : on disait les *bandes françaises*, pour désigner toute l'infanterie. Il y avait même une charge de *prévôt des bandes françaises*. Enfin, Nicot s'exprime ainsi : « On appelle *bande*, en fait militaire, la « compagnie de soldats assemblée et marchant sous une telle « bandière. » Et il appuie sa définition de cet exemple : « Une « bande de gens à pied, les plus gentils compagnons qui « fussent en tout l'ost des Romains. »

Citons une autre remarque, peut-être encore plus étrange. Rodogune a été fiancée à Nicanor, roi de Syrie. Nicanor n'est plus, mais il a laissé deux fils, Séleucus et Antiochus, qui tous deux aspirent à la main de la princesse. Or, dans une scène où Antiochus, croyant avoir surpris les soupirs de Rodogune, la supplie de s'expliquer, elle lui répond avec une simplicité cornélienne :

> Lorsque j'ai soupiré, ce n'étoit pas pour vous ;
> J'ai donné ces soupirs aux mânes d'un *époux*,
> Et ce sont les effets des souvenirs fidèles
> Que sa mort à toute heure en mon ame rappelle.

« Eh quoi, s'écrie Voltaire, elle prétend avoir été l'épouse du père d'Antiochus ! Elle ne se contente pas d'être parricide, elle se dit incestueuse. Il faudrait au moins que de telles horreurs fussent un peu cachées sous la beauté de la diction [1]. »

Voilà que Rodogune est une parricide, une incestueuse, parceque Voltaire ne s'est pas donné le temps de la réflexion. Le mot *époux* le choque ; il le prend dans le sens qu'on lui donne aujourd'hui, et il ne songe ni à son étymologie *sponsus, spondere*, ni au sens qu'il avait du temps de Corneille. « *Espoux*, dit Nicot, est celui qui n'est que *fiancé*, et ne se peut encor porter pour mari. » Corneille a donc parlé sa langue. Rodogune n'est pas une incestueuse, elle a donné des soupirs aux mânes de son *époux*, de son *fiancé*, et il n'y a point d'horreur qu'il soit nécessaire de cacher sous la beauté de la diction.

[1] *Rodogune*, acte IV, scène 1.

De toutes les pièces de Corneille, celle dont Voltaire a le plus soigné l'examen, c'est *Œdipe*. Il avait traité le même sujet avec une supériorité incontestable. Il allait donc juger un rival, et un rival qu'il avait vaincu. Cette position difficile fut pour lui l'occasion de développer dans des notes courtes et substantielles tout ce que son génie, dirigé par une longue expérience, avait pu lui apprendre des effets du théâtre et des secrets de l'art dramatique ; mais autant il se montre supérieur dans ces généralités littéraires, autant il paraît négligent dans tout ce qui concerne la critique de certains mots de la langue. Nous en citerons un exemple, peut-être inouï :

Œdipe en parlant de la princesse Dircé, dont on lui fait craindre l'ambition, dit :

Le *sang* (la naissance) a peu de droits dans le sexe imbécille,
Mais c'est un grand prétexte à troubler une ville.

Sur ce premier vers, Voltaire se récrie : « Que veut dire « *le sang a peu de droits dans le sexe imbécile?* C'est une « injure très déplacée *et très grossière, et fort mal expri-* « *mée.* » — Mais non, en vérité, ce n'est point une injure. *Sexe imbécile* veut dire tout simplement *sexe faible*. Du temps de Corneille on ne l'entendait pas autrement. *Sexe imbécile, sexe sans force*, dit Richelet. *Imbecille, foible, débile*, dit Nicot dans son précieux *Thrésor de la langue francoyse*. Et en effet, c'est le sens du *sexum imbecillem* de Tacite [1], *sexe faible*, sexe impropre à la guerre (*im-bellis, imbecillis*). Aujourd'hui le mot a perdu la moitié de sa signification : on ne le dit plus de la faiblesse du corps, mais il exprime toujours la faiblesse de l'esprit, et ce dernier sens est la trace visible de son origine.

Rien de plus facile que de multiplier les observations de ce genre ; mais ce serait répéter notre commentaire, dont

---

[1] *Annales*, livre III, § 33.

l'objet principal est l'étude de la langue à cette époque. Nous renvoyons donc soit aux notes de Voltaire, soit à nos observations sur certains mots dont le temps a changé le sens, tels que : *courage*, *ravale*, *estime*, *posture*, *grossier*, *assurer*, *dispenser*, *succéder*, etc., etc.; sur certaines locutions surannées, telles que : *faire dessein* [1], *faire estime* [2], *presser de quelque chose* [3], *feindre à quelqu'un* [4], et enfin sur presque toutes les observations de Voltaire ayant pour objet l'emploi des prépositions, emploi qui n'était pas encore réglé du temps de Vaugelas [5]. Voltaire, qui connaissait si bien sa langue, connaissait très mal, nous le répétons, la langue de Corneille, véritable langue de transition entre le gaulois pittoresque de Montaigne, et le français si pur et si élégant de Racine. Aussi a-t-il méconnu l'influence régénératrice de Corneille sur notre vieux français : c'était jouer de malheur pour un poëte qui affichait les prétentions du grammairien.

Il est d'autant plus utile d'appeler l'attention des lecteurs sur cette partie erronée du travail de Voltaire, que lui-même a présenté son livre comme *une école de grammaire et de poésie* [6]. Il voulait faire autorité, et c'est dans ce but qu'il imagina de soumettre le manuscrit de ses notes à l'examen de l'Académie française. Duclos fut chargé de sa demande. Elle était rédigée de la manière la plus charmante. A l'entendre, ce n'était qu'un simple amusement; mais un amusement d'homme, et qui devait instruire le monde : « Ce « sera une grammaire et une poétique au bas des pages de « Corneille, écrivait-il à ses amis, mais il faut que l'Académie m'aide. N'est-ce pas un amusement pour elle de juger

---

[1] *Héraclius*, acte I, scène II.
[2] *Nicomède*, acte III, scène I.
[3] *Rodogune*, acte IV, scène I.
[4] *Cinna*, acte V, scène III.
[5] Voyez les notes de *Pompée*, acte I, scène I.
[6] OEuvres de *Voltaire*, édition de Beuchot, tome LIX, page 585.

« Corneille sur mon rapport[1]? Elle fixe la langue fran-
« çaise[2]; elle rend service à la littérature et à la nation, en
« daignant examiner un ouvrage qui a pour but l'honneur
« de la France et de Corneille. Voilà la véritable sanction
« que je demande [3]. » L'Académie se montra complaisante :
elle accueillit l'ouvrage, et consacra à son examen un grand
nombre de séances. Le secrétaire lisait les remarques du
commentateur; chaque académicien tenait à la main un volume de Corneille et faisait tout haut ses observations; on
discutait le mot et la chose, les critiques et les éloges, vers
par vers, acte par acte; puis chacun écrivait son avis sur les
marges du manuscrit de Voltaire qui, ainsi annoté, lui re-
venait par la poste. Voltaire lui-même a consigné ces précieux détails dans les lettres qu'il adressait chaque jour à
Duclos, à d'Alembert, au président Hénault, et surtout à
l'abbé d'Olivet, lequel, en sa qualité de grammairien, ne
jugeait pas mieux la langue de Corneille qu'il n'avait jugé
la poésie de Racine. « Je trouve toutes les notes sur mes
« observations très judicieuses, disait Voltaire à Duclos : il
« n'en coûte qu'un mot dans vos assemblées, et sur ce, je
« corrige sans difficulté et sans peine [4]. » — « Rien ne m'est
« plus utile que ces consultations, disait-il à l'abbé d'Olivet;
« elles me mettent en garde contre moi-même, elles m'ou-
« vrent les yeux sur bien des choses, et elles pourront enfin
« me faire composer un ouvrage utile [5]. » — « Encouragez-
« moi beaucoup, car je suis docile comme un enfant, disait-
« il à d'Alembert; j'aime mieux Corneille que mes opinions;
« j'écris vite, et je corrige de même [6]. »

Il arrivait aussi que Voltaire stimulait le zèle de l'Aca-

---

[1] OEuvres de Voltaire, tome LX, page 3. Lettre à d'Argental.
[2] Ibid. tome LX, page 47. Lettre à d'Olivet.
[3] Ibid. tome LIX, page 586. Lettre à Duclos.
[4] Ibid. tome LIX, page 586. Lettre à Duclos.
[5] Ibid. tome LX, page 145.
[6] Ibid. tome LIX, page 588.

démie. Il écrivait : « Quand j'aurai oublié une faute, ne « l'oubliez pas; c'est là l'objet principal. On apprend notre « langue à Moscou, à Copenhague, à Bude, à Lisbonne; « vous instruirez l'Europe en vous amusant [1]. » Enfin il répondait aussi quelquefois aux observations académiques; alors la correspondance la plus active s'échangeait entre le disciple et les maîtres. Les répliques ne se faisaient pas attendre : l'activité de Voltaire suffisait à l'activité de tous. Mais dans ces occasions il était rare que l'Académie n'eût pas le dernier mot, et Voltaire déclare positivement s'être toujours conformé à ses décisions : « elle jugeait, dit-il, en dernier ressort [2]. »

On le voit, les conseils n'ont pas plus manqué à Voltaire que la volonté de les suivre; il les demandait avec ardeur et les accueillait avec docilité. Si donc son travail est resté entaché de tant de colères insultantes, de tant de phrases injurieuses à l'endroit de ce pauvre Corneille, c'est qu'apparemment l'Académie, ne se trouvant pas offensée, n'en aura pas exigé la suppression. Si le commentateur a relevé dans ses notes tant de fautes de langue, qui n'étaient pas des fautes à l'époque du *Cid* et de *Sertorius;* s'il s'est montré absolument inhabile à critiquer les formes surannées de certaines phrases, ou le sens vieilli de certains mots, c'est qu'apparemment l'Académie n'en savait pas plus que lui sur la matière. Duclos, alors secrétaire perpétuel, le froid mais honnête Duclos, comme s'il eût voulu constater par son propre exemple le fait de l'inanité académique, déclarait en pleine séance et sans conteste que lui Duclos se chargerait volontiers de relever dans Corneille trois fois plus de fautes que Voltaire n'en avait signalé dans les notes dont l'Académie venait d'entendre la lecture. A l'en croire, Voltaire avait épargné Corneille. C'était aussi l'opinion du

---

[1] *OEuvres de Voltaire*, tome LIX, page 605.
[2] *Ibid.* tome LX, page 47. *Lettre à d'Olivet.*

cardinal de Bernis [1]. Il est donc vrai que parmi les académiciens, il ne se trouva pas à cette époque un seul homme qui eût l'idée d'examiner cette question si simple : Est-il sage d'imposer à l'auteur du *Cid*, écrivant sous le règne de Louis XIII, la langue grammaticale du règne de Louis XV? Cette proposition congrue, jetée à l'improviste au milieu des Quarante, aurait pu leur paraître fort incongrue. Ainsi l'Académie française fut appelée deux fois à juger le grand Corneille : la première, elle déclara le sujet du *Cid* mauvais sous le rapport dramatique, et de scandaleux exemple sous le rapport moral; la seconde, elle ne sut ni reconnaître l'influence du grand poëte sur la langue de son époque, ni ramener Voltaire au respect qu'il devait à la mémoire de celui qui créa tout en France. Certes, ce n'était pas là un progrès; et l'on ne peut voir, sans étonnement, l'Académie se montrer encore moins éclairée cette seconde fois que la première.

---

[1] *OEuvres de Voltaire*, tome LX, page 153. *Lettre du cardinal de Bernis.*

Aimé-Martin.

VIE DE CORNEILLE,

PAR FONTENELLE.

Pierre Corneille naquit à Rouen, en 1606, de Pierre Corneille, maître des eaux et forêts en la vicomté de Rouen, et de Marthe Le Pesant. Il fit ses études aux Jésuites de Rouen, et il en a toujours conservé une extrême reconnoissance pour toute la société. Il se mit d'abord au barreau, sans goût et sans succès. Mais une petite occasion fit éclater en lui un génie tout différent; et ce fut l'amour qui la fit naître. Un jeune homme de ses amis, amoureux d'une demoiselle de la même ville, le mena chez elle. Le nouveau venu se rendit plus agréable que l'introducteur. Le plaisir de cette aventure excita dans Corneille un talent qu'il ne connoissoit pas; et sur ce léger sujet il fit la comédie de *Mélite*, qui parut en 1625 [1]. On y découvrit un caractère original; on conçut que la comédie alloit se perfectionner; et sur la confiance qu'on eut au nouvel auteur qui paroissoit, il se forma une nouvelle troupe de comédiens.

Je ne doute pas que ceci ne surprenne la plupart des gens qui trouvent les six ou sept premières pièces de Corneille si indignes de lui, qu'ils les voudroient retrancher de son recueil, et les faire oublier à jamais. Il est certain que ces pièces ne sont pas belles; mais, outre qu'elles servent à l'histoire du théâtre, elles servent beaucoup aussi [2] à la gloire de Corneille.

---

[1] Fontenelle se trompe de date. *Mélite* ne fut représentée qu'en 1629, ainsi qu'on peut le voir dans l'*Histoire du Théâtre françois* des frères Parfaict. Cette pièce fut imprimée seulement en 1633. (A.-M.)

[2] Ce qu'on ne peut lire ne peut guère servir à la gloire de l'auteur. La gloire est le concert des louanges constantes du public. Deux ou trois

Il y a une grande différence entre la beauté de l'ouvrage et le mérite de l'auteur. Tel ouvrage qui est fort médiocre n'a pu partir que d'un génie sublime; et tel autre ouvrage qui est assez beau a pu partir d'un génie assez médiocre. Chaque siècle a un certain degré de lumières qui lui est propre : les esprits médiocres demeurent au-dessous de ce degré; les bons esprits y atteignent; les excellents le passent, si on le peut passer. Un homme né avec des talents est naturellement porté par son siècle au point de perfection où ce siècle est arrivé; l'éducation qu'il a reçue, les exemples qu'il a devant les yeux, tout le conduit jusque-là : mais, s'il va plus loin, il n'a plus rien d'étranger qui le soutienne; il ne s'appuie que sur ses propres forces, il devient supérieur aux secours dont il s'est servi. Ainsi, deux auteurs, dont l'un surpasse extrèmement l'autre par la beauté de ses ouvrages, sont néanmoins égaux en mérite, s'ils se sont également élevés chacun au-dessus de son siècle. Il est vrai que l'un a été bien plus haut que l'autre; mais ce n'est pas qu'il ait eu plus de force, c'est seulement qu'il a pris son vol d'un lieu plus élevé. Par la même raison, de deux auteurs dont les ouvrages sont d'une égale beauté, l'un peut être un homme fort médiocre, et l'autre un génie sublime.

Pour juger de la beauté d'un ouvrage, il suffit donc de le considérer en lui-même; mais, pour juger du mérite de l'auteur, il faut le comparer à son siècle. Les premières pièces de Corneille, comme nous avons déja dit, ne sont pas belles; mais tout autre qu'un génie extraordinaire ne les eût pas faites. *Mélite* est divine si vous la lisez après les

littérateurs qui diront d'un ouvrage mauvais en soi : Cet ouvrage était bon pour son temps, ne procureront à l'auteur aucune gloire. Corneille n'est point un grand homme pour avoir fait de mauvaises comédies bien moins mauvaises que celles de son temps, mais pour avoir fait des tragédies infiniment supérieures à celles de son temps, et dans lesquelles il y a des morceaux supérieurs à tous ceux du théâtre d'Athènes. (V.)

pièces de Hardy, qui l'ont immédiatement précédée. Le théâtre y est sans comparaison mieux entendu, le dialogue mieux tourné, les mouvements mieux conduits, les scènes plus agréables; sur-tout, et c'est ce que Hardy n'avoit jamais attrapé, il y règne un air assez noble, et la conversation des honnêtes gens n'y est pas mal représentée. Jusque-là on n'avoit guère connu que le comique le plus bas, ou un tragique assez plat; on fut étonné d'entendre une nouvelle langue.

Le jugement que l'on porta de *Mélite* fut que cette pièce étoit trop simple, et avoit trop d'événements. Corneille, piqué de cette critique, fit *Clitandre*, et y sema les incidents et les aventures avec une très vicieuse profusion, plus pour censurer le goût du public que pour s'y accommoder [1]. Il paroît qu'après cela il lui fut permis de revenir à son naturel. *La Galerie du Palais, la Veuve, la Suivante, la Place Royale*, sont plus raisonnables.

Nous voici dans le temps où le théâtre devint florissant par la faveur [2] du cardinal de Richelieu. Les princes et les ministres n'ont qu'à commander qu'il se forme des poëtes [3],

---

[1] Fontenelle prête ici à Corneille une idée qu'il n'avoit point. Entraîné par le mauvais goût du siècle, Corneille s'y livra sans examen; et si, dans la suite, la force de son génie lui découvrit son erreur, il est certain qu'alors il ne la connoissoit pas. Il pouvoit ne pas ignorer les règles; mais il ne se croyoit pas obligé de les suivre. On peut s'en convaincre en lisant la préface et l'examen de *Clitandre*. La préface de *la Veuve*, qu'il donna deux ans après, prouve encore mieux qu'il n'étoit point persuadé de cette nécessité, puisqu'il dit qu'il ne veut *ni trop s'assujettir à la sévérité des règles, ni user de toute la liberté du théâtre*. (Frères Parfaict, *Histoire du Théâtre françois*, t. IV, p. 542.)

[2] Malgré le cardinal de Richelieu, qui, voulant être poëte, voulut humilier Corneille, et élever les mauvais auteurs. (V.)

[3] C'est de quoi je doute beaucoup. Notre meilleur peintre, le Poussin, fut persécuté; et les bienfaits prodigués aux académies ont fait tout au plus un ou deux bons peintres, qui avaient déja donné leurs chefs-d'œuvre avant d'être récompensés. Rameau avait fait tous ses bons ouvrages de musique au milieu des plus grandes traverses; et Corneille

des peintres, tout ce qu'ils voudront, et il s'en forme. Il y a une infinité de génies de différentes espèces qui n'attendent pour se déclarer que leurs ordres, ou plutôt leurs graces. La nature est toujours prête à servir leurs goûts.

On recommença alors à étudier le théâtre des anciens, et à soupçonner qu'il pouvoit avoir des règles. Celle des vingt-quatre heures fut une des premières dont on s'avisa : mais on n'en faisoit pas encore trop grand cas; témoin la manière dont Corneille lui-même en parle dans la préface de *Clitandre*, imprimée en 1632 [1]. « Que si j'ai renfermé « cette pièce, dit-il, dans la règle d'un jour, ce n'est pas « que je me repente de n'y avoir point mis *Mélite,* ou que « je me sois résolu à m'y attacher dorénavant. Aujourd'hui « quelquesuns adorent cette règle, beaucoup la méprisent; « pour moi, j'ai voulu seulement montrer que, si je m'en « éloigne, ce n'est pas faute de la connoître. »

Ne nous imaginons pas que le vrai soit victorieux dès qu'il se montre; il l'est à la fin, mais il lui faut du temps pour soumettre les esprits. Les règles du poëme dramatique, inconnues d'abord ou méprisées, quelque temps après combattues, ensuite reçues à demi, et sous des conditions, demeurent enfin maîtresses du théâtre. Mais l'époque de l'établissement de leur empire n'est proprement qu'au temps de *Cinna.*

Une des plus grandes obligations que l'on ait à Corneille est d'avoir purifié le théâtre. Il fut d'abord entraîné par l'usage établi, mais il y résista aussitôt après; et depuis

---

lui-même fut très peu encouragé. Homère vécut errant et pauvre ; le Tasse fut le plus malheureux des hommes de son temps ; Camoëns et Milton furent plus malheureux encore. Chapelain fut récompensé ; et je ne connais aucun homme de génie qui n'ait été persécuté. (V.)

[1] La *Sophonisbe* de Mairet fut la première pièce de théâtre en France dans laquelle la règle des trois unités fut suivie. Elle est de 1633. (A.-M.)

En Angleterre, en Espagne, on ne s'est assujetti que depuis peu à cette règle, et encore très rarement. (V.)

Clitandre, sa seconde pièce, on ne trouve plus rien de licencieux dans ses ouvrages.

Corneille, après avoir fait un essai de ses forces dans ses six premières pièces, où il s'éleva déja au-dessus de son siècle, prit tout-à-coup l'essor dans *Médée*, et monta jusqu'au tragique le plus sublime. A la vérité il fut secouru par Sénèque; mais il ne laissa pas de faire voir ce qu'il pouvoit par lui-même [1].

Ensuite il retomba dans la comédie; et, si j'ose dire ce que j'en pense, la chute fut grande. *L'Illusion comique*, dont je parle ici, est une pièce irrégulière et bizarre, et qui n'excuse point par ses agréments sa bizarrerie et son irrégularité. Il y domine un personnage de capitan, qui abat d'un souffle le grand Sophi de Perse et le grand Mogol, et qui une fois en sa vie avoit empêché le soleil de se lever à son heure prescrite, parcequ'on ne trouvoit point l'Aurore, qui étoit couchée avec ce merveilleux brave. Ces caractères

---

[1] Les louanges trop exagérées font tort à celui qui les donne, sans relever celui qui les reçoit. Cependant on peut entrevoir déja dans *Médée* le germe des grandes beautés qui brillent dans les autres pièces de Corneille. Il était alors confondu parmi les cinq auteurs que le cardinal de Richelieu fesait travailler aux pièces dont il était l'inventeur. Ces cinq auteurs étaient, comme on sait, L'Étoile, fils du grand-audiencier, dont nous avons les Mémoires; Boisrobert, abbé de Châtillon-sur-Seine, aumônier du roi, et conseiller d'état; Colletet, qui n'est plus connu que par les satires de Boileau, mais que le cardinal regardait alors avec estime; Rotrou, lieutenant-civil au bailliage de Dreux, homme de génie; Corneille lui-même, assez subordonné aux autres, qui l'emportaient sur lui par la fortune ou par la faveur. — Corneille se retira bientôt de cette société, sous le prétexte des arrangements de sa petite fortune, qui exigeaient sa présence à Rouen. Rotrou n'avait encore rien fait qui approchât même du médiocre. Il ne donna son *Venceslas* que quatorze ans après la *Médée*, en 1649, lorsque Corneille, qui l'appelait son père, fut devenu son maître, et que Rotrou, ranimé par le génie de Corneille, devint digne de lui être comparé dans la première scène de *Venceslas*, et dans le quatrième acte. Encore même cette pièce de Rotrou était-elle une imitation de l'auteur espagnol Francesco de Roxas. (V.)

ont été autrefois fort à la mode : mais qui représentoient-ils ? à qui en vouloit-on ? Est-ce qu'il faut outrer nos folies jusqu'à ce point-là pour les rendre plaisantes ? En vérité, ce seroit nous faire trop d'honneur.

Après *l'Illusion comique*, Corneille se releva plus grand et plus fort que jamais, et fit *le Cid*. Jamais pièce de théâtre n'eut un si grand succès. Je me souviens d'avoir vu en ma vie un homme de guerre et un mathématicien qui, de toutes les comédies du monde, ne connoissoient que *le Cid*. L'horrible barbarie où ils vivoient n'avoit pu empêcher le nom du *Cid* d'aller jusqu'à eux. Corneille avoit dans son cabinet cette pièce traduite en toutes les langues de l'Europe, hors l'esclavone et la turque : elle étoit en allemand, en anglois, en flamand ; et, par une exactitude flamande, on l'avoit rendue vers pour vers [1]. Elle étoit en italien, et, ce qui est plus étonnant, en espagnol : les Espagnols avoient bien voulu copier eux-mêmes une pièce dont l'original leur appartenoit. M. Pellisson, dans son *Histoire de l'Académie*, dit qu'en plusieurs provinces de France il étoit passé en proverbe de dire : *Cela est beau comme le Cid*. Si ce proverbe a péri, il faut s'en prendre aux auteurs [2] qui ne le goûtoient pas, et à la cour, où c'eût été très mal parler que de s'en servir sous le ministère du cardinal de Richelieu [3].

Ce grand homme avoit la plus vaste ambition qui ait jamais été. La gloire de gouverner la France presque abso-

---

[1] On en use encore ainsi en Italie, et même en Angleterre. Il y a de nos ouvrages de poésie traduits en ces deux langues, vers pour vers ; et ce qui est étonnant, c'est qu'ils sont assez bien traduits. (V.)

[2] J'ose plutôt penser qu'il faut s'en prendre à *Cinna*, qui fut mis par toute la cour au-dessus du *Cid*, quoiqu'il ne fût pas si touchant. (V.)

[3] Le cardinal de Richelieu montra tant de partialité contre Corneille, que quand Scudéry eut donné sa mauvaise pièce de *l'Amour tyrannique*, que le cardinal trouvait divine, Sarrazin, par ordre de ce ministre, fit une mauvaise préface, dans laquelle il louait Hardy sans oser nommer Corneille. (V.)

lument, d'abaisser la redoutable maison d'Autriche, de remuer toute l'Europe à son gré, ne lui suffisoit point; il y vouloit joindre encore celle de faire des comédies. Quand *le Cid* parut, il en fut aussi alarmé que s'il avoit vu les Espagnols devant Paris. Il souleva les auteurs contre cet ouvrage, ce qui ne dut pas être fort difficile, et il se mit à leur tête[1]. Scudéry publia ses *Observations sur le Cid*, adressées à l'Académie françoise, qu'il en faisoit juge, et que le cardinal, son fondateur, sollicitoit puissamment contre la pièce accusée. Mais, afin que l'Académie pût juger, ses statuts vouloient que l'autre partie, c'est-à-dire Corneille, y consentît. On tira donc de lui une espèce de consentement, qu'il ne donna qu'à la crainte de déplaire au cardinal, et qu'il donna pourtant avec assez de fierté. Le moyen de ne pas ménager un pareil ministre, et qui étoit son bienfaiteur[2]? car il récompensoit comme ministre ce même mérite dont il étoit jaloux comme poëte; et il semble que cette grande ame ne pouvoit pas avoir des foiblesses qu'elle ne réparât en même temps par quelque chose de noble.

L'Académie françoise donna ses sentiments sur *le Cid*, et cet ouvrage fut digne de la grande réputation de cette compagnie naissante. Elle sut conserver tous les égards qu'elle devoit et à la passion du cardinal et à l'estime prodigieuse que le public avoit conçue du *Cid*. Elle satisfit le cardinal en reprenant exactement tous les défauts de cette pièce, et le public en les reprenant avec modération, et même souvent avec des louanges.

Quand Corneille eut une fois pour ainsi dire atteint jusqu'au *Cid*, il s'éleva encore dans *les Horaces;* enfin il alla

---

[1] Rotrou seul refusa de servir la jalousie du ministre, et cette noble conduite lui assura l'estime et l'amitié de Corneille.

[2] Pierre Corneille avait le malheur de recevoir une petite pension du cardinal, pour avoir quelque temps travaillé sous lui aux pièces des cinq auteurs. (V.)

jusqu'à *Cinna* et à *Polyeucte*, au-dessus desquels il n'y a rien [1].

Ces pièces-là étoient d'une espèce inconnue, et l'on vit un nouveau théâtre. Alors Corneille, par l'étude d'Aristote et d'Horace, par son expérience, par ses réflexions, et plus encore par son génie, trouva les sources du beau, qu'il a depuis ouvertes à tout le monde dans les discours qui sont à la tête de ses comédies. De là vient qu'il est regardé comme le père du théâtre françois. Il lui a donné le premier une forme raisonnable; il l'a porté à son plus haut point de perfection, et a laissé son secret à qui s'en pourra servir.

Avant que l'on jouât *Polyeucte*, Corneille le lut à l'hôtel de Rambouillet, souverain tribunal des affaires d'esprit en ce temps-là. La pièce y fut applaudie autant que le demandoient la bienséance et la grande réputation que l'auteur avoit déja. Mais, quelques jours après, Voiture vint trouver Corneille, et prit des tours fort délicats pour lui dire que *Polyeucte* n'avoit pas réussi comme il pensoit [2], que sur-

---

[1] On peut croire que Fontenelle parle ainsi, moins parcequ'il était neveu du grand Corneille, que parcequ'il était l'ennemi de Racine, qui avait fait contre lui une épigramme piquante, à laquelle il avait répondu par une épigramme plus violente encore. Les connaisseurs pensent qu'*Athalie* est très supérieure à *Polyeucte*, par la simplicité du sujet, par la régularité, par la grandeur des idées, par la sublimité de l'expression, par la beauté de la poésie. Il est vrai que ces connaisseurs reprochent au prêtre Joad d'être impitoyable et fanatique; de dire à sa femme, qui parle à Mathan : *Ne craignez-vous pas que ces murailles ne tombent sur vous, et que l'enfer ne vous engloutisse?* d'aller beaucoup au-delà de son ministère; d'empêcher qu'Athalie n'élève le petit Joas, qui est son seul héritier; de faire tomber la reine dans le piége; d'ordonner son supplice comme s'il était son juge; de prendre enfin le brave Abner pour dupe. On reproche à Mathan de se vanter de ses crimes; on reproche à la pièce des longueurs. Presque tous ces défauts sont ceux du sujet; mais le grand mérite de cette tragédie est d'être la première qui ait intéressé sans amour, au lieu que dans *Polyeucte* le plus grand mérite est l'amour de Sévère. (V.)

[2] C'est qu'on n'avait encore vu que les comédies de *la Passion* et des *Actes des Apôtres*. D'ailleurs il faut peut-être pardonner à l'hôtel Ram-

tout le christianisme avoit extrêmement déplu. Corneille, alarmé, voulut retirer la pièce d'entre les mains des comédiens qui l'apprenoient; mais enfin il la leur laissa sur la parole d'un d'entre eux qui n'y jouoit point, parcequ'il étoit trop mauvais acteur [1]. Étoit-ce donc à ce comédien à juger mieux que tout l'hôtel de Rambouillet [2] ?

Pompée suivit *Polyeucte*. Ensuite vint *le Menteur*, pièce comique, et presque entièrement prise de l'espagnol, selon la coutume de ce temps-là.

Quoique *le Menteur* soit très agréable, et qu'on l'applaudisse encore aujourd'hui sur le théâtre, j'avoue que la comédie n'étoit point encore arrivée à sa perfection. Ce qui dominoit dans les pièces, c'étoit l'intrigue et les incidents, erreurs de nom, déguisements, lettres interceptées, aventures nocturnes; et c'est pourquoi on prenoit presque tous les sujets chez les Espagnols, qui triomphent sur ces matières. Ces pièces ne laissoient pas d'être fort plaisantes et pleines d'esprit : témoin *le Menteur* dont nous parlons, *Don Bertrand de Cigaral*, *le Geôlier de soi-même*. Mais enfin la plus grande beauté de la comédie étoit inconnue; on ne songeoit point aux mœurs et aux caractères; on alloit chercher bien loin le ridicule dans des événements imaginés

bouillet d'avoir condamné l'imprudence punissable de Polyeucte et de Néarque, qui exercent dans le temple une violence que Dieu n'a jamais commandée. On pouvait craindre encore qu'un homme qui résigne sa femme à son rival ne passât pour un imbécile plutôt que pour un bon chrétien. Le caractère bas de Félix pouvait déplaire; mais on ne fesait pas réflexion que Sévère et Pauline feraient réussir la pièce. (V.)

[1] Ce comédien obscur, à qui l'on doit *Polyeucte*, mérite notre reconnaissance. Il se nommait La Roque; il était de la troupe du Marais. (A.-M.)

[2] Peu de temps après que Corneille eut donné *Polyeucte*, La Serre fit représenter sa tragédie de *Thomas Morus*, et elle eut un succès inouï. « On y suoit, dit La Serre, au mois de décembre, et l'on tua quatre portiers, de compte fait, la première fois qu'elle fut jouée : voilà ce qu'on appelle de bonnes pièces ! M. Corneille n'a point de preuves si puissantes de l'excellence des siennes; et je lui céderai volontiers le pas quand il aura fait tuer cinq portiers en un seul jour. »

avec beaucoup de peine, et on ne s'avisoit point de l'aller prendre dans le cœur humain, où est sa principale habitation [1]. Molière est le premier qui l'ait été chercher là, et celui qui l'a le mieux mis en œuvre : homme inimitable, et à qui la comédie doit autant que la tragédie à Corneille.

Comme *le Menteur* eut beaucoup de succès, Corneille lui donna une *suite*, mais qui ne réussit guère. Il en découvre lui-même la raison dans les examens qu'il a faits de ses pièces. Là il s'établit juge de ses propres ouvrages, et en parle avec un noble désintéressement, dont il tire en même temps le double fruit, et de prévenir l'envie sur le mal qu'elle en pourroit dire, et de se rendre lui-même croyable sur le bien qu'il en dit [2].

A *la Suite du Menteur* succéda *Rodogune*. Il a écrit quelque part que, pour trouver la plus belle de ses pièces, il falloit choisir entre *Rodogune* et *Cinna*; et ceux à qui il en a parlé ont démêlé sans beaucoup de peine qu'il étoit pour *Rodogune*. Il ne m'appartient nullement de prononcer sur cela; mais peut-être préféroit-il *Rodogune*, parcequ'elle lui avoit extrèmement coûté : il fut plus d'un an à disposer le sujet. Peut-être vouloit-il, en mettant son affection de ce côté-là, balancer celle du public, qui paroît être de l'autre. Pour moi, si j'ose le dire, je ne mettrois point le différend

---

[1] Fontenelle oublie ici que la comédie du *Menteur* est une pièce de caractère. Il y a beaucoup d'incidents; il en faut aussi. Les pièces de Molière n'en ont peut-être pas assez. Tous servent à faire paraître le caractère du Menteur. — On avait long-temps avant Molière plusieurs pièces dans ce goût en Espagne, *le Menteur*, *le Jaloux*, *l'Impie ou le Convié de Pierre*, traduit depuis par Molière, sous le nom du *Festin de Pierre*. (V.) — Non pas traduit, mais imité, mais surpassé. (A.-M.)

[2] La critique que cet excellent poëte a faite de ses ouvrages est une entreprise sur lui-même, qui lui a gagné le cœur et l'estime de tous les honnêtes gens. On pourroit dire que nous n'avouons de petits défauts que pour persuader que nous n'en avons pas de grands; mais il faut penser autrement de M. Corneille, qui ne consultoit pas l'amour-propre quand il s'agissoit d'exercer les vertus dont sa belle ame étoit ornée. (VIGNEUL DE MARVILLE.)

entre *Rodogune* et *Cinna* : il me paroît aisé de choisir entre elles, et je connois quelque pièce de Corneille que je ferois passer encore avant la plus belle des deux.

On apprendra dans les examens de P. Corneille, mieux que l'on ne feroit ici, l'histoire de *Théodore*, d'*Héraclius*, de *Don Sanche d'Aragon*, d'*Andromède*, de *Nicomède*, et de *Pertharite*. On y verra pourquoi *Théodore* et *Don Sanche d'Aragon* réussirent fort peu, et pourquoi *Pertharite* tomba absolument. On ne put souffrir dans *Théodore* la seule idée du péril de la prostitution ; et si le public étoit devenu si délicat, à qui Corneille devoit-il s'en prendre qu'à lui-même ? Avant lui, le viol réussissoit dans les pièces de Hardy. Il manqua à *Don Sanche un suffrage illustre,* qui lui fit manquer tous ceux de la cour ; exemple assez commun de la soumission des François à de certaines autorités. Enfin un mari qui veut racheter sa femme en cédant un royaume fut encore sans comparaison plus insupportable dans *Pertharite*, que la prostitution ne l'avoit été dans *Théodore*. Le bon mari n'osa se montrer au public que deux fois. Cette chute du grand Corneille peut être mise parmi les exemples les plus remarquables des vicissitudes du monde ; et Bélisaire demandant l'aumône n'est pas plus étonnant.

Il se dégoûta du théâtre, et déclara qu'il y renonçoit dans une petite préface assez chagrine qu'il mit au-devant de *Pertharite*. Il dit pour raison qu'il commence à vieillir ; et cette raison n'est que trop bonne, sur-tout quand il s'agit de poésie et des autres talents de l'imagination. L'espèce d'esprit qui dépend de l'imagination, et c'est ce qu'on appelle communément *esprit* dans le monde, ressemble à la beauté, et ne subsiste qu'avec la jeunesse. Il est vrai que la vieillesse vient plus tard pour l'esprit ; mais elle vient. Les plus dangereuses qualités qu'elle lui apporte sont la sécheresse et la dureté ; et il y a des esprits qui en sont naturellement plus susceptibles que d'autres, et qui donnent plus de prise aux ravages du temps : ce sont ceux qui avoient de la noblesse, de la grandeur, quelque chose de fier et d'austère. Cette sorte de caractère contracte aisément par les années je ne sais quoi de sec et de dur. C'est à-peu-près ce qui arriva à Corneille : il ne perdit pas en vieillissant l'inimitable noblesse de son génie; mais il s'y mêla quelquefois un peu de dureté. Il avoit poussé les grands sentiments aussi loin que la nature pouvoit souffrir qu'ils allassent; il commença de temps en temps à les pousser un peu plus loin. Ainsi dans *Pertharite* [1] une reine consent à épouser un tyran qu'elle déteste, pourvu qu'il égorge un fils unique qu'elle a, et que par cette action il se rende aussi odieux qu'elle souhaite qu'il le soit. Il est aisé de voir que ce sentiment, au lieu d'être noble, n'est que dur; et il ne faut pas trouver mauvais que le public ne l'ait pas goûté [2].

Après *Pertharite*, Corneille, rebuté du théâtre, entreprit la traduction en vers de l'*Imitation de Jésus-Christ*. Il y fut porté par des pères jésuites de ses amis, par des sentiments de piété qu'il eut toute sa vie, et peut-être aussi par l'activité de son génie qui ne pouvoit demeurer oisif. Cet ouvrage eut un succès prodigieux, et le dédommagea en toutes manières d'avoir quitté le théâtre. Cependant, si j'ose en parler avec une liberté que je ne devrois peut-être pas me permettre, je ne trouve point dans la traduction de Corneille le plus grand charme de l'*Imitation de Jésus-Christ*, je veux dire sa simplicité et sa naïveté. Elle se perd dans la pompe des vers qui étoit naturelle à Corneille, et je crois même qu'absolument la forme de vers lui est contraire. Ce livre, le plus beau qui soit parti de la main d'un homme, puisque l'Évangile n'en vient pas, n'iroit pas droit au cœur comme il fait, et ne s'en saisiroit pas avec tant de force, s'il

---

[1] Tout cela est dit mal-à-propos : *Pertharite* est de 1653 ; Corneille n'avait que quarante-sept ans. (V.)

[2] Comme s'il n'y avait que cela de mauvais dans *Pertharite!* (V.)

n'avoit un air naturel et tendre, à quoi la négligence même du style aide beaucoup.

Il se passa six ans pendant lesquels il ne parut de Corneille que l'*Imitation* en vers. Mais enfin, sollicité par M. Fouquet, et peut-être encore plus poussé par son penchant naturel, il se rengagea au théâtre. M. le surintendant, pour lui faciliter ce retour et lui ôter toutes les excuses que lui auroit pu fournir la difficulté de trouver des sujets, lui en proposa trois. Celui qu'il prit fut *OEdipe;* Thomas Corneille, son frère, prit *Camma,* qui étoit le second. Je ne sais quel fut le troisième.

La réconciliation de Corneille et du théâtre fut heureuse; *OEdipe* réussit fort bien.

La Toison d'Or fut faite ensuite à l'occasion du mariage du roi; et c'est la plus belle pièce à machines que nous ayons. Les machines, qui sont ordinairement étrangères à la pièce, deviennent par l'art du poëte nécessaires à celle-là; et sur-tout le prologue doit servir de modèle aux prologues à la moderne, qui sont faits pour exposer, non pas le sujet de la pièce, mais l'occasion pour laquelle elle a été faite.

Ensuite parurent *Sertorius* et *Sophonisbe*. Dans la première de ces deux pièces, la grandeur romaine éclate avec toute sa pompe; et l'idée qu'on pourroit se former de la conversation de deux grands hommes qui ont de grands intérêts à démêler est encore surpassée par la scène de Pompée et de Sertorius. Il semble que Corneille ait eu des mémoires particuliers sur les Romains. *Sophonisbe* avoit déja été traitée par Mairet avec beaucoup de succès; et Corneille avoue qu'il se trouvoit bien hardi d'oser la traiter de nouveau. Si Mairet avoit joui de cet aveu, il en auroit été fort glorieux, même étant vaincu.

Il faut croire qu'*Agésilas* est de P. Corneille, puisque son nom y est, et qu'il y a une scène d'Agésilas et de Lysander qui ne pourroit pas facilement être d'un autre.

Après *Agésilas* vint *Othon*[1], ouvrage où Tacite est mis en œuvre par le grand Corneille, et où se sont unis deux génies si sublimes. Corneille y a peint la corruption de la cour des empereurs du même pinceau dont il avoit peint les vertus de la république.

En ce temps-là des pièces d'un caractère fort différent des siennes parurent avec éclat sur le théâtre : elles étoient pleines de tendresse et de sentiments aimables. Si elles n'alloient pas jusqu'aux beautés sublimes, elles étoient bien éloignées de tomber dans des défauts choquants. Une élévation qui n'étoit pas du premier degré, beaucoup d'amour, un style très agréable et d'une élégance qui ne se démentoit point, une infinité de traits vifs et naturels, un jeune auteur : voilà ce qu'il falloit aux femmes, dont le jugement a tant d'autorité au théâtre françois. Aussi furent-elles charmées, et Corneille ne fut plus chez elles que le vieux Corneille. J'en excepte quelques femmes qui valoient des hommes.

Le goût du siècle se tourna donc entièrement du côté d'un genre de tendresse moins noble, et dont le modèle se retrouvoit plus aisément dans la plupart des cœurs. Mais Corneille dédaigna fièrement d'avoir de la complaisance pour ce nouveau goût[2]. Peut-être croira-t-on que son âge ne lui permettoit pas d'en avoir : ce soupçon seroit très légitime, si l'on ne voyoit ce qu'il a fait dans la *Psyché* de Molière, où, étant à l'ombre du nom d'autrui, il s'est abandonné à un excès de tendresse dont il n'auroit pas voulu déshonorer son nom.

Il ne pouvoit mieux braver son siècle qu'en lui donnant *Attila*, digne roi des Huns. Il règne dans cette pièce une férocité noble que lui seul pouvoit attraper. La scène où

---

[1] M. de Fontenelle se trompe. *Agésilas* est postérieur de près de deux ans à *Othon*. (Les frères PARFAICT, t. IX, p. 322.)

[2] Au contraire, il n'a fait aucune pièce sans amour. (V.)

Attila délibère s'il se doit allier à l'empire qui tombe, ou à la France qui s'élève, est une des belles choses qu'il ait faites.

Bérénice fut un duel dont tout le monde sait l'histoire. Une princesse [1], fort touchée des choses d'esprit [2], et qui eût pu les mettre à la mode dans un pays barbare, eut besoin de beaucoup d'adresse pour faire trouver les deux combattants sur le champ de bataille sans qu'ils sussent où on les menoit. Mais à qui demeura la victoire? au plus jeune.

Il ne reste plus que *Pulchérie* et *Suréna*, tous deux sans comparaison meilleurs que *Bérénice*, tous deux dignes de la vieillesse d'un grand homme. Le caractère de Pulchérie est de ceux que lui seul savoit faire, et il s'est dépeint lui-même avec bien de la force dans Martian, qui est un vieillard amoureux. Le cinquième acte de cette pièce est tout-à-fait beau. On voit dans *Suréna* une belle peinture d'un homme que son trop de mérite et de trop grands services rendent criminel auprès de son maître; et ce fut par ce dernier effort que Corneille termina sa carrière.

La suite de ses pièces représente ce qui doit naturellement arriver à un grand homme qui pousse le travail jusqu'à la fin de sa vie. Ses commencements sont foibles et imparfaits, mais déja dignes d'admiration par rapport à son

---

[1] Henriette-Anne d'Angleterre.

[2] La princesse Henriette, belle-sœur de Louis XIV, ne proposa pas seulement ce sujet parcequ'elle était touchée des choses d'esprit, mais parceque ce sujet était, à plusieurs égards, sa propre aventure. — La victoire ne demeura pas à Racine seulement parcequ'il était le plus jeune, mais parceque sa pièce est incomparablement meilleure que celle de Corneille, qui tomba, et qu'on ne peut lire. Racine tira de ce mauvais sujet tout ce qu'on en pouvait tirer. Son goût épuré, son esprit flexible, sa diction toujours élégante, son style toujours châtié et toujours charmant, étaient propres à toutes les matières; et Corneille ne pouvait guère traiter heureusement que des sujets conformes au caractère de son génie. (V.)

siècle; ensuite il va aussi haut que son art peut atteindre; à la fin il s'affoiblit, s'éteint peu à peu, et n'est plus semblable à lui-même que par intervalles.

Après *Suréna*, qui fut joué en 1675, Corneille renonça tout de bon au théâtre, et ne pensa plus qu'à mourir chrétiennement. Il ne fut pas même en état d'y penser beaucoup la dernière année de sa vie [1].

Je n'ai pas cru devoir interrompre la suite de ses grands ouvrages pour parler de quelques autres beaucoup moins considérables qu'il a donnés de temps en temps. Il a fait, étant jeune, quelques petites pièces de galanterie, qui sont répandues dans des recueils. On a encore de lui quelques petites pièces de cent ou de deux cents vers au roi, soit pour le féliciter de ses victoires, soit pour lui demander des graces, soit pour le remercier de celles qu'il en avoit reçues. Il a traduit deux ouvrages latins du P. de La Rue, tous deux d'assez longue haleine, et plusieurs autres petites pièces de M. de Santeuil. Il estimoit extrèmement ces deux poëtes. Lui-même faisoit fort bien des vers latins; et il en fit sur la campagne de Flandre en 1667, qui parurent si beaux, que non seulement plusieurs personnes les mirent en françois, mais que les meilleurs poëtes latins en prirent l'idée, et les mirent encore en latin. Il avoit traduit sa première scène de *Pompée* en vers du style de Sénèque le tragique, pour lequel il n'avoit pas d'aversion, non plus que pour Lucain. Il falloit aussi qu'il n'en eût pas pour Stace, fort inférieur à Lucain, puisqu'il en a traduit en vers et publié les deux premiers livres de *la Thébaïde*. Ils ont échappé à toutes les recherches qu'on a faites depuis un temps pour en retrouver quelque exemplaire.

Corneille étoit assez grand et assez plein, l'air fort simple et fort commun, toujours négligé, et peu curieux de

---

[1] Il mourut le 1er septembre 1684, dans sa soixante-dix-neuvième année.

son extérieur. Il avoit le visage assez agréable, un grand nez, la bouche belle, les yeux pleins de feu, la physionomie vive, des traits fort marqués, et propres à être transmis à la postérité dans une médaille ou dans un buste. Sa prononciation n'étoit pas tout-à-fait nette; il lisoit ses vers avec force, mais sans grace.

Il savoit les belles-lettres, l'histoire, la politique; mais il les prenoit principalement du côté qu'elles ont rapport au théâtre. Il n'avoit pour toutes les autres connoissances ni loisir, ni curiosité, ni beaucoup d'estime. Il parloit peu, même sur la matière qu'il entendoit si parfaitement. Il n'ornoit pas ce qu'il disoit; et pour trouver le grand Corneille, il le falloit lire.

Il étoit mélancolique; il lui falloit des sujets plus solides pour espérer et pour se réjouir que pour se chagriner ou pour craindre. Il avoit l'humeur brusque, et quelquefois rude en apparence : au fond il étoit très aisé à vivre, bon mari, bon parent, tendre et plein d'amitié. Son tempérament le portoit assez à l'amour, mais jamais au libertinage, et rarement aux grands attachements. Il avoit l'ame fière et indépendante; nulle souplesse, nul manége : ce qui l'a rendu très propre à peindre la vertu romaine, et très peu propre à faire sa fortune. Il n'aimoit point la cour; il y apportoit un visage presque inconnu, un grand nom qui ne s'attiroit que des louanges, et un mérite qui n'étoit point de ce pays-là. Rien n'étoit égal à son incapacité pour les affaires que son aversion; les plus légères lui causoient de l'effroi et de la terreur. Quoique son talent lui eût beaucoup rapporté, il n'en étoit guère plus riche. Ce n'est pas qu'il eût été fâché de l'être; mais il eût fallu le devenir par une habileté qu'il n'avoit pas, et par des soins qu'il ne pouvoit prendre. Il ne s'étoit point trop endurci aux louanges à force d'en recevoir : mais, s'il étoit sensible à la gloire, il étoit fort éloigné de la vanité. Quelquefois il se

VIE DE CORNEILLE.

confioit trop peu à son rare mérite, et croyoit trop facilement qu'il pût avoir des rivaux.

A beaucoup de probité naturelle il a joint, dans tous les temps de sa vie, beaucoup de religion, et plus de piété que le commerce du monde n'en permet ordinairement. Il a eu souvent besoin d'être rassuré par des casuistes sur ses pièces de théâtre [1], et ils lui ont toujours fait grace en faveur de la pureté qu'il avoit établie sur la scène, des nobles sentiments qui règnent dans ses ouvrages, et de la vertu qu'il a mise jusque dans l'amour.

[1] Ces casuistes avaient bien raison. L'art du théâtre est comme celui de la peinture. Un peintre peut également faire des ouvrages lascifs et des tableaux de dévotion : tout auteur peut être dans ce cas. Ce n'est donc point le théâtre qui est condamnable, mais l'abus du théâtre. Or les pièces étant approuvées par les magistrats, et ayant la sanction de l'autorité royale, le seul abus est de les condamner. Cette ancienne méprise a subsisté, parceque les comédies des mimes étaient obscènes du temps des premiers chrétiens, et que les autres spectacles étaient consacrés, chez les Romains et chez les Grecs, par les cérémonies de leur religion : elles étaient regardées comme un acte d'idolâtrie. Mais c'est une grande inconséquence de vouloir flétrir des pièces très morales, parcequ'il y en a eu autrefois de scandaleuses. Les fanatiques qui, par une jalousie secrète, ont prétendu flétrir les chefs-d'œuvre de Corneille, n'ont pas songé combien cet outrage révolte des hommes de génie; ils font un tort irréparable à la religion chrétienne, en aliénant d'elle des esprits très éclairés, qui ne peuvent souffrir qu'on avilisse le plus beau des arts. — Le public éclairé préférera toujours les Sophocle, les Euripide, les Térence, aux Baïus, Jansénius, Du Verger de Hauranne, Quesnel, Petit-pied, et à tous les gens de cette espèce. — Au reste, cette persécution fanatique ne s'est vue qu'en France. On a tempéré en Espagne, en Italie, les anciennes rigueurs, qui étaient absurdes : on ne les connaît point en Angleterre. Les vainqueurs de Bleinheim et les maîtres des mers, les contemporains de Newton, de Locke, d'Addison et de Pope, ont rendu des honneurs aux beaux-arts. Le grand Corneille avait projeté un ouvrage pour répondre aux détracteurs du théâtre. (V.)

FIN DE LA VIE DE CORNEILLE.

NOUVEAUX DÉTAILS

SUR

P. CORNEILLE,

PAR EMM. GAILLARD [1].

Corneille naquit un samedi et mourut un dimanche. Il vécut cinquante-six ans à Rouen, y élevant six enfants, y soignant sa vieille mère, et passant ses étés à Hénouville, jusqu'à l'époque de son mariage.

M. l'abbé Antoine Legendre, curé d'Hénouville, était son ami intime. C'était dans un presbytère que Corneille venait jouir des beaux jours. Ils allaient ensemble voir cette vue ravissante de la Seine, que nous admirons tant des hauteurs d'Hénouville; l'abbé Legendre lui parlait de la *manière de bien cultiver les arbres fruitiers*, car ce physicien, né au Vaudreuil, a contribué à l'édition de ce livre très estimé, s'il n'en a été l'auteur; et Corneille faisait pour lui la description en vers du presbytère d'Hénouville, ouvrage que le père de la tragédie fit imprimer à Rouen, en 1642, sous le format in-12 [2]. Alors Corneille avait trente-six ans, et était marié depuis deux ans; il ne pouvait plus songer à passer ses vacances chez un prêtre, où une jeune femme et de petits enfants auraient mal figuré.

Je soupçonne que ce fut alors que Pierre Corneille loua,

---

[1] Ces *Nouveaux Détails* ont été imprimés à Rouen en 1834, année où cette ville érigea une statue à P. Corneille.

[2] Cette description se trouve dans le tome XII de notre édition de Corneille; elle a pour titre : *le Presbytère d'Hénouville.* Voyez les *Poésies diverses*, n° XX. (LEF.....)

d.

soit au Petit-Quevilly, soit à Bapaume, les deux maisons qu'on y montre comme ayant été les maisons de campagne de l'homme illustre. Celle dont les fenêtres sont grillées et qui a si pauvre apparence, sur la route de Rouen à Bapaume, est aujourd'hui la propriété de M. Reiset, receveur-général. Là se trouve, sur une large pierre trouvée sur les lieux, le buste du grand homme. M. et madame Reiset ont un culte pieux pour Corneille : honneur leur en soit rendu !

Il paraît que le fils aîné de Corneille se rappela, en 1670, les heureuses années de son enfance passées au pied de la côte de Canteleu, et qu'il chercha une habitation peu éloignée de celle où n'habitait plus son illustre père, alors à Paris : en effet, il acheta, chez Jean Borel, notaire à Rouen, une maison à Croisset, qui fut clamée, en 1671, par Guillaume Houppeville. Nous tenons ce fait de M. Houel. Ce correspondant de l'Académie a lu les actes dont je parle, et il y a vu que Pierre Corneille, fils de l'illustre auteur de *Cinna*, prenait, en contractant, la qualité de *secrétaire ordinaire*, et non de gentilhomme ordinaire *de la chambre du roi*, dernière qualification qui pourrait bien être une erreur de M. Jules Taschereau.

Ce dernier biographe de l'illustre tragique s'est également trompé sur *Mélite*, dont il fait un être imaginaire. S'il avait lu le *Moréri des Normands*, manuscrit de la bibliothèque de Caen, il aurait vu que *Mélite* est l'anagramme de Milet; or, l'abbé Guiot, ancien secrétaire du Puy de la Conception de Rouen, affirme que Mlle Milet était une très jolie personne de notre ville. J'ajouterai qu'elle demeurait à Rouen, rue aux Juifs, n° 15. Le fait m'a été attesté par M. Dommey, ancien greffier en chef de la chambre des comptes, homme qui aurait cent vingt ans aujourd'hui, et qui disait tenir cette particularité de très vieilles demoiselles habitant cette maison rue aux Juifs, quand, lui, il était fort jeune et ne l'habitait pas encore. L'existence de

Mlle Milet est, d'ailleurs, de tradition à Rouen. Je l'ai ouï raconter, dans ma jeunesse, à des octogénaires du plus haut rang, et dont un avait été l'ami de M. de Cideville (le chevalier de Maison, homme très brillant par son esprit).

Comme on aime à suivre Pierre Corneille dans sa ville natale, je conseille à ses admirateurs de faire, en son honneur, de petits pèlerinages, d'abord de la rue de la Pie au faubourg Cauchoise, où était le couvent de sa fille, la religieuse dominicaine; ce père bien tendre devait y aller souvent : puis au collége des Jésuites, rue du Grand-Maulévrier, où ses quatre fils avaient été élevés, et où lui-même avait été nourri, et où vivait d'ailleurs le père Larue, qu'il aimait comme un de ses fils, ayant trente-sept ans de plus que lui. Corneille mit en vers français les vers latins du jeune jésuite de vingt-quatre ans, et fut, en 1667, les porter à Louis XIV, louant devant le monarque les vers et le jeune auteur.

En général, les jésuites de Rouen, ses maîtres et ceux de ses fils, ne cessèrent d'être ses meilleurs amis. Il les aimait, parce qu'il était très pieux dès l'âge de quarante-cinq ans, plus pieux même, disent ses contemporains, qu'on ne l'est ordinairement dans le monde; si bien que, par obéissance pour la reine Anne d'Autriche, il commença, en 1651, à traduire *l'Imitation de Jésus-Christ.* Ses vers, trop enflés et trop tendus, ne donnent pas une idée de l'onction répandue dans ce livre si parfait. A cinquante-neuf ans, il fit paraître *les Louanges de la Sainte Vierge* (in-12, 1665); c'était une traduction de L. Bonaventure; et, à soixante-quatre ans, il publia, à Paris, *la Liturgie de la Sainte Vierge*, in-12, 1670 [1]. Ces œuvres pieuses ne l'em-

---

[1] Ce volume est le tome XI de notre édition : il contient l'*Office de la Sainte Vierge*, les sept *Psaumes Pénitentiaux*, les *Vêpres et Complies des Dimanches*, en vers et en prose, et tous les *Hymnes* du bréviaire romain, aussi traduits en vers. (LEF....)

pêchaient pas de vivre familièrement avec Molière et de fréquenter la société du dernier duc de Guise, dont la conduite n'était pas très régulière.

Mais revenons à Rouen. — L'une de ses parentes était poëte, fille de son cousin-germain M. de Boisguilbert, et religieuse visitandine, près les Capucins. Cette dame, de beaucoup d'esprit, qui l'appelait son oncle, a traduit tous les Psaumes en vers français.

On sait que la sœur de Corneille fut mère de Fontenelle, et habitait la rue des Bons-Enfants : c'est là qu'on retrouve Pierre Corneille, son fils aîné, en 1670, lorsqu'il achète, pour treize cents livres, sa maison de campagne de Croisset, puis, lorsqu'il la rétrocède en 1671, pour obéir à une clameur lignagère.

Marié à trente-quatre ans, auteur d'une foule de chefs-d'œuvre, Corneille n'avait pas encore songé à transmettre ses traits à la postérité. Ce fut un très célèbre graveur normand, Lasne, de Caen, qui eut l'honneur de faire le premier le portrait de l'auteur du *Cid*, alors âgé de trente-sept ans. Chose singulière, Charles Perrault, dans sa galerie, se trompa, et attribua à Pierre Corneille les traits de Thomas, fort aisés cependant à distinguer, à cause de la grosse verrue qu'avait au visage l'auteur d'*Ariane* et du *Comte d'Essex*. On voit, au Musée des antiques de Rouen, une médaille de Pierre Corneille, que Charles Perrault aurait bien fait de connaître, et qui cause un tressaillement de cœur à tout homme né dans nos murs, tant elle a un caractère de vérité : c'est bien là Corneille dans son cabinet.

Notre poëte, aimant les réunions savantes, quitta sa ville pour l'Académie française; mais il attendit, pour cela, d'avoir mis sa mère au tombeau, cette mère par lui si pieusement honorée et servie. Il fut à Paris, et y vécut rue d'Argenteuil, dans une si profonde misère, que voici une lettre écrite en 1679, Corneille ayant soixante-treize ans.

« J'ay veu hyer, dit le Rouennais auteur de la lettre,

« M. Corneille, nostre parent et amy; il se porte assez bien
« pour son aage. Il m'a pryé de vous faire ses amitiez. Nous
« sommes sortys ensemble après le disner, et, en passant
« par la rue de la Parcheminerie, il est entré dans une
« boutique, pour faire raccommoder sa chaussure qui estoit
« décousue. Il s'est assis sur une planche, et moy auprès de
« luy; et, lorsque l'ouvrier eust refaict, il luy a donné trois
« pièces qu'il avoit dans sa poche. Lorsque nous fusmes
« rentrez, je luy ai offert ma bourse, mais il n'a point
« voulu la recevoir ni la partager. J'ay pleuré qu'un si
« grand génie fust réduit à cet excès de misere. »

Les anciens, qui mettaient de longs discours sur leurs monuments, n'auraient pas manqué d'inscrire cette lettre sur l'un des côtés du piédestal de la statue de *Pierre Corneille* : leçon pour les rois qui négligent les hommes de génie.

On dit que Louis XIV envoya deux cents louis à Corneille agonisant : c'était bien tard; on dit que ce prince fit, du fils aîné de notre poëte, un officier de sa maison; d'un autre, un abbé d'Aiguevives; d'un troisième, un officier de ses armées, mort de blessures glorieuses au siége de Graves. Était-ce assez? Je ne le pense pas, puisqu'il laissa Corneille se plaindre toute sa vie d'une détresse qu'on peut ici juger bien réelle et bien indigne de la France et de son grand roi.

Il vaut mieux, quand on admire Louis XIV (or, qui peut lui refuser son hommage?) citer un trait de sa vie, propre à prouver combien son ame comprenait le génie de Corneille.

Une conspiration est découverte, le chevalier de Rohan est condamné à avoir la tête tranchée; Louis XIV croit devoir se montrer inexorable contre le grand seigneur qui a voulu livrer Quillebœuf aux Hollandais. Cependant, on joue *Cinna*, et Louis XIV écoute la clémence d'Auguste; c'était la veille du supplice du fils de la belle Montbazon, cette femme si célèbre sous la Fronde : le roi dit, après la décapitation : « Si on avait profité de mon émotion, si, après *Cinna*, on m'avait parlé en faveur de Rohan, j'aurais accordé tout ce qu'on aurait voulu. » Ainsi, la raison d'état aurait fléchi devant le génie d'un poëte ! Quelle gloire pour Corneille !

Ce grand écrivain fut bien malheureux père ; il perdit, à quatorze ans, un fils digne de lui, qu'il regretta toute sa vie. Son fils aîné fit un mariage disproportionné, auquel Corneille ne voulut jamais consentir. La guerre lui en enleva un autre. Quant à l'abbé, fut-il celui de ses fils qu'on appelait *Corneille-Tacite,* pour exprimer sa taciturnité, plaisanterie qui faisait allusion à *Cornelius-Tacitus,* le plus grand historien de l'antiquité? Charlotte Corday descendait de madame de Marsilly, fille de Pierre Corneille ; elle fut républicaine, comme l'Émilie de son illustre aïeul.

Terminons cette trop courte notice, en vengeant notre Corneille d'une attaque que dirige contre lui M. Jules Taschereau.

De ce qu'un contrat, du mois de novembre 1683, donne à Pierre Corneille le titre d'écuyer, qu'il tenait de son père, anobli l'année même que parut le *Cid,* et de ce que là, au grand nom de Corneille, se trouve joint, selon l'usage, un nom de fief (Damville), le biographe en conclut que, à la fin de sa vie, l'homme qui fit *Polyeucte* et *le Menteur* montra une misérable vanité.

Mais, chez un notaire, ne prenait-on pas tous ses titres en 1683 ? Un père de famille n'avait-il pas des raisons louables de n'en négliger aucun ? et Corneille, le meilleur des pères, pouvait-il et devait-il priver ses fils d'avantages alors prisés, aujourd'hui encore trop jalousés ?

Croire, à cause de cette très petite circonstance, que Corneille en vint à rougir de son nom, et desira le masquer sous un nom de fief, c'est oublier le mot de sa vie entière ; ce mot bien fier, mais bien juste, qu'il adressait à ses amis désolés de voir sa taciturnité, et qui la lui reprochaient tendrement, en l'engageant à ne plus répéter ce vers sorti de dessous sa plume :

Et l'on peut rarement m'écouter sans ennui [1] :

« Messieurs, leur disait-il, je n'en suis pas moins *Pierre Corneille.* »

Ah! oui, croyons-le, quand on s'est dit une fois en sa vie : « *Je suis Pierre Corneille,* » on se le répète jusqu'au tombeau, et, ce nom immortel, on n'en rougit pas chez son notaire.

[1] *Lettre à M. Pellisson.* (Voyez, t. XII, *Poésies,* n° LVI.)

SUPPLÉMENT

A LA

VIE DE CORNEILLE.

A voir M. de Corneille, on ne l'auroit pas cru capable de faire si bien parler les Grecs et les Romains, et de donner un si grand relief aux sentiments et aux pensées des héros. La première fois que je le vis, je le pris pour un marchand de Rouen. Son extérieur n'avoit rien qui parlàt pour son esprit; et sa conversation étoit si pesante, qu'elle devenoit à charge dès qu'elle duroit un peu. Une grande princesse, qui avoit desiré le voir et l'entretenir, disoit qu'il ne falloit point l'écouter ailleurs qu'à l'hôtel de Bourgogne. Certainement M. de Corneille se négligeoit trop; ou, pour mieux dire, la nature, qui lui avoit été si libérale en des choses extraordinaires, l'avoit comme oublié dans les plus communes. Quand ses familiers amis, qui auroient souhaité de le voir parfait en tout, lui faisoient remarquer ses légers défauts, il sourioit, et disoit : «Je n'en suis pas moins pour cela Pierre Corneille.» Il n'a jamais parlé bien correctement la langue françoise; peut-être ne se mettoit-il pas en peine de cette exactitude.

Quand il avoit composé un ouvrage, il le lisoit à madame de Fontenelle, sa sœur, qui en pouvoit bien juger. Cette dame avoit l'esprit fort juste; et, si la nature s'étoit avisée d'en faire un troisième Corneille, ce dernier n'auroit pas moins brillé que les deux autres : mais elle devoit être ce qu'elle a été pour donner à ses frères un neveu, digne héritier de leur mérite et de leur gloire. (VIGNEUL DE MARVILLE [1].)

Simple, timide, d'une ennuyeuse conversation, il (Corneille) prend un mot pour un autre, et il ne juge de la bonté de sa pièce que par l'argent qui lui en revient; il ne sait pas la réciter, ni lire son écriture. Laissez-le s'élever par la composition, il n'est pas au-dessous d'Auguste, de Pompée, de Nicomède, d'Héraclius; il est roi, et un grand roi; il est politique, il est philosophe : il entreprend de faire parler des héros, de les faire agir; il peint les Romains : ils sont plus grands et plus Romains dans ses vers que dans leur histoire. (LA BRUYÈRE, ch. XII, *des Jugements*.)

Corneille étant venu un jour à la comédie, où il n'avoit point paru depuis deux ans, les acteurs s'interrompirent d'eux-mêmes; le grand Condé, le prince de Conti, et généralement tous ceux qui étoient sur le théâtre, se levèrent; les loges suivirent leur exemple; le parterre se signala par des battements de mains et des acclamations qui recommencèrent à tous les entr'actes. Des marques d'une distinction si flatteuse devoient être bien embarrassantes pour un homme dont la modestie alloit de pair avec le mérite. Si Corneille eût pu prévoir cette espèce de triomphe, personne ne doute qu'il ne se fût abstenu de paroître au spectacle. (*Tableau historique de l'Esprit des Littérateurs*, t. II, p. 64, 1785, in-8°, 4 vol.)

Je suis au désespoir que vous ayez eu *Bajazet* par d'autres que par moi... Je voulois vous envoyer la Champmêlé pour

[1] C'est sous ce nom que le chartreux dom Bonaventure d'Argonne s'est fait connaître dans la république des lettres. (PAL.)

vous réchauffer la pièce. Le personnage de Bajazet est glacé; les mœurs des Turcs y sont mal observées; le dénouement n'est point bien préparé; on n'entre point dans les raisons de cette grande tuerie : il y a pourtant des choses agréables, mais rien de parfaitement beau, rien qui enlève, point de ces tirades de *Corneille* qui font frissonner. Ma fille, gardons-nous bien de lui comparer Racine; sentons-en toujours la différence. Vive notre vieil ami Corneille! Pardonnons-lui de méchants vers en faveur des divines et sublimes beautés qui nous transportent : ce sont des traits de maître inimitables. Despréaux en dit encore plus que moi. En un mot, c'est le bon goût : tenez-vous-y. (Madame DE SEVIGNÉ.)

Ce n'est pas la coutume de l'Académie de se lever de sa place dans les assemblées pour personne; chacun demeure comme il est. Cependant, lorsque M. Corneille arrivoit après moi, j'avois pour lui tant de vénération, que je lui faisois cet honneur. C'est lui qui a formé le théâtre françois. Il ne l'a pas seulement enrichi d'un grand nombre de belles pièces toutes différentes les unes des autres, on lui est encore redevable de toutes les bonnes de tous ceux qui sont venus après lui. Il n'y a que la comédie où il n'a pas si bien réussi. Il y a toujours quelques scènes trop sérieuses : celles de Molière ne sont pas de même; tout y ressent la comédie. M. Corneille sentoit bien que Molière avoit eu cet avantage sur lui; c'est pour cela qu'il en avoit de la jalousie, ne pouvant s'empêcher de le témoigner : mais il avoit tort. (SEGRAIS.)

Étant une fois près de Corneille sur le théâtre, à une représentation de *Bajazet* (1672), il me dit : «Je me garderois bien de le dire à d'autres que vous, parcequ'on pourroit croire que j'en parle par jalousie; mais, prenez-y garde, il n'y a pas un seul personnage dans ce *Bajazet* qui ait les sentiments qu'il doit avoir, et que l'on a à Constantinople : ils ont tous, sous un habit turc, le sentiment qu'on a au milieu de la France. » Il avoit raison, et l'on ne voit pas cela dans Corneille : le Romain y parle comme un Romain, le Grec comme un Grec, l'Indien comme un Indien, et l'Espagnol comme un Espagnol. (LE MÊME.)

Faut-il mourir, madame ; et, si proche du terme,
Votre illustre inconstance est-elle encor si ferme
Que les restes d'un feu que j'avois cru si fort
Puissent dans quatre jours se promettre ma mort ?
Tite et Bérénice, acte I, sc. II.

L'acteur Baron, qui, lors de la première représentation de cette tragédie, faisoit le personnage de Domitian, et qui, en étudiant son rôle, trouvoit quelque obscurité dans ces quatre vers, crut son intelligence en défaut, et alla en demander l'explication à Molière, chez qui il demeuroit. Molière, après les avoir lus, avoua qu'il ne les entendoit pas non plus : « Mais attendez, dit-il à Baron ; M. Corneille doit venir souper avec nous aujourd'hui, et vous lui direz qu'il vous les explique. » Dès que Corneille arriva, le jeune Baron alla lui sauter au cou, comme il faisoit ordinairement, parce qu'il l'aimoit ; et ensuite il le pria de lui expliquer les vers qui l'embarrassoient : « Je ne les entends pas trop bien non plus, dit Corneille, après les avoir examinés quelque temps ; mais récitez-les toujours : tel qui ne les entendra pas les admirera. » (*Bolæana*.)

M. Corneille, encore fort jeune, se présenta un jour plus triste et plus rêveur qu'à l'ordinaire devant le cardinal de Richelieu, qui lui demanda s'il travailloit. Il répondit qu'il étoit bien éloigné de la tranquillité nécessaire pour la composition, et qu'il avoit la tête renversée par l'amour. Il en fallut venir à un plus grand éclaircissement ; et il dit au cardinal qu'il aimoit passionnément une fille [1] du lieutenant-général des Andelys, en Normandie, et qu'il ne pouvoit l'obtenir de son père (M. de Lampérière). Le cardinal voulut que ce père si difficile vînt lui parler à Paris. Il y arriva tout tremblant d'un ordre si imprévu, et s'en retourna bien content d'en être quitte pour avoir donné sa fille à un homme qui avoit tant de crédit. (FONTENELLE, *Additions à la Vie de son oncle*.)

La première nuit de ses noces, qui se firent à Rouen, Corneille fut si malade, que l'on répandit à Paris le bruit de sa mort. Un pareil sujet étoit bien digne d'exercer la plume des poëtes, et Ménage lui fit aussitôt cette épitaphe :

CORNELII TUMULUS.

Hic jacet ille sui lumen Cornelius ævi,
  Quem vatem agnoscit Gallica scena suum.
An major fuerit socco, majorve cothurno,
  Ambiguum : certe magnus utroque fuit.

Quand on sut que Corneille étoit rétabli, Ménage se hâta également de célébrer sa guérison dans la pièce suivante :

CORNELIUS REDIVIVUS.

Doctus ab infernis remeat Cornelius umbris,
  Et potuit rigidas flectere voce deas.
Threïcium numeris vatem qui dulcibus æquat,
  Debuit et numeris non potuisse minus.

Les deux Corneille ont épousé les deux demoiselles de Lampérière. Il y avoit entre les frères le même intervalle

[1] Marie de Lampérière.

d'âge qu'entre les sœurs; ils ont eu un même nombre d'enfants; ce n'étoit qu'une même maison, qu'un même domestique; ils ont parcouru la même carrière. Enfin, après plus de vingt-cinq ans de mariage, les deux frères n'avoient pas encore songé à faire le partage des biens de leurs femmes, situés en Normandie; il ne fut fait qu'à la mort de Pierre. (DE BOZE.)

La distance qui étoit entre l'esprit des deux Corneille n'en mit aucune dans leur cœur. Ils étoient extrêmement unis, et logeoient ensemble. Thomas avoit le travail infiniment plus facile que Pierre; et, quand celui-ci cherchoit une rime, il levoit une trappe, et la demandoit à son frère, qui la lui donnoit aussitôt. (VOISENON.)

On a accusé Corneille d'être un homme intéressé, et moins avide de gloire que de gain : Corneille, qu'on sait avoir porté l'indifférence pour l'argent jusqu'à une insensibilité blâmable; qui n'a jamais tiré de ses pièces que ce que les comédiens lui donnoient, sans compter avec eux; qui fut un an sans remercier Colbert du rétablissement de sa pension; qui, après avoir vécu sans faire aucune dépense, est mort sans biens; Corneille enfin, qui a eu le cœur aussi grand que l'esprit, les sentiments aussi nobles que les idées !

Peu de jours avant sa mort l'argent manquoit à cet illustre malade, fort éloigné de thésauriser; et le roi, ayant appris du P. La Chaise la situation critique du grand Corneille, lui envoya deux cents louis. (Le P. TOURNEMINE.)

A la fin de cette même année [1] Corneille mourut; et mon

[1] Dans la nuit du 30 septembre au 1er octobre 1684.

père, qui le lendemain de cette mort entroit dans les fonctions de directeur, prétendoit que c'étoit à lui à faire faire, pour l'académicien qui venoit de mourir, un service suivant la coutume. Mais Corneille étoit mort pendant la nuit; et l'académicien qui étoit encore directeur la veille prétendit que, comme il n'étoit sorti de place que le lendemain matin, il étoit encore dans ses fonctions au moment de la mort de Corneille, et que par conséquent c'étoit à lui à faire faire le service. Cette dispute n'avoit pour motif qu'une généreuse émulation : tous deux vouloient avoir l'honneur de rendre les devoirs funèbres à un mort si illustre. Cette contestation, glorieuse pour les deux parties, fut décidée par l'Académie en faveur de l'ancien directeur; ce qui donna lieu à ce mot fameux que Benserade dit à mon père : « Nul autre que vous ne pouvoit prétendre à enterrer Corneille; cependant vous n'avez pu y parvenir. » (L. Racine.)

FIN DU SUPPLÉMENT.

MÉLITE,

COMÉDIE[1].

1629[2].

---

[1] Var. *Mélite, ou les fausses lettres, pièce comique.* (1633.)
[2] Voyez la note 1, page 9.

A MONSIEUR
DE LIANCOUR.

Monsieur,

Mélite seroit trop ingrate de rechercher une autre protection que la vôtre; elle vous doit cet hommage et cette légère reconnaissance de tant d'obligations qu'elle vous a : non qu'elle présume par-là s'en acquitter en quelque sorte, mais seulement pour les publier à toute la France. Quand je considère le peu de bruit qu'elle fit à son arrivée à Paris, venant d'un homme qui ne pouvoit sentir que la rudesse de son pays, et tellement inconnu qu'il étoit avantageux d'en taire le nom; quand je me souviens, dis-je, que ses trois premières représentations ensemble n'eurent point tant d'affluence que la moindre de celles qui les suivirent dans le même hiver, je ne puis rapporter de si foibles commencements qu'au loisir qu'il falloit au monde pour apprendre que vous en faisiez état, ni des progrès si peu attendus qu'à votre approbation, que chacun se croyoit obligé de suivre après l'avoir sue. C'est de là, Monsieur, qu'est venu tout le bonheur de *Mélite*; et, quelques hauts effets qu'elle ait produits depuis, celui dont je me tiens le plus glorieux, c'est l'honneur d'être connu de vous, et de vous pouvoir souvent assurer de bouche que je serai toute ma vie,

Monsieur,

Votre très humble et très obéissant serviteur,

CORNEILLE.

AU LECTEUR.

Je sais bien que l'impression d'une pièce en affoiblit la réputation : la publier, c'est l'avilir; et même il s'y rencontre un particulier désavantage pour moi, vu que, ma façon d'écrire étant simple et familière, la lecture fera prendre mes naïvetés pour des bassesses. Aussi beaucoup de mes amis m'ont toujours conseillé de ne rien mettre sous la presse, et ont raison, comme je crois; mais, par je ne sais quel malheur, c'est un conseil que reçoivent de tout le monde ceux qui écrivent, et pas un d'eux ne s'en sert. Ronsard, Malherbe et Théophile l'ont méprisé; et, si je ne les puis imiter en leurs graces, je les veux du moins imiter en leurs fautes, si c'en est une que de faire imprimer. Je contenterai par-là deux sortes de personnes, mes amis et mes envieux, donnant aux uns de quoi se divertir, aux autres de quoi censurer : et j'espère que les premiers me conserveront encore la même affection qu'ils m'ont témoignée par le passé; que des derniers, si beaucoup font mieux, peu réussiront plus heureusement, et que le reste fera encore quelque sorte d'estime de cette pièce, soit par coutume de l'approuver, soit par honte de se dédire. En tout cas, elle est mon coup d'essai; et d'autres que moi ont intérêt à la défendre, puisque, si elle n'est pas bonne, celles qui sont demeurées au-dessous doivent être fort mauvaises.

ARGUMENT.

Éraste, amoureux de Mélite, la fait connoître à son ami Tircis, et, devenu puis après jaloux de leur hantise, fait rendre des lettres d'amour supposées, de la part de Mélite, à Philandre, accordé de Cloris, sœur de Tircis. Philandre, s'étant résolu, par l'artifice et les suasions d'Éraste, de quitter Cloris pour Mélite, montre ces lettres à Tircis. Ce pauvre amant en tombe en désespoir, et se retire chez Lisis, qui vient donner à Mélite de fausses alarmes de sa mort. Elle se pâme à cette nouvelle, et, témoignant par-là son affection, Lisis la désabuse, et fait revenir Tircis, qui l'épouse. Cependant Cliton, ayant vu Mélite pâmée, la croit morte, et en porte la nouvelle à Éraste, aussi bien que de la mort de Tircis. Éraste, saisi de remords, entre en folie; et, remis en son bon sens par la nourrice de Mélite, dont il apprend qu'elle et Tircis sont vivants, il lui va demander pardon de sa fourbe, et obtient de ces deux amants Cloris, qui ne vouloit plus de Philandre après sa légèreté.

ACTEURS.

ÉRASTE, amoureux de Mélite [1].
TIRCIS, ami d'Éraste, et son rival [2].
PHILANDRE, amant de Cloris.
MÉLITE, maîtresse d'Éraste et de Tircis [3].
CLORIS, sœur de Tircis [4].
LISIS, ami de Tircis.
CLITON, voisin de Mélite [5]
LA NOURRICE de Mélite [6]

La scène est à Paris.

Noms des acteurs qui ont joué d'original dans Mélite :

[1] MONDORY *. — [2] BELLEROSE. — [3] Mlle BEAUPRÉ. — [4] Mlle GAUTIER. — [5] JODELET. — [6] ALISON **.

* Tous les ans l'acteur Mondory venait passer l'été à Rouen avec sa troupe. En 1628, Corneille, alors âgé de vingt-deux ans, fit sa connaissance et lui confia sa pièce de *Mélite*. Mondory la fit représenter à Paris, à l'hôtel de Bourgogne, par sa troupe réunie à celle de Bellerose, et elle y obtint le plus grand succès. Toutes les pièces de Corneille, depuis *Mélite* jusqu'au *Cid* inclusivement, furent représentées par la troupe de Mondory. (Voyez la première note sur l'*Illusion comique*.) (A.-M.)

** C'est le nom d'un acteur qui jouait le rôle de Nourrice sous le masque et l'habit de femme. (A.-M.)

MÉLITE[1].

ACTE PREMIER.

SCÈNE I.

ÉRASTE, TIRCIS.

ÉRASTE.

Je te l'avoue, ami, mon mal est incurable[2];
Je n'y sais qu'un remède, et j'en suis incapable :

---

[1] Fontenelle fait remonter la première représentation de cette pièce à l'année 1625 ; mais nous ne croyons pas devoir adopter cette date, et nous suivons les frères Parfaict, qui fixent cette première représentation à l'année 1629. Voici nos raisons : Mairet, dans sa préface des *Galanteries du duc d'Ossone*, après avoir cité Rotrou, Scudéri, Corneille et du Ryer, ajoute qu'il vient de les nommer suivant l'ordre du temps où ils sont entrés dans la carrière dramatique ; et Rotrou, qui a devancé Corneille dans cette carrière, et que Corneille appelait son père, n'a donné *l'Hypocondriaque*, sa première pièce, qu'en 1628. (PAR.)

[2] VARIANTE. Parmi tant de rigueurs, n'est-ce pas chose étrange
Que rien n'est assez fort pour me résoudre au change ?
Jamais un pauvre amant ne fut si maltraité,
Et jamais un amant n'eut tant de fermeté.
Mélite a sur mes sens une entière puissance ;
Si sa rigueur m'aigrit, ce n'est qu'en son absence,
Et j'ai beau ménager dans un éloignement
. . . .
Un seul de ses regards l'étouffe et le dissipe ;

10 MÉLITE.

Le change seroit juste, après tant de rigueur ;
Mais, malgré ses dédains, Mélite a tout mon cœur ;
Elle a sur tous mes sens une entière puissance ;
Si j'ose en murmurer, ce n'est qu'en son absence,
Et je ménage en vain dans un éloignement
Un peu de liberté pour mon ressentiment :
D'un seul de ses regards l'adorable contrainte
Me rend tous mes liens, en resserre l'étreinte,
Et par un si doux charme aveugle ma raison,
Que je cherche mon mal et fuis ma guérison.
Son œil agit sur moi d'une vertu si forte,
Qu'il ranime soudain mon espérance morte,
Combat les déplaisirs de mon cœur irrité,
Et soutient mon amour contre sa cruauté ;
Mais ce flatteur espoir qu'il rejette en mon ame
N'est qu'un doux imposteur qu'autorise ma flamme [1],
Et qui, sans m'assurer ce qu'il semble m'offrir,
Me fait plaire en ma peine, et m'obstine à souffrir.

TIRCIS.

Que je te trouve, ami, d'une humeur admirable !
Pour paroître éloquent tu te feins misérable :
Est-ce à dessein de voir avec quelles couleurs
Je saurois adoucir les traits de tes malheurs ?
Ne t'imagine pas qu'ainsi, sur ta parole [2],
D'une fausse douleur un ami te console ;

Un seul de ses regards me séduit et me pipe,
Et d'un tel ascendant maîtrise ma raison *,
Que je chéris mon mal, et fuis ma guérison. (1633-57.)

[1] Var. N'est rien qu'un vent qui souffle et rallume ma flamme **,
Et reculant toujours ce qu'il semble m'offrir. (1633-57.)

[2] Var. Ne t'imagine pas que dessus ta parole. (1633-57.)

* Var. Et par un si doux charme aveugle ma raison. (1648-57.)

** Var. N'est rien qu'un imposteur qui rallume ma flamme. (1648-57.)

Ce que chacun en dit ne m'a que trop appris
Que Mélite pour toi n'eut jamais de mépris.
ÉRASTE.
Son gracieux accueil et ma persévérance
Font naître ce faux bruit d'une vaine apparence :
Ses mépris sont cachés, et s'en font mieux sentir[1],
Et n'étant point connus, on n'y peut compatir.
TIRCIS.
En étant bien reçu, du reste que t'importe?
C'est tout ce que tu veux des filles de sa sorte.
ÉRASTE.
Cet accès favorable, ouvert et libre à tous,
Ne me fait pas trouver mon martyre plus doux :
Elle souffre aisément mes soins et mon service[2];
Mais, loin de se résoudre à leur rendre justice,
Parler de l'hyménée à ce cœur de rocher,
C'est l'unique moyen de n'en plus approcher.
TIRCIS.
Ne dissimulons point; tu règles mieux ta flamme,
Et tu n'es pas si fou que d'en faire ta femme.
ÉRASTE.
Quoi! tu sembles douter de mes intentions?
TIRCIS.
Je crois malaisément que tes affections,
Sur l'éclat d'un beau teint, qu'on voit si périssable[3],

[1] VAR. Ses dédains sont cachés, encor que continus*,
   Et d'autant plus cruels que moins ils sont connus. (1633.)

[2] VAR. Sa hantise me perd, mon mal en devient pire,
   Vu que, loin d'obtenir le bonheur où j'aspire,
   Parler de mariage à ce cœur de rocher. (1633-57.)

[3] VAR. Arrêtent en un lieu si peu considérable

* VAR. Ses mépris sont cachés, bien que continuels;
   Et moins ils sont connus, et plus ils sont cruels. (1648-54.)

Règlent d'une moitié le choix invariable.
Tu serois incivil, de la voir chaque jour,
Et ne lui pas tenir quelques propos d'amour;
Mais d'un vain compliment ta passion bornée
Laisse aller tes desseins ailleurs pour l'hyménée.
Tu sais qu'on te souhaite aux plus riches maisons,
Que les meilleurs partis [1]...

ÉRASTE.

      Trêve de ces raisons;
Mon amour s'en offense, et tiendroit pour supplice
De recevoir des lois d'une sale avarice [2];
Il me rend insensible aux faux attraits de l'or,
Et trouve en sa personne un assez grand trésor.

TIRCIS.

Si c'est là le chemin qu'en aimant tu veux suivre,
Tu ne sais guère encor ce que c'est que de vivre.
Ces visages d'éclat sont bons à cajoler,
C'est là qu'un apprenti doit s'instruire à parler [3];
J'aime à remplir de feux ma bouche en leur présence;
La mode nous oblige à cette complaisance;
Tous ces discours de livre alors sont de saison :
Il faut feindre des maux, demander guérison [4],
Donner sur le phébus, promettre des miracles,

   D'une chaste moitié le choix invariable.
   Tu serois incivil, la voyant chaque jour,
   De ne lui tenir pas quelques propos d'amour. (1633-57.)

[1] Var. Où de meilleurs partis. (1633-48.)

[2] Var. D'avoir à prendre avis d'une sale avarice.
   Je ne sache point d'or capable de mes vœux,
   Que celui dont nature a paré ses cheveux. (1633-57.)

[3] Var. C'est là qu'un jeune oiseau doit s'apprendre à parler. (1633-57.)

[4] Var. Il faut feindre du mal, demander guérison. (1633-57.)

Jurer qu'on brisera toute sorte d'obstacles ;
Mais du vent et cela doivent être tout un.
ÉRASTE.
Passe pour des beautés qui sont dans le commun [1] ;
C'est ainsi qu'autrefois j'amusai Crisolite :
Mais c'est d'autre façon qu'on doit servir Mélite.
Malgré tes sentiments, il me faut accorder
Que le souverain bien n'est qu'à la posséder [2].
Le jour qu'elle naquit, Vénus, bien qu'immortelle,
Pensa mourir de honte en la voyant si belle ;
Les Graces, à l'envi [3], descendirent des cieux
Pour se donner l'honneur d'accompagner ses yeux ;
Et l'Amour, qui ne put entrer dans son courage,
Voulut obstinément loger sur son visage.
TIRCIS.
Tu le prends d'un haut ton, et je crois qu'au besoin
Ce discours emphatique iroit encor bien loin.
Pauvre amant, je te plains, qui ne sais pas encore
Que, bien qu'une beauté mérite qu'on l'adore,
Pour en perdre le goût, on n'a qu'à l'épouser.
Un bien qui nous est dû se fait si peu priser,

---

[1] Var. Passe pour des beautés qui soient dans le commun. (1633-57.)

[2] Var. Que le souverain bien gît à la posséder.
Le jour qu'elle naquit, Vénus, quoique immortelle, (1633-57.)
. . . .
Les Graces, au séjour qu'elles faisoient aux cieux,
Préférèrent l'honneur d'accompagner ses yeux ;
. . . .
Voulut, à tout le moins, loger sur son visage. (1633.)
TIRCIS.
Te voilà bien en train ; si je veux t'écouter,
Sur ce même ton-là tu m'en vas bien conter. (1633-57.)

[3] Var. Les Graces aussitôt. (1648-57.)

Qu'une femme fût-elle entre toutes choisie,
On en voit en six mois passer la fantaisie
Tel au bout de ce temps n'en voit plus la beauté [1]
Qu'avec un esprit sombre, inquiet, agité;
Au premier qui lui parle, ou jette l'œil sur elle,
Mille sottes frayeurs lui brouillent la cervelle;
Ce n'est plus lors qu'une aide à faire un favori,
Un charme pour tout autre, et non pour un mari.

ÉRASTE.

Ces caprices honteux et ces chimères vaines
Ne sauroient ébranler des cervelles bien saines;
Et quiconque a su prendre une fille d'honneur
N'a point à redouter l'appât d'un suborneur.

TIRCIS.

Peut-être dis-tu vrai; mais ce choix difficile
Assez et trop souvent trompe le plus habile;
Et l'hymen, de soi-même, est un si lourd fardeau,
Qu'il faut l'appréhender à l'égal du tombeau.
S'attacher pour jamais aux côtés d'une femme [2] !
Perdre pour des enfants le repos de son ame!
Voir leur nombre importun remplir une maison!
Ah! qu'on aime ce joug avec peu de raison!

ÉRASTE.

Mais il y faut venir; c'est en vain qu'on recule,

---

[1] Var. Tel, au bout de ce temps, la souhaite bien loin;
    La beauté n'y sert plus que d'un fantasque soin
    A troubler le repos de qui se formalise*,
    S'il advient qu'à ses yeux quelqu'un la galantise :
    Ce n'est plus lors qu'un aide à faire un favori. (1633-57.)

[2] Var. S'attacher pour jamais au côté d'une femme!
    . . . .
    Quand leur nombre importun accable la maison! (1633-57.)

* Var. De qui se scandalise. (1648-57.)

C'est en vain qu'on refuit, tôt ou tard on s'y brûle[1] ;
Pour libertin qu'on soit, on s'y trouve attrapé :
Toi-même, qui fais tant le cheval échappé,
Nous te verrons un jour songer au mariage[2]

TIRCIS.

Alors ne pense pas que j'épouse un visage :
Je règle mes desirs suivant mon intérêt.
Si Doris me vouloit, toute laide qu'elle est,
Je l'estimerois plus qu'Aminte et qu'Hippolyte ;
Son revenu chez moi tiendroit lieu de mérite :
C'est comme il faut aimer. L'abondance des biens
Pour l'amour conjugal a de puissants liens :
La beauté, les attraits, l'esprit, la bonne mine[3],
Échauffent bien le cœur, mais non pas la cuisine ;
Et l'hymen qui succède à ces folles amours,
Après quelques douceurs, a bien de mauvais jours.
Une amitié si longue est fort mal assurée
Dessus des fondements de si peu de durée.
L'argent dans le ménage a certaine splendeur[4]
Qui donne un teint d'éclat à la même laideur ;
Et tu ne peux trouver de si douces caresses
Dont le goût dure autant que celui des richesses.

ÉRASTE.

Auprès de ce bel œil qui tient mes sens ravis,

---

[1] Var. C'est en vain que l'on fuit, tôt ou tard l'on s'y brûle. (1633-57.)

[2] Var. Un jour nous te verrons songer au mariage. (1633-57.)

[3] Var. La beauté, les attraits, le port, la bonne mine,
Échauffent bien les draps, mais non pas la cuisine ;
. . . .
Pour quelques bonnes nuits, a bien de mauvais jours. (1633-57.)

[4] Var. C'est assez qu'une femme ait un peu d'entregent ;
La laideur est trop belle étant teinte d'argent. (1633.)

A peine pourrois-tu conserver ton avis.
TIRCIS.
La raison en tous lieux est également forte.
ÉRASTE.
L'essai n'en coûte rien, Mélite est à sa porte;
Allons, et tu verras dans ses aimables traits
Tant de charmants appas, tant de brillants attraits[1],
Que tu seras forcé toi-même à reconnoître
Que si je suis un fou, j'ai bien raison de l'être.
TIRCIS.
Allons, et tu verras que toute sa beauté
Ne saura me tourner contre la vérité.

SCÈNE II.

MÉLITE, ÉRASTE, TIRCIS.

ÉRASTE.
De deux amis, madame, apaisez la querelle[2].
Un esclave d'amour le défend d'un rebelle;
Si toutefois un cœur qui n'a jamais aimé,
Fier et vain qu'il en est, peut être ainsi nommé.
Comme, dès le moment que je vous ai servie,

---

[1] Var. Tant de charmants appas, tant de divins attraits, (1633-57.)
Que tu seras forcé d'avouer à ta honte
Que si je suis un fou, je le suis à bon compte. (1633.)

[2] Var. Au péril de vous faire une histoire importune,
Je viens vous raconter ma mauvaise fortune :
Ce jeune cavalier, autant qu'il m'est ami,
Autant est-il d'amour implacable ennemi ;
Et pour moi qui, depuis que je vous ai servie,
Ne l'ai pas moins prisé qu'une seconde vie,
Jugez si nos esprits, se rapportant si peu,
Pouvoient tomber d'accord, et parler de son feu. (1633-57.)

ACTE I, SCÈNE II.

J'ai cru qu'il étoit seul la véritable vie,
Il n'est pas merveilleux que ce peu de rapport
Entre nos deux esprits sème quelque discord.
Je me suis donc piqué contre sa médisance
Avec tant de malheur, ou tant d'insuffisance,
Que des droits si sacrés et si pleins d'équité[1]
N'ont pu se garantir de sa subtilité ;
Et je l'amène ici, n'ayant plus que répondre,
Assuré que vos yeux le sauront mieux confondre.

MÉLITE.

Vous deviez l'assurer plutôt qu'il trouveroit,
En ce mépris d'amour, qui le seconderoit.

TIRCIS.

Si le cœur ne dédit ce que la bouche exprime,
Et ne fait de l'amour une plus haute estime[2],
Je plains les malheureux à qui vous en donnez,
Comme à d'étranges maux par leur sort destinés.

MÉLITE.

Ce reproche sans cause avec raison m'étonne[3].
Je ne reçois d'amour et n'en donne à personne.
Les moyens de donner ce que je n'eus jamais ?

ÉRASTE.

Ils vous sont trop aisés ; et par vous désormais
La nature pour moi montre son injustice
A pervertir son cours pour me faire un supplice[4].

---

[1] Var. Que les droits de l'amour, bien que pleins d'équité,
. . . .
Et je l'amène à vous, n'ayant plus que répondre. (1633-57.)

[2] Var. Et ne fait de l'amour une meilleure estime. (1633-57.)

[3] Var. Ce reproche sans cause, inopiné, m'étonne. (1633-57.)

[4] Var. A pervertir son cours pour croître mon supplice. (1633-57.)

CORNEILLE. — T. I.

MÉLITE.
Supplice imaginaire, et qui sent son moqueur.
ÉRASTE.
Supplice qui déchire et mon ame et mon cœur.
MÉLITE.
Il est rare qu'on porte avec si bon visage [1]
L'ame et le cœur ensemble en si triste équipage.
ÉRASTE.
Votre charmant aspect suspendant mes douleurs,
Mon visage du vôtre emprunte les couleurs.
MÉLITE.
Faites mieux ; pour finir vos maux et votre flamme,
Empruntez tout d'un temps les froideurs de mon ame.
ÉRASTE.
Vous voyant, les froideurs perdent tout leur pouvoir ;
Et vous n'en conservez que faute de vous voir [2].
MÉLITE.
Et quoi ! tous les miroirs ont-ils de fausses glaces ?
ÉRASTE.
Penseriez-vous y voir la moindre de vos graces ?
De si frêles sujets ne sauroient exprimer
Ce que l'amour aux cœurs peut lui seul imprimer [3] ;
Et quand vous en voudrez croire leur impuissance,

---

[1] Var. D'ordinaire, on n'a pas, avec si bon visage,
Ni l'ame ni le cœur en un tel équipage *.
ÉRASTE.
Votre divin aspect suspendant mes douleurs. (1633-57.)

[2] Var. Et vous n'en conservez qu'à faute de vous voir. (1633-57.)

[3] Var. Ce qu'amour dans les cœurs peut lui seul imprimer ;
. . . .
Encor cette légère et foible connoissance. (1633-57.)

* Var. En si triste équipage. (1648-57.)

ACTE I, SCÈNE II.

Cette légère idée et foible connoissance
Que vous aurez par eux de tant de raretés
Vous mettra hors du pair de toutes les beautés.

MÉLITE.

Voilà trop vous tenir dans une complaisance
Que vous dussiez quitter du moins en ma présence,
Et ne démentir pas le rapport de vos yeux,
Afin d'avoir sujet de m'entreprendre mieux.

ÉRASTE.

Le rapport de mes yeux, aux dépens de mes larmes,
Ne m'a que trop appris le pouvoir de vos charmes.

TIRCIS.

Sur peine d'être ingrate, il faut de votre part
Reconnoître les dons que le ciel vous départ.

ÉRASTE.

Voyez que d'un second mon droit se fortifie.

MÉLITE.

Voyez que son secours montre qu'il s'en défie [1].

TIRCIS.

Je me range toujours avec la vérité.

MÉLITE.

Si vous la voulez suivre, elle est de mon côté.

TIRCIS.

Oui, sur votre visage, et non en vos paroles :
Mais cessez de chercher ces refuites frivoles ;
Et, prenant désormais des sentiments plus doux,
Ne soyez plus de glace à qui brûle pour vous.

MÉLITE.

Un ennemi d'amour me tenir ce langage !
Accordez votre bouche avec votre courage ;

---

[1] Var. Mais plutôt son secours fait voir qu'il s'en défie. (1633-54.)

MÉLITE.

Pratiquez vos conseils, ou ne m'en donnez pas.
TIRCIS.
J'ai connu mon erreur auprès de vos appas;
Il vous l'avoit bien dit.
ÉRASTE.
Ainsi donc, par l'issue [1]
Mon ame sur ce point n'a point été déçue?
TIRCIS.
Si tes feux en son cœur produisoient même effet,
Crois-moi que ton bonheur seroit bientôt parfait [2].
MÉLITE.
Pour voir si peu de chose aussitôt vous dédire,
Me donne à vos dépens de beaux sujets de rire;
Mais je pourrois bientôt à m'entendre flatter [3]
Concevoir quelque orgueil qu'il vaut mieux éviter.
Excusez ma retraite.
ÉRASTE.
Adieu, belle inhumaine,
De qui seule dépend et ma joie et ma peine [4].
MÉLITE.
Plus sage à l'avenir, quittez ces vains propos,
Et laissez votre esprit et le mien en repos.

    Var.   Ainsi ma prophétie
    Est, à ce que je vois, de tout point réussie.
                TIRCIS.
    Si tu pouvois produire en elle un même effet. (1633-57.)

² *Crois-moi que*. Cette locution était usitée du temps de Corneille, et se retrouve dans la plupart des poëtes de son temps. On disait même : *croire quelqu'un de quelque chose*. Mais ce verbe ne reçoit plus aujourd'hui qu'un régime direct. (Par.)

   ³ Var. Mais, outre qu'il m'est doux de m'entendre flatter,
       Ma mère, qui m'attend, m'oblige à vous quitter. (1633-57.)

   ⁴ Var. De qui seule dépend et mon aise et ma peine. (1633-57.)

SCÈNE III.

ÉRASTE, TIRCIS.

ÉRASTE.
Maintenant, suis-je un fou? mérité-je du blâme?
Que dis-tu de l'objet? que dis-tu de ma flamme?
TIRCIS.
Que veux-tu que j'en die? elle a je ne sais quoi
Qui ne peut consentir que l'on demeure à soi.
Mon cœur, jusqu'à présent à l'amour invincible,
Ne se maintient qu'à force aux termes d'insensible;
Tout autre que Tircis mourroit pour la servir.
ÉRASTE.
Confesse franchement qu'elle a su te ravir,
Mais que tu ne veux pas prendre pour cette belle
Avec le nom d'amant le titre d'infidèle.
Rien que notre amitié ne t'en peut détourner;
Mais ta muse du moins, facile à suborner[1],
Avec plaisir déja prépare quelques veilles
A de puissants efforts pour de telles merveilles.
TIRCIS.
En effet, ayant vu tant et de tels appas,
Que je ne rime point, je ne le promets pas.
ÉRASTE.
Tes feux n'iront-ils point plus avant que la rime[2]?

---

[1] Var. Mais ta muse, du moins, s'en lairra suborner,
    N'est-il pas vrai, Tircis? Déja tu la disposes
    A de puissants efforts pour de si belles choses. (1633-57.)

[2] Var. Garde aussi que tes feux n'outre-passent la rime. (1633-57.)

TIRCIS.
Si je brûle jamais, je veux brûler sans crime.
ÉRASTE.
Mais si, sans y penser, tu te trouvois surpris?
TIRCIS.
Quitte pour décharger mon cœur dans mes écrits.
J'aime bien ces discours de plaintes et d'alarmes,
De soupirs, de sanglots, de tourments et de larmes;
C'est de quoi fort souvent je bâtis ma chanson,
Mais j'en connois, sans plus, la cadence et le son.
Souffre qu'en un sonnet je m'efforce à dépeindre
Cet agréable feu que tu ne peux éteindre;
Tu le pourras donner comme venant de toi.
ÉRASTE.
Ainsi, ce cœur d'acier qui me tient sous sa loi
Verra ma passion pour le moins en peinture.
Je doute néanmoins qu'en cette portraiture
Tu ne suives plutôt tes propres sentiments.
TIRCIS.
Me prépare le ciel de nouveaux châtiments
Si jamais un tel crime entre dans mon courage[1]!
ÉRASTE.
Adieu. Je suis content, j'ai ta parole en gage,
Et sais trop que l'honneur t'en fera souvenir.
TIRCIS, seul.
En matière d'amour rien n'oblige à tenir;
Et les meilleurs amis, lorsque son feu les presse,
Font bientôt vanité d'oublier leur promesse.

---

[1] VAR. Si jamais ce penser entre dans mon courage! (1633-57.)

SCÈNE IV.

PHILANDRE, CLORIS.

PHILANDRE.
Je meure, mon souci, tu dois bien me haïr;
Tous mes soins depuis peu ne vont qu'à te trahir.
CLORIS.
Ne m'épouvante point; à ta mine, je pense
Que le pardon suivra de fort près cette offense,
Sitôt que j'aurai su quel est ce mauvais tour.
PHILANDRE.
Sache donc qu'il ne vient sinon de trop d'amour.
CLORIS.
J'eusse osé le gager qu'ainsi par quelque ruse
Ton crime officieux porteroit son excuse [1].
PHILANDRE.
Ton adorable objet, mon unique vainqueur,
Fait naître chaque jour tant de feux en mon cœur,
Que leur excès m'accable, et que pour m'en défaire
J'y cherche des défauts qui puissent me déplaire [2].
J'examine ton teint dont l'éclat me surprit,
Les traits de ton visage, et ceux de ton esprit;
Mais je n'en puis trouver un seul qui ne me charme [3].

---

[1] Var. Mais n'importe, sachons...
PHILANDRE.
Ton bel œil, mon vainqueur. (1633-57.)

[2] Var. Je recherche par où tu me pourras déplaire. (1633-57.)

[3] Var. Mais je n'en puis trouver un seul qui ne me plaise.
CLORIS.
Et moi, dans mes défauts, encor suis-je bien aise

CLORIS.

Et moi, je suis ravie, après ce peu d'alarme,
Qu'ainsi tes sens trompés te puissent obliger
A chérir ta Cloris, et jamais ne changer.

PHILANDRE.

Ta beauté te répond de ma persévérance,
Et ma foi qui t'en donne une entière assurance.

CLORIS.

Voilà fort doucement dire que, sans ta foi,
Ma beauté ne pourroit te conserver à moi.

PHILANDRE.

Je traiterois trop mal une telle maîtresse
De l'aimer seulement pour tenir ma promesse :
Ma passion en est la cause, et non l'effet;
Outre que tu n'as rien qui ne soit si parfait,
Qu'on ne peut te servir sans voir sur ton visage
De quoi rendre constant l'esprit le plus volage[1].

Qu'ainsi tes sens trompés te forcent désormais
A chérir ta Cloris, et ne changer jamais. (1633-57.)

[1] VAR. De quoi rendre constant l'homme le plus volage.

CLORIS.
Tu m'en vas tant conter de ma perfection,
Qu'à la fin j'en aurai trop de présomption.
PHILANDRE.
S'il est permis d'en prendre à l'égal du mérite,
Tu n'en saurois avoir qui ne soit trop petite.
CLORIS.
Mon mérite est si peu !
PHILANDRE.
　　　　　　　Tout beau, mon cher souci,
C'est me désobliger que me parler ainsi*.
Nous devons vivre ensemble avec plus de franchise :
Ce refus obstiné d'une louange acquise
M'accuseroit enfin de peu de jugement.

* VAR. Vois que c'est m'offenser que de parler ainsi. (1648.)

ACTE I, SCÈNE IV.

CLORIS.

Ne m'en conte point tant de ma perfection ;
Tu dois être assuré de mon affection ;
Et tu perds tout l'effort de ta galanterie,
Si tu crois l'augmenter par une flatterie.
Une fausse louange est un blâme secret :
Je suis belle à tes yeux, il suffit, sois discret ;
C'est mon plus grand bonheur, et le seul où j'aspire.

PHILANDRE.

Tu sais adroitement adoucir mon martyre.
Mais parmi les plaisirs qu'avec toi je ressens,
A peine mon esprit ose croire mes sens [1],
Toujours entre la crainte et l'espoir en balance ;
Car s'il faut que l'amour naisse de ressemblance,
Mes imperfections nous éloignant si fort,
Qu'oserois-je prétendre en ce peu de rapport ?

CLORIS.

Du moins ne prétends pas qu'à présent je te loue,
Et qu'un mépris rusé, que ton cœur désavoue,

> D'avoir tant pris de peine et souffert de tourment
> Pour qui ne valoit [*] pas l'offre de mon service.
> CLORIS.
> A travers tes discours, si remplis d'artifice,
> Je découvre le but de ton intention :
> C'est que, te défiant de mon affection,
> Tu la veux acquérir par une flatterie.
> Philandre, ces propos sentent la moquerie :
> Une fausse louange est un blâme secret ;
> Épargne-moi, de grace, et songe, plus discret,
> Qu'étant belle à tes yeux, plus outre je n'aspire.
> PHILANDRE.
> Que tu sais dextrement adoucir mon martyre ! (1633-57.)

[1] VAR. A peine mon esprit ose croire à mes sens. (1633-57.)

[*] VAR. Pour qui ne vaudroit pas. (1648.)

Me mette sur la langue un babil affété
Pour te rendre à mon tour ce que tu m'as prêté :
Au contraire, je veux que tout le monde sache
Que je connois en toi des défauts que je cache.
Quiconque avec raison peut être négligé
A qui le veut aimer est bien plus obligé.

PHILANDRE.

Quant à toi, tu te crois de beaucoup plus aimable?

CLORIS.

Sans doute; et qu'aurois-tu qui me fût comparable?

PHILANDRE.

Regarde dans mes yeux, et reconnois qu'en moi
On peut voir quelque chose aussi parfait que toi [1].

CLORIS.

C'est sans difficulté, m'y voyant exprimée.

PHILANDRE.

Quitte ce vain orgueil dont ta vue est charmée.
Tu n'y vois que mon cœur, qui n'a plus un seul trait
Que ceux qu'il a reçus de ton charmant portrait [2],
Et qui, tout aussitôt que tu t'es fait paroître [3],
Afin de te mieux voir, s'est mis à la fenêtre.

CLORIS.

Le trait n'est pas mauvais; mais, puisqu'il te plaît tant [4],
Regarde dans mes yeux, ils t'en montrent autant;
Et nos feux tout pareils ont mêmes étincelles.

---

[1] Var. On peut voir quelque chose aussi beau comme toi. (1633-57.)

[2] Var. Que ceux qu'il a reçus de ton divin portrait. (1633-57.)

[3] Var. Et qui, tout aussitôt que tu te fais paroître,
Afin de te mieux voir, se met à la fenêtre. (1648.)

[4] Var. Dois-je prendre ceci pour de l'argent comptant?
Oui, Philandre, et mes yeux t'en vont montrer autant;
Nos brasiers tout pareils ont mêmes étincelles. (1633-57.)

PHILANDRE.

Ainsi, chère Cloris, nos ardeurs mutuelles,
Dedans cette union prenant un même cours,
Nous préparent un heur qui durera toujours.
Cependant en faveur de ma longue souffrance [1]...

CLORIS.

Tais-toi, mon frère vient.

SCÈNE V.

TIRCIS, PHILANDRE, CLORIS.

TIRCIS.

　　　　　　Si j'en crois l'apparence,
Mon arrivée ici fait quelque contre-temps.

PHILANDRE.

Que t'en semble, Tircis?

TIRCIS.

　　　　　　Je vous vois si contents,

---

[1] Var. Cependant un baiser, accordé par avance,
　　Soulageroit beaucoup ma pénible souffrance*.
　　　　　CLORIS.
　Prends-le sans demander, poltron; pour un baiser,
　Crois-tu que ta Cloris te voulût refuser? (1633.)

SCÈNE DERNIÈRE.

. . . .

TIRCIS.
(Il les surprend sur ce baiser.)

Voilà traiter l'amour justement bouche à bouche;
C'est par où vous alliez commencer l'escarmouche?
Encore n'est-ce pas trop mal passer son temps. (1633-57.)

* Var. Le pourrai-je obtenir?
　　　　CLORIS.
　Pour si peu qu'un baiser. (1648-57.)

Qu'à ne vous rien celer touchant ce qu'il me semble
Du divertissement que vous preniez ensemble,
De moins sorciers que moi pourroient bien deviner [1]
Qu'un troisième ne fait que vous importuner.

CLORIS.

Dis ce que tu voudras ; nos feux n'ont point de crimes,
Et pour l'appréhender ils sont trop légitimes,
Puisqu'un hymen sacré promis ces jours passés,
Sous ton consentement, les autorise assez.

TIRCIS.

Ou je te connois mal, ou son heure tardive
Te désoblige fort de ce qu'elle n'arrive [2].

CLORIS.

Ta belle humeur te tient, mon frère.

TIRCIS.

       Assurément.

CLORIS.

Le sujet ?

TIRCIS.

   J'en ai trop dans ton contentement.

CLORIS.

Le cœur t'en dit d'ailleurs.

TIRCIS.

     Il est vrai, je te jure ;
J'ai vu je ne sais quoi...

---

[1] Var. Je pense ne pouvoir vous être qu'importun ;
   Vous feriez mieux un tiers que d'en accepter un. (1633.)

[2] Vers supprimés :

   Cette légère amorce, irritant les desirs,
   Fait que l'illusion d'autres meilleurs plaisirs
   Vient la nuit chatouiller ton espérance avide,
   Mal satisfaite après de tant mâcher à vide. (1633.)

CLORIS.
        Dis tout, je t'en conjure ¹.
    TIRCIS.
Ma foi, si ton Philandre avoit vu de mes yeux,
Tes affaires, ma sœur, n'en iroient guère mieux.
    CLORIS.
J'ai trop de vanité pour croire que Philandre
Trouve encore après moi qui puisse le surprendre.
    TIRCIS.
Tes vanités à part, repose-t'en sur moi
Que celle que j'ai vue est bien autre que toi.
    PHILANDRE.
Parle mieux de l'objet dont mon ame est ravie ;
Ce blasphème à tout autre auroit coûté la vie.
    TIRCIS.
Nous tomberons d'accord sans nous mettre en pourpoint.
    CLORIS.
Encor, cette beauté, ne la nomme-t-on point?
    TIRCIS.
Non pas sitôt. Adieu : ma présence importune
Te laisse à la merci d'amour et de la brune.
Continuez les jeux que vous avez quittés ².
    CLORIS.
Ne crois pas éviter mes importunités :
Ou tu diras le nom de cette incomparable,
Ou je vais de tes pas me rendre inséparable.

---

¹ Var.   Dis-le, je t'en conjure.
² Var. Continuez, les jeux que j'ai...
    CLORIS.
            Tout beau, gausseur :
Ne t'imagine point de contraindre une sœur,
N'importe qui l'éclaire en ses chastes caresses ;
Et pour te faire voir des preuves plus expresses

TIRCIS.

Il n'est pas fort aisé d'arracher ce secret.
Adieu : ne perds point temps.

CLORIS.

O l'amoureux discret!
Eh bien! nous allons voir si tu sauras te taire.

PHILANDRE.

(Il retient Cloris, qui suit son frère.)

C'est donc ainsi qu'on quitte un amant pour un frère!

CLORIS.

Philandre, avoir un peu de curiosité,
Ce n'est pas envers toi grande infidélité :
Souffre que je dérobe un moment à ma flamme
Pour lire malgré lui jusqu'au fond de son ame.
Nous en rirons après ensemble, si tu veux.

PHILANDRE.

Quoi! c'est là tout l'état que tu fais de mes feux?

CLORIS.

Je ne t'aime pas moins, pour être curieuse,
Et ta flamme à mon cœur n'est pas moins précieuse.
Conserve-moi le tien, et sois sûr de ma foi.

PHILANDRE.

Ah, folle! qu'en t'aimant il faut souffrir de toi!

Qu'elle ne craint en rien * ta langue ni tes yeux,
Philandre, d'un baiser scelle encor tes adieux.

PHILANDRE.

Ainsi vienne bientôt cette heureuse journée
Qui nous donne le reste en faveur d'hyménée.

TIRCIS.

Sa nuit est bien plutôt ce que vous attendez,
Pour vous récompenser du temps que vous perdez. (1633-57.)

* Var. Qu'elle ne craint ici. (1648-57.)

FIN DU PREMIER ACTE.

ACTE SECOND.

SCÈNE I.

ÉRASTE.

Je l'avois bien prévu que ce cœur infidèle [1]
Ne se défendroit point des yeux de ma cruelle,
Qui traite mille amants avec mille mépris,
Et n'a point de faveurs que pour le dernier pris.
Sitôt qu'il l'aborda, je lus sur son visage [2]
De sa déloyauté l'infaillible présage ;
Un inconnu frisson dans mon corps épandu
Me donna les avis de ce que j'ai perdu [3].
Depuis, cette volage évite ma rencontre,
Ou, si malgré ses soins le hasard me la montre ;
Si je puis l'aborder, son discours se confond,

---

[1] Var. Je l'avois bien prévu que cette ame infidèle. (1633-57.)

[2] Var. Même, dès leur abord, je lus sur son visage. (1633-57.)

[3] Vers supprimés :

    Mais, hélas ! qui pourroit gauchir sa destinée [*] ?
    Son immuable loi, dans le ciel burinée,
    Nous fait si bien courir après notre malheur,
    Que j'ai donné moi-même accès à ce voleur.
    Le perfide qu'il est me doit sa connoissance ;
    C'est moi qui l'ai conduit et mis en sa puissance ;
    C'est moi qui, l'engageant à ce froid compliment,
    Ai jeté de mes maux le premier fondement. (1633-57.)

[*] Var. Mais il faut que chacun suive sa destinée. (1633-57.)

Son esprit en désordre à peine me répond ;
Une réflexion vers le traitre qu'elle aime
Presque à tous les moments le ramène en lui-même ¹ ;
Et, tout rêveur qu'il est, il n'a point de soucis
Qu'un soupir ne trahisse au seul nom de Tircis.
Lors, par le prompt effet d'un changement étrange,
Son silence rompu se déborde en louange.
Elle remarque en lui tant de perfections,
Que les moins éclairés verroient ses passions ² ;
Sa bouche ne se plait qu'en cette flatterie,
Et tout autre propos lui rend sa rêverie.
Cependant, chaque jour au discours attachés ³,
Ils ne retiennent plus leurs sentiments cachés ;
Ils ont des rendez-vous où l'amour les assemble ;
Encor hier sur le soir je les surpris ensemble ;
Encor tout de nouveau je la vois qui l'attend.
Que cet œil assuré marque un esprit content !
Perds tout respect, Éraste, et tout soin de lui plaire ⁴ ;
Rends, sans plus différer, ta vengeance exemplaire :
Mais il vaut mieux t'en rire, et pour dernier effort
Lui montrer en raillant combien elle a de tort.

---

¹ Var. Presques à tous moments le ramène en lui-même. (1633-57.)

² Var. Que les moins avisés verroient ses passions. (1633-57.)

³ Var. Cependant, chaque jour au babil attachés. (1633-57.)

⁴ Var. Sus donc, perds tout respect et tout soin de lui plaire,
Et rends dessus le champ ta vengeance exemplaire :
Non, il vaut mieux s'en rire, et pour dernier effort. (1633-57.)

SCÈNE II.

ÉRASTE, MÉLITE.

ÉRASTE.
Quoi, seule et sans Tircis! vraiment c'est un prodige;
Et ce nouvel amant déja trop vous néglige,
Laissant ainsi couler¹ la belle occasion
De vous conter l'excès de son affection.

MÉLITE.
Vous savez que son ame en est fort dépourvue.

ÉRASTE.
Toutefois, ce dit-on, depuis qu'il vous a vue,
Il en porte dans l'ame un si doux souvenir²,
Qu'il n'a plus de plaisir qu'à vous entretenir.

MÉLITE.
Il a lieu de s'y plaire avec quelque justice.
L'amour ainsi qu'à lui me paroît un supplice;
Et sa froideur, qu'augmente un si lourd entretien,
Le résout d'autant mieux à n'aimer jamais rien.

ÉRASTE.
Dites : à n'aimer rien que la belle Mélite.

MÉLITE.
Pour tant de vanité j'ai trop peu de mérite.

---

¹ Var. De laisser perdre ainsi. (1648.)

² Var. Ses chemins par ici s'adressent tous les jours,
   Et ses plus grands plaisirs ne sont que vos discours.
      MÉLITE.
   Et ce n'est pas aussi sans cause qu'il les prise,
   Puisque, outre que l'amour comme lui je méprise,
   Sa froideur, que redouble un si lourd entretien. (1633-57.)

ÉRASTE.
En faut-il tant avoir pour ce nouveau venu?
MÉLITE.
Un peu plus que pour vous.
ÉRASTE.
De vrai, j'ai reconnu,
Vous ayant pu servir deux ans, et davantage,
Qu'il faut si peu que rien à toucher mon courage.
MÉLITE.
Encor si peu que c'est vous étant refusé,
Présumez comme ailleurs vous serez méprisé.
ÉRASTE.
Vos mépris ne sont pas de grande conséquence,
Et ne vaudront jamais la peine que j'y pense;
Sachant qu'il vous voyoit, je m'étois bien douté
Que je ne serois plus que fort mal écouté.
MÉLITE.
Sans que mes actions de plus près j'examine,
A la meilleure humeur je fais meilleure mine;
Et s'il m'osoit tenir de semblables discours,
Nous romprions ensemble avant qu'il fût deux jours.
ÉRASTE.
Si chaque objet nouveau de même vous engage,
Il changera bientôt d'humeur et de langage[1].
Caressé maintenant aussitôt qu'aperçu,
Qu'auroit-il à se plaindre, étant si bien reçu?
MÉLITE.
Éraste, voyez-vous, trève de jalousie;
Purgez votre cerveau de cette frénésie :
Laissez en liberté mes inclinations.

---

[1] Var. Il ne tardera guère à changer de langage. (1633-57.)

ACTE II, SCÈNE III.

Qui vous a fait censeur de mes affections?
Est-ce à votre chagrin que j'en dois rendre compte[1]?

ÉRASTE.

Non, mais j'ai malgré moi pour vous un peu de honte
De ce qu'on dit par-tout du trop de privauté
Que déja vous souffrez à sa témérité.

MÉLITE.

Ne soyez en souci que de ce qui vous touche.

ÉRASTE.

Le moyen, sans regret, de vous voir si farouche
Aux légitimes vœux de tant de gens d'honneur,
Et d'ailleurs si facile à ceux d'un suborneur?

MÉLITE.

Ce n'est pas contre lui qu'il faut en ma présence
Lâcher les traits jaloux de votre médisance.
Adieu. Souvenez-vous que ces mots insensés
L'avanceront chez moi plus que vous ne pensez.

SCÈNE III.

ÉRASTE.

C'est là donc ce qu'enfin me gardoit ton caprice[2]?
C'est ce que j'ai gagné par deux ans de service?
C'est ainsi que mon feu, s'étant trop abaissé,
D'un outrageux mépris se voit récompensé?
Tu m'oses préférer un traître qui te flatte[3];

---

[1] Var. Vraiment, c'est bien à vous que j'en dois rendre compte.
ÉRASTE.
Aussi j'ai seulement pour vous un peu de honte
Qu'on murmure par-tout du trop de privauté. (1633-57.)

[2] Var. C'est donc là ce qu'enfin me gardoit ta malice? (1633-57.)

[3] Var. Tu me préfères donc un traître qui te flatte!

Mais dans ta lâcheté ne crois pas que j'éclate,
Et que par la grandeur de mes ressentiments
Je laisse aller au jour celle de mes tourments.
Un aveu si public qu'en feroit ma colère
Enfleroit trop l'orgueil de ton ame légère,
Et me convaincroit trop de ce desir abject
Qui m'a fait soupirer pour un indigne objet.
Je saurai me venger, mais avec l'apparence
De n'avoir pour tous deux que de l'indifférence.

Inconstante beauté, lâche, perfide, ingrate,
De qui le choix brutal se porte au plus mal fait,
Tu l'estimes à faux, tu verras à l'effet,
Par le peu de rapport que nous avons ensemble,
Qu'un honnête homme et lui n'ont rien qui se ressemble.
Que dis-je, tu verras? Il vaut autant que mort :
Ma valeur, mon dépit, ma flamme, en sont d'accord.
Il suffit; les destins, bandés à me déplaire,
Ne l'arracheroient pas à ma juste colère.
Tu démordras, parjure, et ta déloyauté
Maudira mille fois sa fatale beauté.
Si tu peux te résoudre à mourir en brave homme,
Dès demain un cartel l'heure et le lieu te nomme.
Insensé que je suis! hélas! où me réduit
Ce mouvement bouillant dont l'ardeur me séduit?
Quel transport déréglé! quelle étrange échappée!
Avec un affronteur mesurer mon épée!
C'est bien contre un brigand qu'il me faut hasarder,
Contre un traître qu'à peine on devroit regarder!
Lui faisant trop d'honneur, moi-même je m'abuse;
C'est contre lui qu'il faut n'employer que la ruse :
Il fut toujours permis de tirer sa raison
D'une infidélité par une trahison.
Vis doncques, déloyal, vis, mais en assurance
Que tout va désormais tromper ton espérance;
Que tes meilleurs amis s'armeront contre toi,
Et te rendront encor plus malheureux que moi.
J'en sais l'invention, qu'un voisin de Mélite
Exécutera trop aussitôt que prescrite.

Il fut toujours permis de tirer sa raison ¹
D'une infidélité par une trahison.
Tiens, déloyal ami, tiens ton ame assurée
Que ton heur surprenant aura peu de durée ;
Et que, par une adresse égale à tes forfaits,
Je mettrai le désordre où tu crois voir la paix.
L'esprit fourbe et vénal d'un voisin de Mélite
Donnera prompte issue à ce que je médite.
A servir qui l'achète il est toujours tout prêt,
Et ne voit rien d'injuste où brille l'intérêt.
Allons sans perdre temps lui payer ma vengeance,
Et la pistole en main presser sa diligence.

Pour n'être qu'un maraud, il est assez subtil.

SCÈNE IV.

ÉRASTE, CLITON.

ÉRASTE.

Holà ! ho ! vieil ami.

CLITON.

Monsieur, que vous plaît-il ?

ÉRASTE.

Me voudrois-tu servir en quelque bonne affaire ?

CLITON.

Dans un empêchement fort extraordinaire,
Je ne puis m'éloigner un seul moment d'ici.

ÉRASTE.

Va, tu n'y perdras rien ; et, d'avance, voici
Une part des effets qui suivent mes paroles.

CLITON.

Allons, malaisément gagne-t-on dix pistoles. (1633-57.)

¹ Corneille a dit encore, dans le premier monologue du *Cid* :

Mourir sans tirer ma raison !

On dit aujourd'hui *tirer raison*, sans pronom. Voyez, tome III, la note du *Cid*, acte I, scène VI. (LEF....)

SCÈNE IV.

TIRCIS, CLORIS.

TIRCIS.
Ma sœur, un mot d'avis sur un méchant sonnet
Que je viens de brouiller dedans mon cabinet.
CLORIS.
C'est à quelque beauté que ta muse l'adresse?
TIRCIS.
En faveur d'un ami je flatte sa maîtresse.
Vois si tu le connois, et si, parlant pour lui,
J'ai su m'accommoder aux passions d'autrui.

SONNET.

« Après l'œil de Mélite il n'est rien d'admirable. »

CLORIS.
Ah! frère, il n'en faut plus.
TIRCIS.
     Tu n'es pas supportable
De me rompre sitôt.
CLORIS.
    C'étoit sans y penser;
Achève.
TIRCIS.
Tais-toi donc, je vais recommencer.

SONNET.

« Après l'œil de Mélite il n'est rien d'admirable;
« Il n'est rien de solide après ma loyauté.

« Mon feu, comme son teint, se rend incomparable ;
« Et je suis en amour ce qu'elle est en beauté.

« Quoi que puisse à mes sens offrir la nouveauté,
« Mon cœur à tous ses traits demeure invulnérable ;
« Et bien qu'elle ait au sien la même cruauté,
« Ma foi pour ses rigueurs n'en est pas moins durable.

« C'est donc avec raison que mon extrême ardeur
« Trouve chez cette belle une extrême froideur,
« Et que sans être aimé je brûle pour Mélite :

« Car de ce que les dieux, nous envoyant au jour,
« Donnèrent pour nous deux d'amour et de mérite,
« Elle a tout le mérite, et moi j'ai tout l'amour[1]. »

CLORIS.

Tu l'as fait pour Éraste ?

TIRCIS.

Oui, j'ai dépeint sa flamme.

CLORIS.

Comme tu la ressens peut-être dans ton ame ?

TIRCIS.

Tu sais mieux qui je suis, et que ma libre humeur
N'a de part en mes vers que celle de rimeur.

---

[1] Ce sonnet vaut encore moins que celui du *Misanthrope*, et renferme les mêmes défauts :

Ce n'est que jeux de mots, qu'affectation pure,
Et ce n'est point ainsi que parle la nature.

D'après l'esprit qui régnait alors, on peut croire qu'il fut très applaudi. (Pan.)

CLORIS.

Pauvre frère, vois-tu, ton silence t'abuse;
De la langue ou des yeux, n'importe qui t'accuse :
Les tiens m'avoient bien dit, malgré toi, que ton cœur
Soupiroit sous les lois de quelque objet vainqueur;
Mais j'ignorois encor qui tenoit ta franchise,
Et le nom de Mélite a causé ma surprise
Sitôt qu'au premier vers ton sonnet m'a fait voir
Ce que depuis huit jours je brûlois de savoir.

TIRCIS.

Tu crois donc que j'en tiens?

CLORIS.

     Fort avant.

TIRCIS.

          Pour Mélite?

CLORIS.

Pour Mélite; et de plus que ta flamme n'excite
Au cœur de cette belle aucun embrasement[1].

TIRCIS.

Qui t'en a tant appris? mon sonnet?

CLORIS.

         Justement.

TIRCIS.

Et c'est ce qui te trompe avec tes conjectures,
Et par où ta finesse a mal pris ses mesures.
Un visage jamais ne m'auroit arrêté,
S'il falloit que l'amour fût tout de mon côté.
Ma rime seulement est un portrait fidèle
De ce qu'Éraste souffre en servant cette belle;
Mais quand je l'entretiens de mon affection,

---

[1] VAR. Dedans cette maîtresse aucun embrasement. (1633-57.)

J'en ai toujours assez de satisfaction.
CLORIS.
Montre, si tu dis vrai, quelque peu plus de joie ;
Et rends-toi moins rêveur, afin que je te croie.
TIRCIS.
Je rêve, et mon esprit ne s'en peut exempter ;
Car sitôt que je viens à me représenter
Qu'une vieille amitié de mon amour s'irrite,
Qu'Éraste s'en offense, et s'oppose à Mélite [1],
Tantôt je suis ami, tantôt je suis rival ;
Et, toujours balancé d'un contre-poids égal,
J'ai honte de me voir insensible, ou perfide.
Si l'amour m'enhardit, l'amitié m'intimide.
Entre ces mouvements mon esprit partagé
Ne sait duquel des deux il doit prendre congé.
CLORIS.
Voilà bien des détours pour dire, au bout du compte,
Que c'est contre ton gré que l'amour te surmonte.
Tu présumes par-là me le persuader ;
Mais ce n'est pas ainsi qu'on m'en donne à garder [2].
A la mode du temps, quand nous servons quelque autre,
C'est seulement alors qu'il n'y va rien du nôtre.
Chacun en son affaire est son meilleur ami [3],
Et tout autre intérêt ne touche qu'à demi.
TIRCIS.
Que du foudre à tes yeux j'éprouve la furie,
Si rien que ce rival cause ma rêverie !
CLORIS.
C'est donc assurément son bien qui t'est suspect ;

---

[1] Var. Qu'Éraste m'en retire, et s'oppose à Mélite. (1633.)
[2] Var. Mais ce n'est pas ainsi qu'on m'en baille à garder. (1633-57.)
[3] Var. Un chacun à soi-même est son meilleur ami. (1633-57.)

Son bien te fait rêver, et non pas son respect;
Et, toute amitié bas, tu crains que sa richesse
En dépit de tes feux n'obtienne ta maîtresse¹.

TIRCIS.
Tu devines, ma sœur, cela me fait mourir.

CLORIS.
Ce sont vaines frayeurs dont je veux te guérir².
Depuis quand ton Éraste en tient-il pour Mélite?

TIRCIS.
Il rend depuis deux ans hommage à son mérite.

CLORIS.
Mais, dit-il les grands mots? parle-t-il d'épouser?

TIRCIS.
Presque à chaque moment.

CLORIS.
          Laisse-le donc jaser.
Ce malheureux amant ne vaut pas qu'on le craigne;

---

¹ Var. En dépit de tes feux n'emporte ta maîtresse. (1633.)

² Var. Vaine frayeur pourtant, dont je veux te guérir!
TIRCIS.
M'en guérir?
CLORIS.
      Laisse faire; Éraste sert Mélite
Non pas? Mais depuis quand?
TIRCIS.
                Depuis qu'il la visite,
Deux ans se sont passés.
CLORIS.
              Mais, dedans ses discours,
Parle-t-il d'épouser?
TIRCIS.
           Oui, presque tous les jours.
CLORIS.
Donc, sans l'appréhender, poursuis ton entreprise;
Avecque tout son bien, Mélite le méprise. (1633-57.)

ACTE II, SCÈNE IV.

Quelque riche qu'il soit, Mélite le dédaigne :
Puisqu'on voit sans effet deux ans d'affection,
Tu ne dois plus douter de son aversion ;
Le temps ne la rendra que plus grande et plus forte.
On prend soudain au mot les hommes de sa sorte¹,
Et, sans rien hasarder à la moindre longueur,
On leur donne la main, dès qu'ils offrent le cœur.

TIRCIS.

Sa mère peut agir de puissance absolue.

CLORIS.

Crois que déja l'affaire en seroit résolue,
Et qu'il auroit déja de quoi se contenter,
Si sa mère étoit femme à la violenter.

TIRCIS.

Ma crainte diminue, et ma douleur s'apaise ;
Mais si je t'abandonne, excuse mon trop d'aise.
Avec cette lumière et ma dextérité,
J'en veux aller savoir toute la vérité.
Adieu.

---

¹ VAR. On prend au premier bond les hommes de sa sorte,
De crainte qu'à la longue * ils n'éteignent leur feu.
TIRCIS.
Mais il faut redouter une mère.
CLORIS.
Aussi peu.
TIRCIS.
Sa puissance pourtant sur elle est absolue.
CLORIS.
Oui ; mais déja l'affaire est déja résolue **,
Et ton rival auroit de quoi se contenter.
. . . .
TIRCIS.
Pour de si bons avis, il faut que je te baise. (1633.)

* VAR. De peur qu'avec le temps (1648-57.)
** VAR. En seroit résolue. (1648-57.)

CLORIS.

Moi, je m'en vais paisiblement attendre [1]
Le retour desiré du paresseux Philandre.
Un moment de froideur lui fera souvenir
Qu'il faut une autre fois tarder moins à venir.

SCÈNE V.
ÉRASTE, CLITON.

ÉRASTE, *lui donnant une lettre.*
Va-t'en chercher Philandre, et dis-lui que Mélite [2]
A dedans ce billet sa passion décrite;
Dis-lui que sa pudeur ne sauroit plus cacher
Un feu qui la consume, et qu'elle tient si cher [3];
Mais prends garde sur-tout à bien jouer ton rôle;
Remarque sa couleur, son maintien, sa parole;
Vois si dans la lecture un peu d'émotion
Ne te montrera rien de son intention.

CLITON.
Cela vaut fait, monsieur.

ÉRASTE.
Mais, après ce message [4],
Sache avec tant d'adresse ébranler son courage,
Que tu viennes à bout de sa fidélité.

---

[1] Var.   Moi, je m'en vais dans le logis attendre (1633-57.)
. . . .
Un baiser refusé lui fera souvenir. (1633.)

[2] Var. Cours vite chez Philandre, et dis-lui que Mélite
A dedans ce papier sa passion décrite. (1633-57.)

[3] Var. Un feu qui la consumme, et qu'elle tient si cher. (1633-57.)

[4] Var.   Mais, avec ton message,
Tâche si dextrement de tourner son courage. (1633-57.)

ACTE II, SCÈNE V.

CLITON.

Monsieur, reposez-vous sur ma subtilité ;
Il faudra malgré lui qu'il donne dans le piége ;
Ma tête sur ce point vous servira de pleige[1] ;
Mais aussi vous savez...

ÉRASTE.

Oui, va, sois diligent.
Ces ames du commun n'ont pour but que l'argent[2] ;
Et je n'ai que trop vu par mon expérience...
Mais tu reviens bientôt ?

CLITON.

Donnez-vous patience,
Monsieur ; il ne nous faut qu'un moment de loisir,
Et vous pourrez vous-même en avoir le plaisir.

ÉRASTE.

Comment ?

CLITON.

De ce carfour j'ai vu venir Philandre.
Cachez-vous en ce coin, et de là sachez prendre
L'occasion commode à seconder mes coups :
Par-là nous le tenons. Le voici ; sauvez-vous.

---

[1] *Pleige* : mot vieilli, et qui signifiait *gage, caution, garant*. (Pan.)

[2] Var. Ces ames du commun font tout pour de l'argent ;
  Et, sans prendre intérêt au dessein de personne,
  Leur service et leur foi sont à qui plus leur donne.
  Quand ils sont éblouis de ce traître métal,
  Ils ne distinguent plus le bien d'avec le mal :
  Le seul espoir du gain règle leur conscience ;
  Mais tu reviens bientôt ; est-ce fait ?
    CLITON.
          Patience,
  Monsieur ; en vous donnant un moment de loisir,
  Il ne tiendra qu'à vous d'en avoir le plaisir. (1633-57.)

SCÈNE VI.

PHILANDRE, ÉRASTE, CLITON.

PHILANDRE.
(Éraste est caché et les écoute.)
Quelle réception me fera ma maitresse?
Le moyen d'excuser une telle paresse?
CLITON.
Monsieur, tout à propos je vous rencontre ici,
Expressément chargé de vous rendre ceci.
PHILANDRE.
Qu'est-ce?
CLITON.
Vous allez voir, en lisant cette lettre,
Ce qu'un homme jamais n'oseroit se promettre.
Ouvrez-la seulement.
PHILANDRE.
Va, tu n'es qu'un conteur[1].
CLITON.
Je veux mourir au cas qu'on me trouve menteur.

LETTRE SUPPOSÉE DE MÉLITE A PHILANDRE[2].

« Malgré le devoir et la bienséance du sexe, celle-ci
« m'échappe en faveur de vos mérites, pour vous ap-
« prendre que c'est Mélite qui vous écrit, et qui vous
« aime. Si elle est assez heureuse pour recevoir de vous

---

[1] Var.   Tu n'es rien qu'un conteur. (1633-57.)

[2] Corneille a cru inutile de faire remarquer ici que Philandre lisait cette lettre tout haut sur la scène. (Par.)

«une réciproque affection, contentez-vous de cet en-
«tretien par lettres, jusqu'à ce qu'elle ait ôté de l'es-
«prit de sa mère quelques personnes qui n'y sont que
«trop bien pour son contentement.»

ÉRASTE, feignant d'avoir lu la lettre par-dessus son épaule [1].
C'est donc la vérité que la belle Mélite
Fait du brave Philandre une louable élite,
Et qu'il obtient ainsi de sa seule vertu
Ce qu'Éraste et Tircis ont en vain débattu !
Vraiment dans un tel choix mon regret diminue ;
Outre qu'une froideur depuis peu survenue,
De tant de vœux perdus ayant su me lasser [2],
N'attendoit qu'un prétexte à m'en débarrasser.

PHILANDRE.
Me dis-tu que Tircis brûle pour cette belle ?

ÉRASTE.
Il en meurt.

PHILANDRE.
Ce courage à l'amour si rebelle ?

ÉRASTE.
Lui-même.

PHILANDRE.
Si ton cœur ne tient plus qu'à demi [3],
Tu peux le retirer en faveur d'un ami ;

---

[1] Var. Cependant que Philandre lit, Éraste s'approche par-derrière, et, feignant d'avoir lu par-dessus son épaule, il lui saisit la main encore pleine de la lettre toute déployée.

[2] Var. Portoit nos deux esprits à s'entre-négliger,
Si bien que je cherchois par où m'en dégager. (1633-57.)

[3] Var. Si ton feu commence à te lasser,
Pour un si bon ami tu peux y renoncer. (1633-57.)

Sinon, pour mon regard ne cesse de prétendre :
Étant pris une fois, je ne suis plus à prendre.
Tout ce que je puis faire à ce beau feu naissant [1],
C'est de m'en revancher par un zèle impuissant;
Et ma Cloris la prie, afin de s'en distraire,
De tourner, s'il se peut, sa flamme vers son frère [2].

ÉRASTE.
Auprès de sa beauté qu'est-ce que ta Cloris?

PHILANDRE.
Un peu plus de respect pour ce que je chéris.

ÉRASTE.
Je veux qu'elle ait en soi quelque chose d'aimable;
Mais enfin à Mélite est-elle comparable [3]?

PHILANDRE.
Qu'elle le soit ou non, je n'examine pas
Si des deux l'une ou l'autre a plus ou moins d'appas.
J'aime l'une; et mon cœur pour toute autre insensible...

ÉRASTE.
Avise toutefois, le prétexte est plausible.

PHILANDRE.
J'en serois mal voulu des hommes et des dieux.

ÉRASTE.
On pardonne aisément à qui trouve son mieux.

---

[1] Var. Tout ce que je puis faire à son brasier naissant,
C'est de le revancher par un zèle impuissant. (1633-57.)

[2] Var. De tourner ce qu'elle a de flamme vers son frère. (1633-57.)

[3] Var. Mais la peux-tu juger à l'autre comparable?
PHILANDRE.
Soit comparable ou non, je n'examine pas
. . . .
J'ai promis d'aimer l'une, et c'est où je m'arrête.
ÉRASTE.
Avise toutefois, le prétexte est honnête. (1633-57.)

PHILANDRE.

Mais en quoi gît ce mieux?

ÉRASTE.

En esprit, en richesse [1].

PHILANDRE.

O le honteux motif à changer de maîtresse!

ÉRASTE.

En amour...

PHILANDRE.

Cloris m'aime, et si je m'y connoi [2],
Rien ne peut égaler celui qu'elle a pour moi.

ÉRASTE.

Tu te détromperas, si tu veux prendre garde
A ce qu'à ton sujet l'une et l'autre hasarde.
L'une en t'aimant s'expose au péril d'un mépris;
L'autre ne t'aime point que tu n'en sois épris :
L'une t'aime engagé vers une autre moins belle;
L'autre se rend sensible à qui n'aime rien qu'elle :
L'une au desçu des siens te montre son ardeur;
Et l'autre après leur choix quitte un peu sa froideur :
L'une...

PHILANDRE.

Adieu : des raisons de si peu d'importance
Ne pourroient en un siècle ébranler ma constance [3].

---

[1] VAR.   Ce mieux gît en richesse.
             PHILANDRE.
   O le sale motif à changer de maîtresse! (1633-54.)

[2] VAR.   Ma Cloris m'aime si chèrement,
   Qu'un plus parfait amour ne se voit nullement.
             ÉRASTE.
   Tu le verras assez, si tu veux prendre garde. (1633-57.)

[3] VAR. N'ont rien qui soit bastant d'ébranler ma constance. (1633.)

50 MÉLITE.

(Il dit ce vers à Cliton tout bas.)

Dans deux heures d'ici tu viendras me revoir.

CLITON.

Disposez librement de mon petit pouvoir.

ÉRASTE, seul.

Il a beau déguiser, il a goûté l'amorce;
Cloris déja sur lui n'a presque plus de force :
Ainsi je suis deux fois vengé du ravisseur,
Ruinant tout ensemble et le frère et la sœur¹.

SCÈNE VII.

TIRCIS, ÉRASTE, MÉLITE.

TIRCIS.

Éraste, arrête un peu.

ÉRASTE.

Que me veux-tu?

TIRCIS.

Te rendre
Ce sonnet que pour toi j'ai promis d'entreprendre.

MÉLITE, au travers d'une jalousie, cependant qu'Éraste lit le sonnet².

Que font-ils là tous deux? qu'ont-ils à démêler?
Ce jaloux à la fin le pourra quereller;
Du moins les compliments, dont peut-être ils se jouent,
Sont des civilités qu'en l'ame ils désavouent.

---

¹ VAR. Il dit ce dernier vers comme à l'oreille de Cliton, et tous deux rentrent, chacun de leur côté. (1633.)

² VAR. Elle paroît au travers d'une jalousie, et dit ces vers cependant qu'Éraste lit le sonnet tout bas.

ACTE II, SCÈNE VII.

TIRCIS [1].

J'y donne une raison de ton sort inhumain.
Allons, je le veux voir présenter de ta main
A ce charmant objet dont ton ame est blessée [2].

ÉRASTE, lui rendant son sonnet [3].

Une autre fois, Tircis, quelque affaire pressée
Fait que je ne saurois pour l'heure m'en charger :
Tu trouveras ailleurs un meilleur messager.

TIRCIS, seul.

La belle humeur de l'homme! O dieux, quel personnage!
Quel ami j'avois fait de ce plaisant visage!
Une mine froncée, un regard de travers,
C'est le remerciement que j'aurai de mes vers.
Je manque, à son avis, d'assurance ou d'adresse,
Pour les donner moi-même à sa jeune maitresse,
Et prendre ainsi le temps de dire à sa beauté
L'empire que ses yeux ont sur ma liberté.
Je pense l'entrevoir par cette jalousie :
Oui, mon ame de joie en est toute saisie.
Hélas! et le moyen de pouvoir lui parler,
Si mon premier aspect l'oblige à s'en aller [4]?
Que cette joie est courte, et qu'elle est cher vendue [5]!
Toutefois tout va bien, la voilà descendue.
Ses regards pleins de feu s'entendent avec moi ;
Que dis-je! en s'avançant elle m'appelle à soi.

---

[1] Var. Il montre du doigt à Éraste la fin de son sonnet. (1633.)

[2] Var. A ce divin objet dont ton ame est blessée. (1633-57.)

[3] Var. Feignant de lui rendre son sonnet, il le fait choir, et Tircis le ramasse.

[4] Var. Mélite se retire de la jalousie, et descend. (1633.)

[5] Var. Que d'un petit coup d'œil l'aise m'est cher vendue! (1633-57.)

SCÈNE VIII.

MÉLITE, TIRCIS.

MÉLITE.

Hé bien! qu'avez-vous fait de votre compagnie?
TIRCIS.
Je ne puis rien juger de ce qui l'a bannie :
A peine ai-je eu loisir de lui dire deux mots,
Qu'aussitôt le fantasque, en me tournant le dos,
S'est échappé de moi.
MÉLITE.
Sans doute il m'aura vue,
Et c'est de là que vient cette fuite imprévue [1].
TIRCIS.
Vous aimant comme il fait, qui l'eût jamais pensé?
MÉLITE.
Vous ne savez donc rien de ce qui s'est passé?
TIRCIS.
J'aimerois beaucoup mieux savoir ce qui se passe,
Et la part qu'a Tircis en votre bonne grace.
MÉLITE.
Meilleure aucunement [2] qu'Éraste ne voudroit.
Je n'ai jamais connu d'amant si maladroit;
Il ne sauroit souffrir qu'autre que lui m'approche.
Dieux! qu'à votre sujet il m'a fait de reproche!
Vous ne sauriez me voir sans le désobliger.

---

[1] VAR. Et c'est de là que vient cette fuite impourvue. (1633.)

[2] *Aucunement* s'employait alors dans le sens de *peut-être*, *en quelque sorte*. Il a perdu cette signification. (PAR.)

ACTE II, SCÈNE VIII.

TIRCIS.
Et de tous mes soucis c'est là le plus léger.
Toute une légion de rivaux de sa sorte
Ne divertiroit[1] pas l'amour que je vous porte,
Qui ne craindra jamais les humeurs d'un jaloux.
MÉLITE.
Aussi le croit-il bien, ou je me trompe.
TIRCIS.
Et vous?
MÉLITE.
Bien que cette croyance à quelque erreur m'expose[2],
Pour lui faire dépit, j'en croirai quelque chose.
TIRCIS.
Mais afin qu'il reçût un entier déplaisir,
Il faudroit que nos cœurs n'eussent plus qu'un desir,
Et quitter ces discours de volontés sujettes,
Qui ne sont point de mise en l'état où vous êtes :
Vous-même consultez un moment vos appas[3];
Songez à leurs effets, et ne présumez pas
Avoir sur tous les cœurs un pouvoir si suprême,
Sans qu'il vous soit permis d'en user sur vous-même.
Un si digne sujet ne reçoit point de loi,
De règle, ni d'avis, d'un autre que de soi.
MÉLITE.
Ton mérite, plus fort que ta raison flatteuse,
Me rend, je le confesse, un peu moins scrupuleuse.

---

[1] *Divertir*, pour *détourner*, n'est plus aujourd'hui que du style de palais. (PAR.)

[2] VAR. Bien que ce soit un heur où prétendre je n'ose. (1633-57.)

[3] VAR. Consultez seulement avecque vos appas.
. . . .
Avoir sur tout le monde un pouvoir si suprême. (1633-57.)

Je dois tout à ma mère, et pour tout autre amant
Je voudrois tout remettre à son commandement[1] :
Mais attendre pour toi l'effet de sa puissance,
Sans te rien témoigner que par obéissance,
Tircis, ce seroit trop; tes rares qualités
Dispensent mon devoir de ces formalités.

TIRCIS.

Que d'amour et de joie un tel aveu me donne[2] !

MÉLITE.

C'est peut-être en trop dire, et me montrer trop bonne;
Mais par-là tu peux voir que mon affection
Prend confiance entière en ta discrétion

---

[1] Var. Je m'en voudrois remettre à son commandement. (1633-57.)

[2] Var. Souffre donc qu'un baiser, cueilli dessus ta bouche,
M'assure entièrement que mon amour te touche.
MÉLITE.
Ma parole suffit.
TIRCIS.
  Ah ! j'entends bien que c'est :
Un peu de violence, en l'excusant, te plaît.
MÉLITE.
Folâtre ! j'aime mieux abandonner la place ;
Car tu sais dérober avec si bonne grace,
Que, bien que ton larcin me fâche infiniment,
Je ne puis rien donner à mon ressentiment.
TIRCIS.
Auparavant l'adieu, reçois de ma constance,
Dedans ce peu de vers, l'éternelle assurance.
MÉLITE.
Garde bien ton papier, et pense qu'aujourd'hui
Mélite veut te croire autant et plus que lui.
TIRCIS.
Par ce refus mignard qui porte un sens contraire,
Ton feu m'instruit assez de ce que je dois faire.
O ciel ! je ne crois pas que sous ton large tour
Un mortel eut jamais tant d'heur ni tant d'amour. (1633-48.)

ACTE II, SCÈNE VIII.

TIRCIS.

Vous la verrez toujours dans un respect sincère
Attacher mon bonheur à celui de vous plaire,
N'avoir point d'autre soin, n'avoir point d'autre esprit;
Et si vous en voulez un serment par écrit,
Ce sonnet, que pour vous vient de tracer ma flamme,
Vous fera voir à nu jusqu'au fond de mon ame.

MÉLITE.

Garde bien ton sonnet, et pense qu'aujourd'hui
Mélite veut te croire autant et plus que lui.
Je le prends toutefois comme un précieux gage
Du pouvoir que mes yeux ont pris sur ton courage.
Adieu : sois-moi fidèle en dépit du jaloux.

TIRCIS.

O ciel! jamais amant eut-il un sort plus doux!

FIN DU SECOND ACTE.

ACTE TROISIÈME.

SCÈNE I.

PHILANDRE.

Tu l'as gagné, Mélite ; il ne m'est pas possible [1]
D'être à tant de faveurs plus long-temps insensible.
Tes lettres où sans fard tu dépeins ton esprit,
Tes lettres où ton cœur est si bien par écrit,
Ont charmé tous mes sens par leurs douces promesses [2] ;
Leur attente vaut mieux, Cloris, que tes caresses.
Ah ! Mélite, pardon ! je t'offense à nommer
Celle qui m'empêcha si long-temps de t'aimer.
  Souvenirs importuns d'une amante laissée,
Qui venez malgré moi remettre en ma pensée
Un portrait que j'en veux tellement effacer
Que le sommeil ait peine à me le retracer,
Hâtez-vous de sortir sans plus troubler ma joie ;
Et retournant trouver celle qui vous envoie,
Dites-lui de ma part, pour la dernière fois,
Qu'elle est en liberté de faire un autre choix,
Que ma fidélité n'entretient plus ma flamme,
Ou que, s'il m'en demeure encore un peu dans l'ame,

---

[1] Var. Tu l'as gagné, Mélite ; il ne m'est plus possible
    D'être à tant de faveurs désormais insensible. (1633-57.)
[2] Var. Ont charmé tous mes sens de leurs douces promesses. (1633-57.)

Je souhaite, en faveur de ce reste de foi,
Qu'elle puisse gagner au change autant que moi [1].
Dites-lui que Mélite, ainsi qu'une déesse,
Est de tous nos desirs souveraine maîtresse,
Dispose de nos cœurs, force nos volontés,
Et que par son pouvoir nos destins surmontés
Se tiennent trop heureux de prendre l'ordre d'elle;
Enfin que tous mes vœux...

SCÈNE II.

TIRCIS, PHILANDRE.

TIRCIS.
Philandre!
PHILANDRE.
Qui m'appelle?
TIRCIS.
Tircis, dont le bonheur au plus haut point monté
Ne peut être parfait sans te l'avoir conté.
PHILANDRE.
Tu me fais trop d'honneur par cette confidence [2].
TIRCIS.
J'userois envers toi d'une sotte prudence,
Si je faisois dessein de te dissimuler
Ce qu'aussi bien mes yeux ne sauroient te celer.

---

[1] Vers supprimés :
   Dites-lui, de ma part, que depuis que le monde
   Du milieu du chaos tira sa forme ronde,
   C'est la première fois que ces vieux ennemis,
   Le change et la raison, sont devenus amis. (1633.)

[2] VAR. Tu me fais trop d'honneur en cette confidence. (1633-57.)

PHILANDRE.

En effet, si l'on peut te juger au visage,
Si l'on peut par tes yeux lire dans ton courage,
Ce qu'ils montrent de joie à tel point me surprend [1],
Que je n'en puis trouver de sujet assez grand;
Rien n'atteint, ce me semble, aux signes qu'ils en donnent.

TIRCIS.

Que fera le sujet, si les signes t'étonnent?
Mon bonheur est plus grand qu'on ne peut soupçonner;
C'est quand tu l'auras su qu'il faudra t'étonner.

PHILANDRE.

Je ne le saurai pas sans marque plus expresse.

TIRCIS.

Possesseur, autant vaut...

PHILANDRE.

De quoi?

TIRCIS.

D'une maîtresse
Belle, honnête, jolie, et dont l'esprit charmant [2]
De son seul entretien peut ravir un amant;
En un mot, de Mélite.

PHILANDRE.

Il est vrai qu'elle est belle :
Tu n'as pas mal choisi; mais...

TIRCIS.

Quoi, mais?

PHILANDRE.

T'aime-t-elle?

---

[1] Var. Je ne croirai jamais qu'à force de rêver
    Au sujet de ta joie, on le puisse trouver. (1633-48.)

[2] Var. Belle, honnête, gentille, et dont l'esprit charmant. (1633-57.)

TIRCIS.

Cela n'est plus en doute.

PHILANDRE.
Et de cœur?

TIRCIS.
Et de cœur,
Je t'en réponds.

PHILANDRE.
Souvent un visage moqueur
N'a que le beau semblant d'une mine hypocrite.

TIRCIS.
Je ne crains rien de tel du côté de Mélite[1].

PHILANDRE.
Écoute : j'en ai vu de toutes les façons ;
J'en ai vu qui sembloient n'être que des glaçons,
Dont le feu retenu par une adroite feinte[2]
S'allumoit d'autant plus qu'il souffroit de contrainte ;
J'en ai vu, mais beaucoup, qui, sous le faux appas
Des preuves d'un amour qui ne les touchoit pas,
Prenoient du passe-temps d'une folle jeunesse
Qui se laisse affiner à ces traits de souplesse,
Et pratiquoient sous main d'autres affections :
Mais j'en ai vu fort peu de qui les passions
Fussent d'intelligence avec tout le visage[3].

TIRCIS.
Et de ce petit nombre est celle qui m'engage :
De sa possession je me tiens aussi seur[4]

---

[1] Var. Je ne crains pas cela du côté de Mélite. (1633-57.)

[2] Var. Dont le feu gourmandé par une adroite feinte. (1633.)

[3] Var. Fussent d'intelligence avecque le visage. (1633-48.)

[4] Cette prononciation était d'usage alors, ou du moins les auteurs pouvaient, à leur choix, écrire *seur* ou *sûr*. (V)

MÉLITE.

Que tu te peux tenir de celle de ma sœur.
PHILANDRE.
Donc, si ton espérance à la fin n'est déçue [1],
Ces deux amours auront une pareille issue?
TIRCIS.
Si cela n'arrivoit, je me tromperois fort.
PHILANDRE.
Pour te faire plaisir j'en veux être d'accord.
Cependant apprends-moi comment elle te traite,
Et qui te fait juger son ardeur si parfaite [2].
TIRCIS.
Une parfaite ardeur a trop de truchements
Par qui se faire entendre aux esprits des amants ;
Un coup d'œil, un soupir...
PHILANDRE.
     Ces faveurs ridicules
Ne servent qu'à duper des ames trop crédules.
N'as-tu rien que cela?
TIRCIS.
    Sa parole, et sa foi.
PHILANDRE.
Encor c'est quelque chose. Achève, et conte-moi
Les petites douceurs, les aimables tendresses [3]

---

[1] Var. Doncque, si ta raison ne se trouve déçue. (1633-57.)

[2] Var. Et qui te fait juger son amour si parfaite.
TIRCIS.
Une parfaite amour a trop de truchements
. . . .
    Un clin d'œil, un soupir...
PHILANDRE.
     Ces choses ridicules
Ne servent qu'à piper des ames trop crédules. (1633-57.)

[3] Var. Les douceurs que la belle, à tout autre farouche,

ACTE III, SCÈNE II.

Qu'elle se plaît à joindre à de telles promesses.
Quelques lettres du moins te daignent confirmer
Ce vœu qu'entre tes mains elle a fait de t'aimer?
TIRCIS.
Recherche qui voudra ces menus badinages,
Qui n'en sont pas toujours de fort sûrs témoignages;
Je n'ai que sa parole, et ne veux que sa foi.
PHILANDRE.
Je connois donc quelqu'un plus avancé que toi.
TIRCIS.
J'entends qui tu veux dire; et, pour ne te rien feindre,
Ce rival est bien moins à redouter qu'à plaindre.

T'a laissé dérober sur ses yeux, sur sa bouche,
Sur sa gorge, où, que sais-je?
TIRCIS.
    Ah! ne présume pas
Que ma témérité profane ses appas;
Et, quand bien j'aurois eu tant d'heur ou d'insolence,
Ce secret, étouffé dans la nuit du silence,
N'échapperoit jamais à ma discrétion.
PHILANDRE.
Quelques lettres, du moins, pleines d'affection
Témoignent son ardeur?
TIRCIS.
    Ces foibles témoignages
D'une vraie amitié sont d'inutiles gages;
Je n'en veux, et n'en ai point d'autres que sa foi.
PHILANDRE.
Je sais donc bien quelqu'un plus avancé que toi.
TIRCIS.
Plus avancé que moi? J'entends qui tu veux dire,
Mais il n'a garde d'être en état de me nuire.
Ce n'est pas d'aujourd'hui qu'Éraste a son congé.
PHILANDRE.
Celui dont je te parle est bien mieux partagé.
TIRCIS.
Je ne sache que lui qui soupire pour elle. (1633-57.)

Éraste, qu'ont banni ses dédains rigoureux...
PHILANDRE.
Je parle de quelque autre un peu moins malheureux.
TIRCIS.
Je ne connois que lui qui soupire pour elle.
PHILANDRE.
Je ne te tiendrai point plus long-temps en cervelle :
Pendant qu'elle t'amuse avec ses beaux discours,
Un rival inconnu possède ses amours ;
Et la dissimulée, au mépris de ta flamme,
Par lettres, chaque jour, lui fait don de son ame.
TIRCIS.
De telles trahisons lui sont trop en horreur.
PHILANDRE.
Je te veux, par pitié, tirer de cette erreur.
Tantôt, sans y penser, j'ai trouvé cette lettre ;
Tiens, vois ce que tu peux désormais t'en promettre.

LETTRE SUPPOSÉE DE MÉLITE A PHILANDRE.

« Je commence à m'estimer quelque chose, puisque
« je vous plais ; et mon miroir m'offense tous les jours,
« ne me représentant pas assez belle, comme je m'ima-
« gine qu'il faut être pour mériter votre affection.
« Aussi je veux bien que vous sachiez que Mélite ne
« croit la posséder que par faveur[1], ou comme une
« récompense extraordinaire d'un excès d'amour, dont
« elle tâche de suppléer au défaut des graces que le
« ciel lui a refusées. »

[1] Var. Aussi la pauvre Mélite ne la croit posséder que par faveur. (1633-57.)

ACTE III, SCÈNE II.

PHILANDRE.

Maintenant qu'en dis-tu? n'est-ce pas t'affronter?

TIRCIS.

Cette lettre en tes mains ne peut m'épouvanter.

PHILANDRE.

La raison?

TIRCIS.

Le porteur a su combien je t'aime,
Et par galanterie il t'a pris pour moi-même [1],
Comme aussi ce n'est qu'un de deux parfaits amis.

PHILANDRE.

Voilà bien te flatter plus qu'il ne t'est permis,
Et pour ton intérêt aimer à te méprendre [2].

TIRCIS.

On t'en aura donné quelque autre pour me rendre,
Afin qu'encore un coup je sois ainsi déçu.

PHILANDRE.

Oui, j'ai quelque billet que tantôt j'ai reçu [3].
Et puisqu'il est pour toi...

TIRCIS.

Que ta longueur me tue!
Dépêche.

PHILANDRE.

Le voilà que je te restitue.

---

[1] Var. Et par un gentil trait il t'a pris pour moi-même,
D'autant que ce n'est qu'un de deux parfaits amis. (1633-57.)

[2] Var. Et pour ton intérêt dextrement te méprendre. (1633-57.)

[3] Var. C'est par-là qu'il t'en plaît? Oui-dà; j'en ai reçu
Encore une, qu'il faut que je te restitue.

TIRCIS.

Dépêche, ta longueur importune me tue. (1633-57.)

AUTRE LETTRE SUPPOSÉE DE MÉLITE A PHILANDRE.

« Vous n'avez plus affaire qu'à Tircis ; je le souffre
« encore, afin que par sa hantise je remarque plus
« exactement ses défauts, et les fasse mieux goûter à
« ma mère. Après cela Philandre et Mélite auront tout
« loisir de rire ensemble des belles imaginations dont
« le frère et la sœur ont repu leurs espérances. »

PHILANDRE.

Te voilà tout rêveur, cher ami ; par ta foi,
Crois-tu que ce billet s'adresse encore à toi[1] ?

TIRCIS.

Traître ! c'est donc ainsi que ma sœur méprisée
Sert à ton changement d'un sujet de risée ?
C'est ainsi qu'à sa foi Mélite osant manquer[2]
D'un parjure si noir ne fait que se moquer ?
C'est ainsi que sans honte à mes yeux tu subornes
Un amour qui pour moi devoit être sans bornes ?
Suis-moi tout de ce pas ; que, l'épée à la main,
Un si cruel affront se répare soudain :
Il faut que pour tous deux ta tête me réponde.

PHILANDRE.

Si, pour te voir trompé, tu te déplais au monde,
Cherche en ce désespoir qui t'en veuille arracher ;

---

[1] VAR. Crois-tu que celle-là s'adresse encore à toi ? (1633-57.)
[2] VAR. Qu'à tes suasions Mélite osant manquer
A ce qu'elle a promis, ne s'en fait que moquer ?
Qu'oubliant tes serments, déloyal, tu subornes
. . . .
Avise à te défendre ; un affront si cruel
Ne se peut réparer à moins que d'un duel. (1633-57.)

ACTE III, SCÈNE II.

Quant à moi, ton trépas me coûteroit trop cher[1].

TIRCIS.

Quoi! tu crains le duel?

PHILANDRE.

Non; mais j'en crains la suite,
Où la mort du vaincu met le vainqueur en fuite;
Et du plus beau succès le dangereux éclat
Nous fait perdre l'objet et le prix du combat.

TIRCIS.

Tant de raisonnement et si peu de courage
Sont de tes lâchetés le digne témoignage.
Viens, ou dis que ton sang n'oseroit s'exposer.

PHILANDRE.

Mon sang n'est plus à moi; je n'en puis disposer.
Mais, puisque ta douleur de mes raisons s'irrite,

---

[1] Philandre continue :
>   Il me faudroit après, par une prompte fuite,
>   Éloigner trop long-temps les beaux yeux de Mélite.
> TIRCIS.
>   Ce discours de bouffon ne me satisfait pas :
>   Nous sommes seuls ici, dépêchons, pourpoint bas.
> PHILANDRE.
>   Vivons plutôt amis, et parlons d'autre chose.
> TIRCIS.
>   Tu n'oserois, je pense.
> PHILANDRE.
>   Il est tout vrai, je n'ose
>   Ni mon sang ni ma vie en péril exposer.
>   Ils ne sont plus à moi : je n'en puis disposer.
>   Adieu ; celle qui veut qu'à présent je la serve
>   Mérite que pour elle ainsi je me conserve.

SCÈNE III.

TIRCIS.

Quoi! tu t'enfuis, perfide, et ta légèreté. (1633-57.)

J'en prendrai, dès ce soir, le congé de Mélite.
Adieu.

SCÈNE III.

TIRCIS.

Tu fuis, perfide, et ta légèreté
T'ayant fait criminel, te met en sûreté!
Reviens, reviens défendre une place usurpée :
Celle qui te chérit vaut bien un coup d'épée.
Fais voir que l'infidèle, en se donnant à toi,
A fait choix d'un amant qui valoit mieux que moi :
Soutiens son jugement, et sauve ainsi de blâme
Celle qui pour la tienne a négligé ma flamme.
Crois-tu qu'on la mérite à force de courir?
Peux-tu m'abandonner ses faveurs sans mourir [1]?
O lettres, ô faveurs indignement placées,
A ma discrétion honteusement laissées!
O gages qu'il néglige ainsi que superflus!
Je ne sais qui de nous vous diffamez le plus [2];
Je ne sais qui des trois doit rougir davantage;
Car vous nous apprenez qu'elle est une volage,
Son amant un parjure, et moi sans jugement,

[1] Vers supprimés :
    Si de les plus garder ton peu d'esprit se lasse,
    Viens me dire du moins ce qu'il faut que j'en fasse.
    Ne t'en veux-tu servir qu'à me désabuser ?
    N'ont-elles point d'effet qui soit plus à priser ? (1633.)

[2] Var. Je ne sais qui des trois vous diffamez le plus, (1633-57.)
    De moi, de ce perfide, ou bien de sa maîtresse;
    Car vous nous apprenez qu'elle est une traîtresse,
    Son amant un poltron, et moi sans jugement. (1633.)

De n'avoir rien prévu de leur déguisement :
¹ Mais il le falloit bien que cette ame infidèle ²,
Changeant d'affection, prît un traître comme elle;
Et que le digne amant qu'elle a su rechercher
A sa déloyauté n'eût rien à reprocher.
Cependant j'en croyois cette fausse apparence
Dont elle repaissoit ma frivole espérance;
³ J'en croyois ses regards, qui, tout remplis d'amour ⁴,
Étoient de la partie en un si lâche tour.

¹ Vers supprimés :
>   Mais que par ces transports ma raison est surprise !
>   Pour ce manque de cœur qu'à tort je le méprise !
>   Hélas ! à mes dépens je le puis bien savoir,
>   Quand on a vu Mélite, on n'en peut plus avoir.
>   Fuis donc, homme sans cœur; va dire à ta volage
>   Combien sur ton rival ta fuite a d'avantage,
>   Et que ton pied léger ne laisse à ma valeur
>   Que les vains mouvements d'une juste douleur.
>   Ce lâche naturel qu'elle fait reconnoître
>   Ne t'aimera pas moins étant poltron que traître.
>   Traître et poltron ! voilà les belles qualités
>   Qui retiennent les sens de Mélite enchantés. (1633.)

² Var. Aussi le falloit-il que cette ame infidèle,
>   Changeant d'affection, prît un traître comme elle;
>   Et la jeune rusée a bien su rechercher
>   Un qui n'eût sur ce point rien à lui reprocher.
>   Cependant que, leurré d'une fausse apparence,
>   Je repaissois de vent ma frivole espérance. (1633-57.)

³ Vers supprimés :
>   Mais je le méritois, et ma facilité
>   Tentoit trop puissamment son infidélité.
>   Je croyois à ses yeux, à sa mine embrasée,
>   A ses petits larcins pris d'une force aisée. (1633.)

⁴ Var. Hélas ! et se peut-il que ces marques d'amour
>   Fussent de la partie en un si lâche tour ?
>   Auroit-on jamais vu tant de supercherie,
>   Que tout l'extérieur ne fût que piperie ? (1633-48.)

O ciel! vit-on jamais tant de supercherie,
Que tout l'extérieur ne fût que tromperie?
Non, non, il n'en est rien, une telle beauté
Ne fut jamais sujette à la déloyauté.
Foibles et seuls témoins du malheur qui me touche,
Vous êtes trop hardis de démentir sa bouche.
Mélite me chérit, elle me l'a juré;
Son oracle reçu, je m'en tiens assuré.
Que dites-vous là contre? êtes-vous plus croyables?
Caractères trompeurs, vous me contez des fables,
Vous voulez me trahir; mais vos efforts sont vains [1]:
Sa parole a laissé son cœur entre mes mains.
A ce doux souvenir ma flamme se rallume :
Je ne sais plus qui croire ou d'elle ou de sa plume :
L'une et l'autre en effet n'ont rien que de léger;
Mais du plus ou du moins je n'en puis que juger.
Loin, loin, doutes flatteurs que mon feu me suggère [2]!
Je vois trop clairement qu'elle est la plus légère;
La foi que j'en reçus s'en est allée en l'air,
Et ces traits de sa plume osent encor parler,
Et laissent en mes mains une honteuse image,
Où son cœur, peint au vif, remplit le mien de rage.
Oui, j'enrage, je meurs, et tous mes sens troublés

---

[1] Var. Vous voulez me trahir, vous voulez m'abuser :
J'ai sa parole en gage, et de plus un baiser. (1633-48.)

[2] Var. C'est en vain que mon feu ces doutes me suggère : (1633-57.)
. . . .
Les serments que j'en ai s'en vont au vent jetés,
Et ces traits de sa plume ici me sont restés,
Qui, dépeignant au vif son perfide courage,
Remplissent de bonheur Philandre, et moi de rage.
Oui, j'enrage, je crève, et tous mes sens troublés
D'un excès de douleur succombent accablés. (1633.)

ACTE III, SCÈNE IV.

D'un excès de douleur se trouvent accablés ;
Un si cruel tourment me gêne et me déchire,
Que je ne puis plus vivre avec un tel martyre :
¹ Mais cachons-en la honte, et nous donnons du moins ²
Ce faux soulagement, en mourant sans témoins,
Que mon trépas secret empêche l'infidèle
D'avoir la vanité que je sois mort pour elle.

SCÈNE IV.

CLORIS, TIRCIS.

CLORIS.

Mon frère, en ma faveur retourne sur tes pas.
Dis-moi la vérité ; tu ne me cherchois pas ?

¹ Vers supprimés :
    Aussi ma prompte mort le va bientôt finir ;
    Déjà mon cœur outré, ne cherchant qu'à bannir
    Cet amour qui l'a fait si lourdement méprendre,
    Pour lui donner passage, est tout près de se fendre.
    Mon ame, par dépit, tâche d'abandonner
    Un corps que sa raison sut si mal gouverner.
    Mes yeux, jusqu'à présent couverts de mille nues,
    S'en vont les distiller en larmes continues,
    Larmes qui donneront pour juste châtiment
    A leur aveugle erreur un autre aveuglement ;
    Et mes pieds, qui savoient sans eux, sans leur conduite,
    Comme insensiblement, me porter chez Mélite,
    Me porteront sans eux en quelque lieu désert,
    En quelque lieu sauvage à peine découvert,
    Où ma main, d'un poignard, achèvera le reste,
    Où, pour suivre l'arrêt de mon destin funeste. (1633.)

² VAR. Je répandrai mon sang, et j'aurai pour le moins
    Ce foible et vain soulas en mourant sans témoins,
    Que mon trépas secret fera que l'infidèle
    Ne pourra se vanter que je sois mort pour elle. (1633-48.)

Eh quoi! tu fais semblant de ne me pas connoitre?
O dieux! en quel état te vois-je ici paroitre?
Tu pâlis tout-à-coup, et tes louches regards
S'élancent incertains presque de toutes parts!
Tu manques à-la-fois de couleur et d'haleine[1]!
Ton pied mal affermi ne te soutient qu'à peine!
Quel accident nouveau te trouble ainsi les sens?

TIRCIS.

Puisque tu veux savoir le mal que je ressens,
Avant que d'assouvir l'inexorable envie
De mon sort rigoureux qui demande ma vie,
Je vais t'assassiner d'un fatal entretien,
Et te dire en deux mots mon malheur et le tien.
En nos chastes amours, de tous deux on se moque[2];
Philandre.... Ah! la douleur m'étouffe et me suffoque.
Adieu, ma sœur, adieu; je ne puis plus parler[3]:
Lis, et, si tu le peux, tâche à te consoler.

CLORIS.

Ne m'échappe donc pas.

TIRCIS.

Ma sœur, je te supplie....

CLORIS.

Quoi? que je t'abandonne à ta mélancolie?
Voyons auparavant ce qui te fait mourir[4],

---

[1] VAR. Tu manques à-la-fois de poumon et d'haleine!
. . . .
Quel accident nouveau te brouille ainsi les sens? (1633-48.)

[2] VAR. En nos chastes amours, de nous deux on se moque. (1633-48.)

[3] VAR. Adieu, ma sœur, adieu; je ne peux plus parler :
Lis; puis, si tu le peux, tâche à te consoler. (1633-48.)

[4] VAR. Non, non, quand j'aurai su ce qui te fait mourir,
Si bon me semble alors, je te lairrai courir. (1633-48.)

Et nous aviserons à te laisser courir.
TIRCIS.
Hélas! quelle injustice!

CLORIS, après avoir lu les lettres qu'il lui a données.
Est-ce là tout, fantasque?
Quoi! si la déloyale enfin lève le masque,
Oses-tu te fâcher d'être désabusé?
Apprends qu'il te faut être en amour plus rusé;
Apprends que les discours des filles bien sensées [1]
Découvrent rarement le fond de leurs pensées,
Et que, les yeux aidant à ce déguisement,
Notre sexe a le don de tromper finement.
Apprends aussi de moi que ta raison s'égare,
Que Mélite n'est pas une pièce si rare,
Qu'elle soit seule ici qui vaille la servir;
Assez d'autres objets y sauront te ravir [2].
Ne t'inquiète point pour une écervelée
Qui n'a d'ambition que d'être cajolée,
Et rend à plaindre ceux qui, flattant ses beautés,

---

[1] Var. Apprends que les discours des filles mieux sensées. (1633-48.)

[2] Var. Tant d'autres te sauront en sa place ravir,
  Avec trop plus d'attraits que cette écervelée,
  Qui n'a d'ambition que d'être cajolée
  Par les premiers venus qui, flattant ses beautés,
  . . . .
  Ainsi Damon lui plut, Aristandre et Géronte;
  Éraste après deux ans n'en a pas meilleur compte.
  . . . .
  . . . .
  Et peut-être demain (tant elle aime le change)
  . . . .
  Ce n'est qu'une coquette, une tête à l'évent,
  Dont la langue et le cœur s'accordent peu souvent,
  A qui les trahisons deviennent ordinaires,
  Et dont tous les appas sont tellement vulgaires. (1633-48.)

Ont assez de malheur pour en être écoutés.
Damon lui plut jadis, Aristandre, et Géronte,
Éraste après deux ans n'y voit pas mieux son compte.
Elle t'a trouvé bon seulement pour huit jours,
Philandre est aujourd'hui l'objet de ses amours ;
Et peut-être déja (tant elle aime le change)
Quelque autre nouveauté le supplante et nous venge.
Ce n'est qu'une coquette avec tous ses attraits ;
Sa langue avec son cœur ne s'accorde jamais.
Les infidélités sont ses jeux ordinaires ;
Et ses plus doux appas sont tellement vulgaires,
Qu'en elle homme d'esprit n'admira jamais rien
Que le sujet pourquoi tu lui voulois du bien.

TIRCIS.

Penses-tu m'arrêter par ce torrent d'injures [1] ?
Que ce soient vérités, que ce soient impostures,
Tu redoubles mes maux au lieu de les guérir.
Adieu : rien que la mort ne peut me secourir.

SCÈNE V.

CLORIS.

Mon frère.... Il s'est sauvé ; son désespoir l'emporte :
Me préserve le ciel d'en user de la sorte !
Un volage me quitte, et je le quitte aussi ;
Je l'obligerois trop de m'en mettre en souci.
Pour perdre des amants, celles qui s'en affligent
Donnent trop d'avantage à ceux qui les négligent :

---

[1] Var. Penses-tu, m'amusant avecque des sottises,
Par tes détractions rompre mes entreprises ?
Non, non, ces traits de langue, épandus vainement,
Ne m'arrêteroient pas encore un seul moment. (1633-48.)

Il n'est lors que la joie ; elle nous venge mieux ;
Et, la fît-on à faux éclater par les yeux,
C'est montrer par bravade à leur vaine inconstance [1]
Qu'elle est pour nous toucher de trop peu d'importance.
Que Philandre à son gré rende ses vœux contents ;
S'il attend que j'en pleure, il attendra long-temps.
Son cœur est un trésor dont j'aime qu'il dispose ;
Le larcin qu'il m'en fait me vole peu de chose ;
Et l'amour qui pour lui m'éprit si follement
M'avoit fait bonne part de son aveuglement.
On enchérit pourtant sur ma faute passée ;
Dans la même folie une autre embarrassée
Le rend encor parjure, et sans ame, et sans foi,
Pour se donner l'honneur de faillir après moi.
Je meure, s'il n'est vrai que la moitié du monde [2]
Sur l'exemple d'autrui se conduit et se fonde !
A cause qu'il parut quelque temps m'enflammer,
La pauvre fille a cru qu'il valoit bien l'aimer,
Et, sur cette croyance, elle en a pris envie ;
Lui pût-elle durer jusqu'au bout de sa vie !
Si Mélite a failli me l'ayant débauché,
Dieux, par-là seulement punissez son péché !

[1] Var. C'est toujours témoigner que leur vaine inconstance
Est pour nous émouvoir de trop peu d'importance.
Aussi ne veux-je pas le retenir d'aller ;
Et, si d'autres que moi ne le vont rappeler,
Il usera ses jours à courtiser Mélite.
Outre que l'infidèle a si peu de mérite,
Que l'amour qui pour lui m'éprit si follement
M'avoit fait bonne part de son aveuglement.
. . . .
Dans la même sottise une autre embarrassée. (1633-48.)
[2] Var. Je meure, s'il n'est vrai que la plupart du monde. (1633.)

Elle verra bientôt que sa digne conquête [1]
N'est pas une aventure à me rompre la tête :
Un si plaisant malheur m'en console à l'instant.
Ah! si mon fou de frère en pouvoit faire autant,
Que j'en aurois de joie, et que j'en ferois gloire!
Si je puis le rejoindre, et qu'il me veuille croire,
Nous leur ferons bien voir que leur change indiscret
Ne vaut pas un soupir, ne vaut pas un regret.
Je me veux toutefois en venger par malice,
Me divertir une heure à m'en faire justice;
Ces lettres fourniront assez d'occasion
D'un peu de défiance et de division.
Si je prends bien mon temps, j'aurai pleine matière
A les jouer tous deux d'une belle manière.
En voici déja l'un qui craint de m'aborder.

[1] VAR. Elle verra bientôt, quoi qu'elle se propose,
Qu'elle n'a pas gagné, ni moi perdu grand'chose.
Ma perte me console, et m'égaie à l'instant.
. . . .
Qu'en ce plaisant malheur je serois satisfaite !
Si je puis découvrir le lieu de sa retraite,
Et qu'il me veuille croire, éteignant tous ses feux,
Nous passerons le temps à ne rire que d'eux.
Je la ferai rougir cette jeune éventée,
Lorsque son écriture, à ses yeux présentée,
Mettant au jour un crime estimé si secret,
Elle reconnoîtra qu'elle aime un indiscret.
Je lui veux dire alors, pour aggraver l'offense,
Que Philandre, avec moi toujours d'intelligence,
Me fait des contes d'elle, et de tous les discours
Qui servent d'aliment à ses vaines amours,
Si, qu'à peine il reçoit de sa part une lettre *,
Qu'il ne vienne en mes mains aussitôt la remettre :
La preuve captieuse, et faite en même temps,

* VAR. Si bien qu'il en reçoit à peine quelque lettre. (1648.)

SCÈNE VI.

PHILANDRE, CLORIS.

CLORIS.
Quoi, tu passes, Philandre, et sans me regarder?
PHILANDRE.
Pardonne-moi, de grace; une affaire importune
M'empêche de jouir de ma bonne fortune;
Et son empressement qui porte ailleurs mes pas
Me remplissoit l'esprit jusqu'à ne te voir pas.
CLORIS.
J'ai donc souvent le don d'aimer plus qu'on ne m'aime;
Je ne pense qu'à toi, j'en parlois en moi-même.

Produira sur-le-champ l'effet que j'en attends.

SCÈNE VI.

(RETRANCHÉE.)

PHILANDRE.
Donc, pour l'avoir tenu si long-temps en haleine,
Il me faudra souffrir une éternelle peine,
Et payer désormais avecque tant d'ennui
Le plaisir que j'ai pris à me jouer de lui?
Vit-on jamais amant dont la jeune insolence
Malmenât un rival avec tant d'imprudence?
Vit-on jamais amant dont l'indiscrétion
Fût de tel préjudice à son affection?
Les lettres de Mélite en ses mains demeurées,
En ses mains, autant vaut, à jamais égarées,
Ruinent à-la-fois ma gloire et mon honneur,
Mes desseins, mon espoir, mon repos et mon heur.
Mon trop de vanité tout au rebours succède :
J'ai reçu des faveurs, et Tircis les possède,
Et cet amant trahi convaincra sa beauté

PHILANDRE.

Me veux-tu quelque chose?

CLORIS.

Il t'ennuie avec moi;
Mais comme de tes feux j'ai pour garant ta foi,
Je ne m'alarme point. N'étoit ce qui te presse,
Ta flamme un peu plus loin eût porté la tendresse,
Et je t'aurois fait voir quelques vers de Tircis
Pour le charmant objet de ses nouveaux soucis.
Je viens de les surprendre, et j'y pourrois encore
Joindre quelques billets de l'objet qu'il adore;
Mais tu n'as pas le temps; toutefois si tu veux
Perdre un demi-quart d'heure à les lire nous deux...

PHILANDRE.

Voyons donc ce que c'est, sans plus longue demeure;

Par des signes si clairs de sa déloyauté.
C'est mal avec Mélite être d'intelligence,
D'armer son ennemi, d'instruire sa vengeance;
Me pourra-t-elle après regarder de bon œil?
M'oserois-je en promettre un gracieux accueil?
Non, il les faut ravoir des mains de ce bravache,
Et laver de son sang cette honteuse tache.
De force, ou d'amitié, j'en aurai la raison :
Je m'en vais l'affronter jusque dans sa maison;
Et là, si je le trouve, il faudra que sur l'heure,
En dépit qu'il en ait, il les rende, ou qu'il meure.

SCÈNE VII.

PHILANDRE, CLORIS.

PHILANDRE.

Tircis...

CLORIS.

Que lui veux-tu?

ACTE III, SCÈNE VI.

Ma curiosité pour ce demi-quart d'heure
S'osera dispenser.
CLORIS.
Aussi tu me promets,
Quand tu les auras lus, de n'en parler jamais;
Autrement, ne crois pas...
PHILANDRE, reconnoissant les lettres.
Cela s'en va sans dire;
Donne, donne-les-moi, tu ne les saurois lire;
Et nous aurions ainsi besoin de trop de temps.
CLORIS, les resserrant.
Philandre, tu n'es pas encore où tu prétends;
Quelques hautes faveurs que ton mérite obtienne,
Elles sont aussi bien en ma main qu'en la tienne;
Je les garderai mieux, tu peux en assurer
PHILANDRE.
Cloris, pardonne-moi
Si je cherche plutôt à lui parler qu'à toi;
Nous avons entre nous quelque affaire qui presse.
CLORIS.
Le crois-tu rencontrer hors de chez sa maîtresse?
PHILANDRE.
Sais-tu bien qu'il y soit?
CLORIS.
Non pas assurément;
Mais j'ose présumer que, l'aimant chèrement,
Le plus qu'il peut de temps il le passe chez elle.
PHILANDRE.
Je m'en vais, de ce pas, le trouver chez la belle.
Adieu, jusqu'au revoir. Je meurs de déplaisir.
CLORIS.
Un mot, Philandre, un mot; n'aurois-tu point loisir
De voir quelques papiers que je viens de surprendre?
PHILANDRE.
Qu'est-ce qu'au bout du compte ils me pourroient apprendre*?

* Var. Qu'est-ce que par leur vue ils me pourroient apprendre? (1648.)

La belle qui pour toi daigné se parjurer.
PHILANDRE.
Un homme doit souffrir d'une fille en colère;
Mais je sais comme il faut les ravoir de ton frère;
Tout exprès je le cherche; et son sang, ou le mien...
CLORIS.
Quoi! Philandre est vaillant, et je n'en savois rien!
Tes coups sont dangereux quand tu ne veux pas feindre,

CLORIS.
Peut-être leurs secrets : regarde si tu veux
Perdre un demi-quart d'heure à les lire nous deux.
PHILANDRE.
Hasard, voyons que c'est, mais vite et sans demeure.
Ma curiosité pour un demi-quart d'heure
Se pourra dispenser.
CLORIS.
Mais aussi garde bien
Qu'en discourant ensemble il n'en découvre rien.
Promets-le-moi, sinon....
PHILANDRE.
(Il reconnoît les lettres, et tâche de s'en saisir; mais Cloris les resserre.)
Cela s'en va sans dire.
Donne, donne-les-moi; tu ne les saurois lire,
Et nous aurions ainsi besoin de trop de temps.
CLORIS.
Philandre, tu n'es pas encore où tu prétends.
Assure, assure-toi que Cloris te dépite
De les ravoir jamais que des mains de Mélite,
A qui je veux montrer, avant qu'il soit huit jours,
La façon dont tu tiens secrètes ses amours.
(Elle lui ferme la porte au nez.)

SCÈNE VIII.
(SUPPRIMÉE.)

PHILANDRE.
Confus, désespéré, que faut-il que je fasse ?
J'ai malheur sur malheur, disgrace sur disgrace.

ACTE III, SCÈNE VI.

Mais ils ont le bonheur de se faire peu craindre ;
Et mon frère, qui sait comme il s'en faut guérir,
Quand tu l'aurois tué, pourroit n'en pas mourir.

PHILANDRE.
L'effet en fera foi, s'il en a le courage.
Adieu. J'en perds le temps à parler[1] davantage.
Tremble.

CLORIS.
J'en ai grand lieu, connoissant ta vertu ;
Pourvu qu'il y consente, il sera bien battu.

> On diroit que le ciel, ami de l'équité,
> Prend le soin de punir mon infidélité.
> Si faut-il néanmoins, en dépit de sa haine,
> Que Tircis retrouvé me tire hors de peine :
> Il faut qu'il me les rende, il le faut, et je veux
> Qu'un duel accepté les mette entre nous deux ;
> Et si je suis alors encore ce Philandre,
> Par un détour subtil qu'il ne pourra comprendre,
> Elles demeureront, le laissant abusé,
> Sinon au plus vaillant, du moins au plus rusé. (1633-48.)

[1] Pour *Je perds le temps à en parler*. La langue, encore irrégulière en quelques unes de ses constructions, se permettait celle-ci, que la gêne du vers même n'excuserait pas aujourd'hui. (P.ᴀʀ.)

FIN DU TROISIÈME ACTE.

ACTE QUATRIÈME.

SCÈNE I.

MÉLITE, LA NOURRICE.

LA NOURRICE.
Cette obstination à faire la secrète
M'accuse injustement d'être trop peu discrète.
MÉLITE.
Ton importunité n'est pas à supporter[1].
Ce que je ne sais point, te le puis-je conter?
LA NOURRICE.
Les visites d'Éraste un peu moins assidues

---

[1] Var. Vraiment, tu me poursuis avec trop de rigueur;
Que te puis-je conter, n'ayant rien sur le cœur?
LA NOURRICE.
Un chacun fait à l'œil des remarques aisées
Qu'Éraste, abandonnant ses premières brisées,
Pour te mieux témoigner son refroidissement,
Cherche sa guérison dans un bannissement.
Tu m'en veux cependant ôter la connoissance;
Mais si jamais sur toi j'eus aucune puissance,
Par ce que tous les jours, en tes affections,
Tu reçois de profit de mes instructions,
Apprends-moi ce que c'est.
MÉLITE.
Et que sais-je, nourrice,
Des fantasques ressorts qui meuvent son caprice?
Ennuyé d'un esprit si grossier que le mien. (1633-48.)

ACTE IV, SCÈNE I.

Témoignent quelque ennui de ses peines perdues ;
Et ce qu'on voit par-là de refroidissement
Ne fait que trop juger son mécontentement.
Tu m'en veux cependant cacher tout le mystère.
Mais je pourrois enfin en croire ma colère,
Et pour punition te priver des avis
Qu'a jusqu'ici ton cœur si doucement suivis.

MÉLITE.

C'est à moi de trembler après cette menace,
Et toute autre du moins trembleroit à ma place.

LA NOURRICE.

Ne raillons point. Le fruit qui t'en est demeuré
(Je parle sans reproche, et tout considéré)
Vaut bien... Mais revenons à notre humeur chagrine ;
Apprends-moi ce que c'est.

MÉLITE.

     Veux-tu que je devine ?
Dégoûté d'un esprit si grossier que le mien,
Il cherche ailleurs peut-être un meilleur entretien.

LA NOURRICE.

Ce n'est pas bien ainsi qu'un amant perd l'envie
D'une chose deux ans ardemment poursuivie ;
D'assurance un mépris l'oblige à se piquer,
Mais ce n'est pas un trait qu'il faille pratiquer.
Une fille qui voit, et que voit la jeunesse,
Ne s'y doit gouverner qu'avec beaucoup d'adresse ;
Le dédain lui messied, ou, quand elle s'en sert,
Que ce soit pour reprendre un amant qu'elle perd.
Une heure de froideur, à propos ménagée,
Peut rembraser une ame à demi dégagée [1],

---

[1] VAR. Rembrase assez souvent une ame dégagée,

Qu'un traitement trop doux dispose à des mépris
D'un bien dont cet orgueil fait mieux savoir le prix.
Hors ce cas, il lui faut complaire à tout le monde,
Faire qu'aux vœux de tous l'apparence réponde,
Et, sans embarrasser son cœur de leurs amours,
Leur faire bonne mine, et souffrir leurs discours ;
Qu'à part ils pensent tous avoir la préférence,
Et paroissent ensemble entrer en concurrence[1] ;
Que tout l'extérieur de son visage égal[2]
Ne rende aucun jaloux du bonheur d'un rival ;
Que ses yeux partagés leur donnent de quoi craindre,
Sans donner à pas un aucun lieu de se plaindre ;
Qu'ils vivent tous d'espoir jusqu'au choix d'un mari,
Mais qu'aucun cependant ne soit le plus chéri ;
Et qu'elle cède enfin, puisqu'il faut qu'elle cède,
A qui paiera le mieux le bien qu'elle possède :
Si tu n'eusses jamais quitté cette leçon,

. . . .
D'un bien dont un dédain fait mieux savoir le prix
. . . .
Faire qu'aux vœux de tous son visage réponde. (1633-48.)

[1] Vers supprimés :
Ainsi, lorsque plusieurs te parlent à-la-fois,
En répondant à l'un, serre à l'autre les doigts ;
Et, si l'un te dérobe un baiser par surprise,
Qu'à l'autre incontinent il soit en belle prise. (1633.)

[2] VAR. Que l'un et l'autre juge, à ton visage égal,
Que tu caches ta flamme aux yeux de son rival.
Partage bien les tiens, et sur-tout sache feindre,
De sorte que pas un n'ait sujet de se plaindre.
. . . .
. . . .
Tiens bon, et cède enfin, puisqu'il faut que tu cèdes,
A qui paiera le mieux le bien que tu possèdes. (1633-48.)

ACTE IV, SCÈNE I. 83

Ton Éraste avec toi vivroit d'autre façon ¹.
MÉLITE.
Ce n'est pas son humeur de souffrir ce partage ;
Il croit que mes regards soient son propre héritage,
Et prend ceux que je donne à tout autre qu'à lui
Pour autant de larcins faits sur le bien d'autrui.
LA NOURRICE.
J'entends à demi-mot ; achève, et m'expédie
Promptement le motif de cette maladie.
MÉLITE.
Si tu m'avois, nourrice, entendue à demi,
Tu saurois que Tircis ²...
LA NOURRICE.
Quoi ! son meilleur ami !
N'a-ce pas été lui qui te l'a fait connoître ?
MÉLITE.
Il voudroit que le jour en fût encore à naître ;
Et si d'auprès de moi je l'avois écarté ³,

---

¹ Ces conseils de la Nourrice résument admirablement tout le caractère de Célimène dans *le Misanthrope*. Molière n'a fait que mettre en scène cette admirable leçon de coquetterie. Ainsi, non seulement Corneille a créé la bonne comédie dans *le Menteur*, mais encore, dans sa première pièce, il a offert un modèle à Molière. (A.-M.)

² VAR. Tircis est ce motif.
LA NOURRICE.
Ce jeune cavalier !
Son ami plus intime, et son plus familier ! (1633-48.)

³ VAR. Et si dans aujourd'hui* je l'avois écarté,
Tu verrois dès demain Éraste à mon côté.
LA NOURRICE.
J'ai regret que tu sois la pomme de discorde. (1633.)

* VAR. Et si dans ce jourd'hui. (1648.)

6.

Tu verrois tout-à-l'heure Éraste à mon côté.
LA NOURRICE.
J'ai regret que tu sois leur pomme de discorde ;
Mais, puisque leur humeur ensemble ne s'accorde,
Éraste n'est pas homme à laisser échapper ;
Un semblable pigeon ne se peut rattraper :
Il a deux fois le bien de l'autre, et davantage.
MÉLITE.
Le bien ne touche point un généreux courage.
LA NOURRICE.
Tout le monde l'adore, et tâche d'en jouir.
MÉLITE.
Il suit un faux éclat qui ne peut m'éblouir.
LA NOURRICE.
Auprès de sa splendeur toute autre est fort petite [1].
MÉLITE.
Tu le places au rang qui n'est dû qu'au mérite.
LA NOURRICE.
On a trop de mérite étant riche à ce point.
MÉLITE.
Les biens en donnent-ils à ceux qui n'en ont point ?
LA NOURRICE.
Oui, ce n'est que par-là qu'on est considérable.
MÉLITE.
Mais ce n'est que par-là qu'on devient méprisable.
Un homme dont les biens font toutes les vertus
Ne peut être estimé que des cœurs abattus.
LA NOURRICE.
Est-il quelques défauts que les biens ne réparent ?
MÉLITE.
Mais plutôt en est-il où les biens ne préparent ?

[1] VAR. Auprès de sa splendeur toute autre est trop petite. (1633-48.)

Étant riche, on méprise assez communément
Des belles qualités le solide ornement;
Et d'un luxe honteux la richesse suivie
Souvent par l'abondance aux vices nous convie.
LA NOURRICE.
Enfin je reconnois...
MÉLITE.
Qu'avec tout ce grand bien [1]
Un jaloux sur mon cœur n'obtiendra jamais rien.
LA NOURRICE.
Et que d'un cajoleur la nouvelle conquête
T'imprime, à mon regret, ces erreurs dans la tête;
Si ta mère le sait...
MÉLITE.
Laisse-moi ces soucis,
Et rentre, que je parle à la sœur de Tircis [2].
LA NOURRICE.
Peut-être elle t'en veut dire quelque nouvelle.
MÉLITE.
Ta curiosité te met trop en cervelle.
Rentre, sans t'informer de ce qu'elle prétend;
Un meilleur entretien avec elle m'attend.

---

[1] Var.   Qu'avecque tout son bien
   Un jaloux dessus moi n'obtiendra jamais rien. (1633.)

[2] Mélite continue :
   Je la vois qui, de loin, me fait signe, et m'appelle.
   LA NOURRICE.
   Peut-être elle t'en veut dire quelque nouvelle.
   MÉLITE.
   Rentre, etc..... (1633-48.)

SCÈNE II.

CLORIS, MÉLITE.

CLORIS.

Je chéris tellement celles de votre sorte,
Et prends tant d'intérêt en ce qui leur importe,
Qu'aux pièces qu'on leur fait je ne puis consentir [1],
Ni même en rien savoir sans les en avertir.
Ainsi donc, au hasard d'être la mal venue,
Encor que je vous sois, peu s'en faut, inconnue,
Je viens vous faire voir que votre affection
N'a pas été fort juste en son élection.

MÉLITE.

Vous pourriez, sous couleur de rendre un bon office,
Mettre quelque autre en peine avec cet artifice;
Mais pour m'en repentir j'ai fait un trop bon choix [2]:
Je renonce à choisir une seconde fois;
Et mon affection ne s'est point arrêtée
Que chez un cavalier qui l'a trop méritée.

CLORIS.

Vous me pardonnerez, j'en ai de bons témoins,
C'est l'homme qui de tous la mérite le moins.

MÉLITE.

Si je n'avois de lui qu'une foible assurance,
Vous me feriez entrer en quelque défiance;
Mais je m'étonne fort que vous l'osiez blâmer [3],

---

[1] Var. Qu'aux fourbes qu'on leur fait je ne puis consentir. (1633-48.)

[2] Var. Mais pour m'en repentir j'ai fait un trop beau choix. (1633-48.)

[3] Var. Mais je m'étonne fort que vous l'osez blâmer,

Ayant quelque intérêt vous-même à l'estimer.
CLORIS.
Je l'estimai jadis, et je l'aime et l'estime
Plus que je ne faisois auparavant son crime.
Ce n'est qu'en ma faveur qu'il ose vous trahir,
Et vous pouvez juger si je le puis haïr [1],
Lorsque sa trahison m'est un clair témoignage
Du pouvoir absolu que j'ai sur son courage.
MÉLITE.
Le pousser à me faire une infidélité,
C'est assez mal user de cette autorité.
CLORIS.
Me le faut-il pousser où son devoir l'oblige?
C'est son devoir qu'il suit alors qu'il vous néglige.
MÉLITE.
Quoi! le devoir chez vous oblige aux trahisons [2]?
CLORIS.
Quand il n'en auroit point de plus justes raisons,
La parole donnée, il faut que l'on la tienne.
MÉLITE.
Cela fait contre vous; il m'a donné la sienne.
CLORIS.
Oui, mais ayant déja reçu mon amitié,

    Vu que, pour votre honneur, vous devez l'estimer. (1633-48.)

[1] Var. Après cela jugez si je le peux haïr,
   Puisque sa trahison m'est un grand témoignage
  . . . .
       MÉLITE.
  Vraiment, c'est un pouvoir dont vous usez fort mal,
  Le poussant à me faire un tour si déloyal. (1633-48.)

[2] Var. Quoi! son devoir l'oblige à l'infidélité!
       CLORIS.
  N'allons point rechercher tant de subtilité. (1633-48.)

Sur un vœu solennel d'être un jour sa moitié [1],
Peut-il s'en départir pour accepter la vôtre?
MÉLITE.
De grace, excusez-moi, je vous prends pour une autre,
Et c'étoit à Cloris que je croyois parler.
CLORIS.
Vous ne vous trompez pas.
MÉLITE.
     Donc, pour mieux me railler [2],
La sœur de mon amant contrefait ma rivale?
CLORIS.
Donc, pour mieux m'éblouir, une ame déloyale
Contrefait la fidèle? Ah! Mélite, sachez
Que je ne sais que trop ce que vous me cachez.
Philandre m'a tout dit : vous pensez qu'il vous aime;
Mais, sortant d'avec vous, il me conte lui-même
Jusqu'aux moindres discours dont votre passion
Tâche de suborner son inclination.
MÉLITE.
Moi, suborner Philandre! Ah! que m'osez-vous dire!
CLORIS.
La pure vérité.
MÉLITE.
    Vraiment, en voulant rire,
Vous passez trop avant; brisons là, s'il vous plaît.
Je ne vois point Philandre, et ne sais quel il est.

---

[1] Var. Sur un serment commun d'être un jour sa moitié. (1633-48.)

[2] Var.   Doncques, pour me railler,
. . . .
CLORIS.
Doncques, pour m'éblouir, une ame déloyale. (1633-48.)

ACTE IV, SCENE II.

CLORIS.

Vous en croirez du moins votre propre écriture [1]
Tenez, voyez, lisez.

MÉLITE.

Ah, dieux! quelle imposture!
Jamais un de ces traits ne partit de ma main.

CLORIS.

Nous pourrions demeurer ici jusqu'à demain,
Que vous persisteriez dans la méconnoissance :
Je vous les laisse. Adieu.

MÉLITE.

Tout beau, mon innocence
Veut apprendre de vous le nom de l'imposteur [2],
Pour faire retomber l'affront sur son auteur.

CLORIS.

Vous pensez me duper, et perdez votre peine.
Que sert le désaveu quand la preuve est certaine?
A quoi bon démentir? à quoi bon dénier?...

MÉLITE.

Ne vous obstinez point à me calomnier;
Je veux que, si jamais j'ai dit mot à Philandre...

CLORIS.

Remettons ce discours : quelqu'un vient nous surprendre;
C'est le brave Lisis, qui semble sur le front [3]

---

[1] Var. Vous en voulez bien croire, au moins, votre écriture. (1633-48.)

[2] Var. Veut savoir paravant le nom de l'imposteur,
    Afin que cet affront retombe sur l'auteur.

CLORIS.

Vous voulez m'affiner; mais c'est peine perdue,
Mélite : que vous sert de faire l'entendue?
La chose étant si claire, à quoi bon la nier? (1633-48.)

[3] Var. C'est le brave Lisis, qui, tout triste et pensif,
    A ce qu'on peut juger, montre un deuil excessif. (1633-48.)

Porter empreints les traits d'un déplaisir profond.

SCÈNE III.

LISIS, MÉLITE, CLORIS.

LISIS, à Cloris.
Préparez vos soupirs à la triste nouvelle [1]
Du malheur où nous plonge un esprit infidèle,
Quittez son entretien, et venez avec moi
Plaindre un frère au cercueil par son manque de foi.
MÉLITE.
Quoi, son frère au cercueil!
LISIS.
　　　　　　Oui, Tircis, plein de rage
De voir que votre change indignement l'outrage,
Maudissant mille fois le détestable jour
Que votre bon accueil lui donna de l'amour,
Dedans ce désespoir a chez moi rendu l'ame [2] ;
Et mes yeux désolés....
MÉLITE.
　　　　　　Je n'en puis plus; je pâme.
CLORIS.
Au secours! au secours!

---

[1] VAR. Pouvez-vous demeurer auprès d'une personne
　　　　Digne, pour ses forfaits, que chacun l'abandonne?
　　　　Quittez cette infidèle, et venez avec moi. (1633-48.)
[2] VAR. Dedans ce désespoir a rendu sa belle ame.
　　　　　　　MÉLITE.
　　Hélas! soutenez-moi; je n'en puis plus, je pâme. (1633-48.)

SCÈNE IV.

CLITON, LA NOURRICE, MÉLITE, LISIS, CLORIS.

CLITON.
D'où provient cette voix?
LA NOURRICE.
Qu'avez-vous, mes enfants?
CLORIS.
Mélite, que tu vois...
LA NOURRICE.
Hélas! elle se meurt; son teint vermeil s'efface;
Sa chaleur se dissipe; elle n'est plus que glace.
LISIS, à Cliton.
Va querir un peu d'eau; mais il faut te hâter.
CLITON, à Lisis.
Si proches du logis, il vaut mieux l'y porter.
CLORIS.
Aidez mes foibles pas; les forces me défaillent,
Et je vais succomber aux douleurs qui m'assaillent.

SCÈNE V.

ÉRASTE.

A la fin je triomphe, et les destins amis
M'ont donné le succès que je m'étois promis
Me voilà trop heureux, puisque par mon adresse
Mélite est sans amant, et Tircis sans maîtresse;
Et, comme si c'étoit trop peu pour me venger.
Philandre et sa Cloris courent même danger.

Mais par quelle raison leurs ames désunies
Pour les crimes d'autrui seront-elles punies?
Que m'ont-ils fait tous deux pour troubler leurs accords?
Fuyez de ma pensée, inutiles remords [1];
La joie y veut régner, cessez de m'en distraire.
Cloris m'offense trop d'être sœur d'un tel frère;
Et Philandre, si prompt à l'infidélité,
N'a que la peine due à sa crédulité [2].
Mais que me veut Cliton qui sort de chez Mélite [3]?

SCÈNE VI.

CLITON, ÉRASTE.

CLITON.

Monsieur, tout est perdu : votre fourbe maudite,
Dont je fus à regret le damnable instrument,
A couché de douleur Tircis au monument.

ÉRASTE.

Courage! tout va bien, le traître m'a fait place;

---

[1] Var. Fuyez de mon penser, inutiles remords;
    J'en ai trop de sujet de leur être contraire.
    Cloris m'offense trop, étant sœur d'un tel frère. (1633-48.)

[2] Vers supprimés :
    Allons donc sans scrupule, allons voir cette belle,
    Faisons tous nos efforts à nous rapprocher d'elle,
    Et tâchons de rentrer en son affection
    Avant qu'elle ait rien su de notre invention.

[3] Var. Cliton sort de chez elle. (1633-48.)

SCÈNE VI.

. . . .

ÉRASTE.
Eh bien, que fait Mélite? (1633-48.)

ACTE IV, SCÈNE VI.

Le seul qui me rendoit son courage de glace,
D'un favorable coup la mort me l'a ravi.
CLITON.
Monsieur, ce n'est pas tout, Mélite l'a suivi.
ÉRASTE.
Mélite l'a suivi! que dis-tu, misérable?
CLITON.
Monsieur, il est trop vrai; le moment déplorable [1]
Qu'elle a su son trépas, a terminé ses jours.
ÉRASTE.
Ah ciel! s'il est ainsi....
CLITON.
Laissez là ces discours,
Et vantez-vous plutôt que par votre imposture
Ces malheureux amants trouvent la sépulture [2],
Et que votre artifice a mis dans le tombeau
Ce que le monde avoit de parfait et de beau.
ÉRASTE.
Tu m'oses donc flatter, infame, et tu supprimes [3]
Par ce reproche obscur la moitié de mes crimes?
Est-ce ainsi qu'il te faut n'en parler qu'à demi?
Achève tout d'un coup; dis que maîtresse, ami [4],
Tout ce que je chéris, tout ce qui dans mon ame
Sut jamais allumer une pudique flamme,
Tout ce que l'amitié me rendit précieux,
Par ma fourbe a perdu la lumière des cieux [5];

---

[1] Var. Monsieur, il est tout vrai : le moment déplorable. (1633-48.)

[2] Var. Ce pair d'amants sans pair est sous la sépulture. (1633-48.)

[3] Var. Tu m'oses donc flatter, et ta sottise estime
M'obliger en taisant la moitié de mon crime ? (1633.)

[4] Var. Achève tout d'un trait; dis que maîtresse, ami. (1633.)

[5] Var. Par ma fraude a perdu la lumière du jour. (1633.)

Dis que j'ai violé les deux lois les plus saintes
Qui nous rendent heureux par leurs douces contraintes;
Dis que j'ai corrompu, dis que j'ai suborné,
Falsifié, trahi, séduit, assassiné;
Tu n'en diras encor que la moindre partie[1].
Quoi! Tircis est donc mort, et Mélite est sans vie!
Je ne l'avois pas su, Parques, jusqu'à ce jour,
Que vous relevassiez de l'empire d'Amour;
J'ignorois qu'aussitôt qu'il assemble deux ames,
Il vous pût commander d'unir aussi leurs trames.
Vous en relevez donc, et montrez aujourd'hui[2]

[1] VAR. Que j'ai toute une ville en larmes convertie,
Tu n'en diras encor que la moindre partie.
Mais quel ressentiment! quel puissant déplaisir!
Grands dieux! et peuvent-ils jusque-là nous saisir,
Qu'un pauvre amant en meure, et qu'une âpre tristesse
Réduise au même point, après lui, sa maîtresse?
CLITON.
Tous ces discours ne font....
ÉRASTE.
Laisse agir ma douleur,
Traître, si tu ne veux attirer ton malheur;
Interrompre son cours, c'est n'aimer pas ta vie.
La mort de son Tircis me l'a doncques ravie! (1633-48.)

[2] VAR. J'ignorois que, pour être exemptes de ses coups,
Vous souffrissiez qu'il prît un tel pouvoir sur vous.
. . . .
Tranchent, comme il lui plaît, les choses les plus rares!
Vous en relevez donc; et, pour le flatter mieux,
Vous voulez comme lui ne vous servir point d'yeux.
Mais je m'en prends à vous; et ma funeste ruse,
Vous imputant ces maux, se bâtit une excuse.
J'ose vous en charger, et j'en suis l'inventeur,
Et seul de ces malheurs le détestable auteur.
Mon courage au besoin se trouvant trop timide
Pour attaquer Tircis autrement qu'en perfide,
Je fis à mon défaut combattre son ennui,

ACTE IV, SCÈNE VI.

Que vous êtes pour nous aveugles comme lui !
Vous en relevez donc, et vos ciseaux barbares
Tranchent, comme il lui plaît, les destins les plus rares !
Mais je m'en prends à vous, moi, qui suis l'imposteur !
Moi, qui suis de leurs maux le détestable auteur !
Hélas ! et falloit-il que ma supercherie
Tournât si lâchement tant d'amour en furie !
Inutiles regrets, repentirs superflus,
Vous ne me rendez pas Mélite qui n'est plus !
Vos mouvements tardifs ne la font pas revivre :
Elle a suivi Tircis, et moi je la veux suivre.
Il faut que de mon sang je lui fasse raison,
Et de ma jalousie, et de ma trahison,
Et que de ma main propre une ame si fidèle [1]
Reçoive.... Mais d'où vient que tout mon corps chancelle ?
Quel murmure confus ? et qu'entends-je hurler ?
Que de pointes de feux se perdent parmi l'air ?
Les dieux à mes forfaits ont dénoncé la guerre ;
Leur foudre décoché vient de fendre la terre,

    Son deuil, son désespoir, sa rage, contre lui.
    Hélas ! et falloit-il que ma supercherie
    Tournât si lâchement son amour en furie ? (1633-48.)
    Falloit-il, l'aveuglant d'une indiscrète erreur,
    Contre une ame innocente allumer sa fureur ?
    Falloit-il le forcer à dépeindre Mélite
    Des infames couleurs d'une fille hypocrite ?
    Inutiles regrets !........ (1633.)

[1] Var. Et que, par ma main propre, un juste sacrifice
    De mon coupable chef venge mon artifice.
    Avançons donc, allons sur cet aimable corps
    Éprouver, s'il se peut, à-la-fois mille morts.
    D'où vient qu'au premier pas je tremble, je chancelle ?
    Mon pied, qui me dédit, contre moi se rebelle.
    Quel murmure confus ?...... (1633.)

Et, pour leur obéir, son sein me recevant
M'engloutit, et me plonge aux enfers tout vivant.
Je vous entends, grands dieux; c'est là-bas que leurs ames
Aux champs Élysiens éternisent leurs flammes;
C'est là-bas qu'à leurs pieds il faut verser mon sang :
La terre à ce dessein m'ouvre son large flanc,
Et jusqu'aux bords du Styx me fait libre passage.
Je l'aperçois déja, je suis sur son rivage.
Fleuve, dont le saint nom est redoutable aux dieux,
Et dont les neuf replis ceignent ces tristes lieux,
N'entre point en courroux contre mon insolence [1],
Si j'ose avec mes cris violer ton silence :

[1] Var. Ne te colère point contre mon insolence.
> Ce n'est pas que je veuille, en buvant de ton eau,
> Avec mon souvenir étouffer mon bourreau.
> Non, je ne prétends pas une faveur si grande;
> Réponds-moi seulement, réponds à ma demande :
> As-tu vu ces amants? Tircis est-il passé?
> Mélite est-elle ici? Mais que dis-je? insensé!

Vers supprimés :
> Le père de l'Oubli, dessous cette onde noire,
> Pourroit-il conserver tant soit peu de mémoire?
> Mais, derechef, que dis-je? Imprudent! je confonds
> Le Léthé pêle-mêle, et ces gouffres profonds,
> Le Styx, de qui l'Oubli ne prit jamais naissance,
> De tout ce qui se passe a tant de connoissance,
> Que les dieux n'oseroient vers lui s'être mépris
> Mais le traître se tait, et tenant ces esprits.

Var. Pour le plus grand trésor de son funeste empire,
> De crainte de les perdre, il n'en ose rien dire.
> Vous donc, esprits légers, qui, faute de tombeaux
> . . . .
> . . . .
> Dites, et je promets d'employer mon crédit
> . . . .

CLITON.
Monsieur, que faites-vous? Votre raison s'égare.

Je ne te veux qu'un mot. Tircis est-il passé?
Mélite est-elle ici? Mais qu'attends-je? insensé!
Ils sont tous deux si chers à ton funeste empire,
Que tu crains de les perdre, et n'oses m'en rien dire.
Vous donc, esprits légers, qui, manque de tombeaux,
Tournoyez vagabonds à l'entour de ces eaux,
A qui Caron cent ans refuse sa nacelle,
Ne m'en pourriez-vous point donner quelque nouvelle?
Parlez, et je promets d'employer mon crédit
A vous faciliter ce passage interdit.

CLITON.

Monsieur, que faites-vous? Votre raison, troublée
Par l'effort des douleurs dont elle est accablée,
Figure à votre vue....

ÉRASTE.

Ah! te voilà, Caron!
Dépêche promptement, et d'un coup d'aviron
Passe-moi, si tu peux, jusqu'à l'autre rivage.

CLITON.

Monsieur, rentrez en vous, regardez mon visage[1] :
Reconnoissez Cliton.

ÉRASTE.

Dépêche, vieux nocher,
Avant que ces esprits nous puissent approcher.
Ton bateau de leur poids fondroit dans les abymes;
Il n'en aura que trop d'Éraste et de ses crimes[2].

Voyez qu'il n'est ici de Styx, ni de Ténare;
Revenez à vous-même. (1633-48.)

[1] VAR. Monsieur, rentrez en vous, contemplez mon visage. (1633-48.)

[2] VAR. CLITON.
Il vaut mieux esquiver*, car avecque des fous

* VAR. Il vaut mieux se tirer. (1648.)

Quoi! tu veux te sauver à l'autre bord sans moi?
Si faut-il qu'à ton cou je passe malgré toi.

(Il se jette sur les épaules de Cliton, qui l'emporte derrière le théâtre.)

SCÈNE VII.

PHILANDRE.

Présomptueux rival, dont l'absence importune [1]
Retarde le succès de ma bonne fortune,
As-tu sitôt perdu cette ombre de valeur
Que te prêtoit tantôt l'effort de ta douleur?
Que devient à présent cette bouillante envie
De punir ta volage aux dépens de ma vie?
Il ne tient plus qu'à toi que tu ne sois content;
Ton ennemi t'appelle, et ton rival t'attend.
Je te cherche en tous lieux, et cependant ta fuite
Se rit impunément de ma vaine poursuite.
Crois-tu, laissant mon bien dans les mains de ta sœur,
En demeurer toujours l'injuste possesseur;

   Souvent on ne rencontre à gagner que des coups.
   Si jamais un amant fut dans l'extravagance,
   Il s'en peut bien vanter avec toute assurance.
      ÉRASTE.
   Tu veux donc échapper à l'autre bord sans moi?
   Si faut-il qu'à ton col je passe malgré toi. (1633-48.)

[1] Var. Rival injurieux, dont l'absence importune
. . . .
   Et qui, sachant combien m'importe ton retour,
   De peur de m'obliger, n'oserois voir le jour,
   As-tu sitôt perdu cette ombre de courage
   Que te prêtoient jadis les transports de ta rage?
   Ce brusque mouvement d'un esprit forcené
   Relâche-t-il sitôt ton cœur efféminé?
   Que devient à présent cette bouillante envie? (1633.)

Ou que ma patience à la fin échappée
(Puisque tu ne veux pas le débattre à l'épée),
Oubliant le respect du sexe, et tout devoir,
Ne laisse point sur elle agir mon désespoir?

SCÈNE VIII.

ÉRASTE, PHILANDRE.

ÉRASTE.

Détacher Ixion pour me mettre en sa place!
Mégères, c'est à vous une indiscrète audace.
Ai-je, avec même front que cet ambitieux [1],
Attenté sur le lit du monarque des cieux?
Vous travaillez en vain, barbares Euménides [2];
Non, ce n'est pas ainsi qu'on punit les perfides.
  Quoi! me presser encor? Sus, de pieds et de mains
Essayons d'écarter ces monstres inhumains.
A mon secours, esprits! vengez-vous de vos peines!
Écrasons leurs serpents! chargeons-les de vos chaines!
Pour ces filles d'enfer nous sommes trop puissants.

PHILANDRE.

Il semble à ce discours qu'il ait perdu le sens.
Éraste, cher ami, quelle mélancolie
Te met dans le cerveau cet excès de folie?

ÉRASTE.

Équitable Minos, grand juge des enfers,
Voyez qu'injustement on m'apprête des fers!

---

[1] Var. Ai-je, prenant le front de cet audacieux. (1633-48.)
[2] Var. Vous travaillez en vain, bourrelles Euménides. (1633-48.)

Faire un tour d'amoureux, supposer une lettre,
Ce n'est pas un forfait qu'on ne puisse remettre.
Il est vrai que Tircis en est mort de douleur,
Que Mélite après lui redouble ce malheur,
Que Cloris sans amant ne sait à qui s'en prendre;
Mais la faute n'en est qu'au crédule Philandre [1];
Lui seul en est la cause, et son esprit léger,
Qui trop facilement résolut de changer;
Car ces lettres, qu'il croit l'effet de ses mérites [2],
La main que vous voyez les a toutes écrites.

PHILANDRE.

Je te laisse impuni, traître; de tels remords [3]
Te donnent des tourments pires que mille morts :
Je t'obligerois trop de t'arracher la vie;
Et ma juste vengeance est bien mieux assouvie
Par les folles horreurs de cette illusion.
Ah! grands dieux! que je suis plein de confusion!

---

[1] Quelque invraisemblable que soit ce délire d'Éraste, Corneille cependant en a su tirer un parti assez heureux pour le dénouement de sa pièce. C'est en s'accusant lui-même à Philandre qu'Éraste l'instruit de la manière dont il s'est laissé tromper. Ce moyen n'était pas sans adresse pour le temps : aussi Corneille, même après avoir fait des ouvrages infiniment supérieurs, s'en applaudissait encore comme d'une idée ingénieuse. Voyez l'*Examen de Mélite*. (V.)

[2] Var. Car ces lettres, qu'il a de la part de Mélite,
   Autre que cette main n'en a pas une écrite. (1633-48.)

[3] Var. Je te laisse impuni, perfide *; tes remords.

* Var. Traître; car les remords. (1648.)

SCÈNE IX.

ÉRASTE.

Tu t'enfuis donc, barbare! et, me laissant en proie
A ces cruelles sœurs, tu les combles de joie.
Non, non, retirez-vous, Tisiphone, Alecton,
Et tout ce que je vois d'officiers de Pluton.
Vous me connoissez mal; dans le corps d'un perfide
Je porte le courage et les forces d'Alcide.
Je vais tout renverser dans ces royaumes noirs,
Et saccager moi seul ces ténébreux manoirs.
Une seconde fois le triple chien Cerbère
Vomira l'aconit en voyant la lumière.
J'irai du fond d'enfer dégager les Titans;
Et si Pluton s'oppose à ce que je prétends,
Passant dessus le ventre à sa troupe mutine,
J'irai d'entre ses bras enlever Proserpine.

SCÈNE X.

LISIS, CLORIS.

LISIS.

N'en doute plus, Cloris, ton frère n'est point mort[1];
Mais, ayant su de lui son déplorable sort,
Je voulois éprouver, par cette triste feinte,
Si celle qu'il adore, aucunement atteinte[2],

---

[1] Var. N'en doute aucunement, ton frère n'est point mort. (1633-48.)

[2] Var. Si ce cœur, recevant quelque légère atteinte. (1633.)

Deviendroit plus sensible aux traits de la pitié
Qu'aux sincères ardeurs d'une sainte amitié.
Maintenant que je vois qu'il faut qu'on nous abuse,
Afin que nous puissions découvrir cette ruse,
Et que Tircis en soit de tout point éclairci,
Sois sûre que dans peu je te le rends ici.
Ma parole sera d'un prompt effet suivie :
Tu reverras bientôt ce frère plein de vie ;
C'est assez que je passe une fois pour trompeur.

CLORIS.

Si bien qu'au lieu du mal nous n'aurons que la peur ?
Le cœur me le disoit. Je sentois que mes larmes
Refusoient de couler pour de fausses alarmes,
Dont les plus dangereux et plus rudes assauts
Avoient beaucoup de peine à m'émouvoir à faux [1] ;
Et je n'étudiai cette douleur menteuse
Qu'à cause qu'en effet j'étois un peu honteuse [2]
Qu'une autre en témoignât plus de ressentiment.

LISIS.

Après tout, entre nous, confesse franchement [3]
Qu'une fille en ces lieux, qui perd un frère unique,
Jusques au désespoir fort rarement se pique :
Ce beau nom d'héritière a de telles douceurs,
Qu'il devient souverain à consoler des sœurs.

CLORIS.

Adieu, railleur, adieu : son intérêt me presse

---

[1] Var. Avoient bien de la peine à m'émouvoir à faux. (1633-48.)
[2] Var. Qu'à cause que j'étois parfaitement honteuse. (1633-48.)
[3] Var. Mais avec tout cela confesse franchement. (1633-48.)

ACTE IV, SCÈNE X.

D'aller rendre d'un mot la vie à sa maîtresse [1] ;
Autrement je saurois t'apprendre à discourir.

LISIS.

Et moi, de ces frayeurs de nouveau te guérir.

[1] Var. D'aller vite d'un mot ranimer sa maîtresse ;
   Autrement je saurois te rendre ton paquet.
         LISIS.
   Et moi pareillement rabattre ton caquet. (1633-48.)

FIN DU QUATRIÈME ACTE.

ACTE CINQUIÈME.

SCÈNE I.

CLITON, LA NOURRICE.

CLITON.
Je ne t'ai rien celé; tu sais toute l'affaire.
LA NOURRICE.
Tu m'en as bien conté. Mais se pourroit-il faire
Qu'Éraste eût des remords si vifs et si pressants
Que de violenter sa raison et ses sens?
CLITON.
Eût-il pu, sans en perdre entièrement l'usage,
Se figurer Caron des traits de mon visage,
Et de plus, me prenant pour ce vieux nautonnier,
Me payer à bons coups des droits de son denier?
LA NOURRICE.
Plaisante illusion!
CLITON.
        Mais funeste à ma tête,
Sur qui se déchargeoit une telle tempête,
Que je tiens maintenant à miracle évident
Qu'il me soit demeuré dans la bouche une dent.
LA NOURRICE.
C'étoit mal reconnoître un si rare service.
ÉRASTE, *derrière le théâtre* [1].
Arrêtez, arrêtez, poltrons!

---

[1] VAR. ÉRASTE, *derrière la tapisserie*. (1633-48.)

CLITON.
Adieu, nourrice.
Voici ce fou qui vient, je l'entends à la voix;
Crois que ce n'est pas moi qu'il attrape deux fois.
LA NOURRICE.
Pour moi, quand je devrois passer pour Proserpine [1],
Je veux voir à quel point sa fureur le domine.
CLITON.
Contente, à tes périls, ton curieux desir [2].
LA NOURRICE.
Quoi qu'il puisse arriver, j'en aurai le plaisir.

SCÈNE II.

ÉRASTE, LA NOURRICE.

ÉRASTE.
En vain je les rappelle, en vain pour se défendre
La honte et le devoir leur parlent de m'attendre;
Ces lâches escadrons de fantômes affreux
Cherchent leur assurance aux cachots les plus creux,
Et, se fiant à peine à la nuit qui les couvre,
Souhaitent sous l'enfer qu'un autre enfer s'entr'ouvre.
Ma voix met tout en fuite, et, dans ce vaste effroi [3],
La peur saisit si bien les ombres et leur roi,
Que, se précipitant à de promptes retraites,
Tous leurs soucis ne vont qu'à les rendre secrètes.
Le bouillant Phlégéton, parmi ses flots pierreux,

---

[1] Var. Et moi, quand je devrois passer pour Proserpine. (1633-48.)

[2] Var. Adieu, soûle à ton dam ton curieux desir. (1633-48.)

[3] Var. La peur renverse tout, et, dans ce désarroi,
     Elle saisit si bien les ombres et leur roi. (1633-48.)

Pour les favoriser ne roule plus de feux ;
Tisiphone tremblante, Alecton, et Mégère,
Ont de leurs flambeaux noirs étouffé la lumière [1] ;
Les Parques même en hâte emportent leurs fuseaux,
Et, dans ce grand désordre oubliant leurs ciseaux,
Caron, les bras croisés, dans sa barque s'étonne
De ce qu'après Éraste il n'a passé personne.
Trop heureux accident, s'il avoit prévenu
Le déplorable coup du malheur avenu !
Trop heureux accident, si la terre entr'ouverte
Avant ce jour fatal eût consenti ma perte,
Et si ce que le ciel me donne ici d'accès
Eût de ma trahison devancé le succès !
Dieux, que vous savez mal gouverner votre foudre !
N'étoit-ce pas assez pour me réduire en poudre
Que le simple dessein d'un si lâche forfait ?
Injustes ! deviez-vous en attendre l'effet ?
Ah, Mélite ! ah, Tircis ! leur cruelle justice
Aux dépens de vos jours me choisit un supplice [2].

---

[1] VAR. De leurs flambeaux puants ont éteint la lumière, (1633-48.)

Vers supprimés :
    Et tiré de leur chef les serpents d'alentour,
    De crainte que leurs yeux fissent quelque faux jour
    Dont la foible lueur, éclairant ma poursuite,
    A travers ces horreurs me pût trahir leur fuite.
    Æaque épouvanté se croit trop en danger,
    Et fuit son criminel au lieu de le juger.
    Cloton même et ses sœurs, à l'aspect de ma lame,
    De peur de tarder trop n'osant couper ma trame,
    A peine ont eu loisir d'emporter leurs fuseaux ;
VAR. Si bien qu'en ce désordre oubliant leurs ciseaux,
. . . .
    D'où vient qu'après Éraste il n'a passé personne. (1633.)

[2] VAR. Aux dépens de vos jours aggrave mon supplice. (1648.)

ACTE V, SCÈNE II.

Ils doutoient que l'enfer eût de quoi me punir
Sans le triste secours de ce dur souvenir¹.
Tout ce qu'ont les enfers de feux, de fouets, de chaînes,
Ne sont auprès de lui que de légères peines ;
On reçoit d'Alecton un plus doux traitement.
Souvenir rigoureux ! trève, trève un moment² ;
Qu'au moins, avant ma mort, dans ces demeures sombres
Je puisse rencontrer ces bienheureuses ombres !
Use après, si tu veux, de toute ta rigueur ;
Et si pour m'achever tu manques de vigueur,
(Il met la main sur son épée.)
Voici qui t'aidera : mais derechef, de grace,
Cesse de me gêner durant ce peu d'espace.
Je vois déja Mélite. Ah ! belle ombre, voici
L'ennemi de votre heur qui vous cherchoit ici ;
C'est Éraste, c'est lui, qui n'a plus d'autre envie
Que d'épandre à vos pieds son sang avec sa vie :
Ainsi le veut le sort ; et, tout exprès, les dieux
L'ont abymé vivant en ces funestes lieux.

LA NOURRICE.

Pourquoi permettez-vous que cette frénésie
Règne si puissamment sur votre fantaisie ?

¹ Vers supprimés :
    Souvenir rigoureux, de qui l'âpre torture
    Devient plus violente, et croît plus on l'endure ;
    Implacable bourreau, tu vas seul étouffer
    Celui dont le courage a dompté tout l'enfer.
    Qu'il m'eût bien mieux valu céder à ses furies !
    Qu'il m'eût bien mieux valu souffrir ses barbaries,
    Et de gré me soumettre, en acceptant sa loi,
    A tout ce que sa rage eût ordonné de moi ! (1633.)
  Var. Tout ce qu'il a de fers, de feux, de fouets, de chaînes,
    Ne sont auprès de toi que de légères peines. (1633.)
² Var. De grace, un peu de trève, un moment, un moment. (1633.)

L'enfer voit-il jamais une telle clarté?
ÉRASTE.
Aussi ne la tient-il que de votre beauté;
Ce n'est que de vos yeux que part cette lumière.
LA NOURRICE.
Ce n'est que de mes yeux! Dessillez la paupière,
Et d'un sens plus rassis jugez de leur éclat.
ÉRASTE.
Ils ont, de vérité, je ne sais quoi de plat;
Et plus je vous contemple, et plus sur ce visage
Je m'étonne de voir un autre air, un autre âge :
Je ne reconnois plus aucun de vos attraits;
Jadis votre nourrice avoit ainsi les traits,
Le front ainsi ridé, la couleur ainsi blême,
Le poil ainsi grison. O dieux! c'est elle-même.
Nourrice, qui t'amène en ces lieux pleins d'effroi [1]?
Y viens-tu rechercher Mélite comme moi?
LA NOURRICE.
Cliton la vit pâmer, et se brouilla de sorte,
Que, la voyant si pâle, il la crut être morte,
Cet étourdi trompé vous trompa comme lui.
Au reste, elle est vivante; et peut-être aujourd'hui
Tircis, de qui la mort n'étoit qu'imaginaire,
De sa fidélité recevra le salaire.
ÉRASTE.
Désormais donc en vain je les cherche ici-bas;
En vain pour les trouver je rends tant de combats.
LA NOURRICE.
Votre douleur vous trouble, et forme des nuages
Qui séduisent vos sens par de fausses images;

[1] Var. Nourrice, et qui t'amène en ces lieux pleins d'effroi? (1633-48.)

ACTE V, SCÈNE II.

Cet enfer, ces combats, ne sont qu'illusions[1].
ÉRASTE.
Je ne m'abuse point de fausses visions ;
Mes propres yeux ont vu tous ces monstres en fuite,
Et Pluton, de frayeur, en quitter la conduite.
LA NOURRICE.
Peut-être que chacun s'enfuyoit devant vous,
Craignant votre fureur et le poids de vos coups.
Mais voyez si l'enfer ressemble à cette place ;
Ces murs, ces bâtiments, ont-ils la même face ?
Le logis de Mélite et celui de Cliton
Ont-ils quelque rapport à celui de Pluton ?
Quoi ! n'y remarquez-vous aucune différence ?
ÉRASTE.
De vrai, ce que tu dis a beaucoup d'apparence[2].
Nourrice, prends pitié d'un esprit égaré
Qu'ont mes vives douleurs d'avec moi séparé :
Ma guérison dépend de parler à Mélite.
LA NOURRICE.
Différez, pour le mieux, un peu cette visite,
Tant que, maître absolu de votre jugement,
Vous soyez en état de faire un compliment.

---

[1] Var. Cet enfer, ces combats, ne sont qu'illusion.
   ÉRASTE.
   Je ne m'abuse point, j'ai vu sans fiction
   Ces monstres terrassés se sauver à la fuite. (1633-48.)

[2] Vers supprimés :
   Depuis ce que j'ai su de Mélite et Tircis,
   Je sens que tout-à-coup mes regrets adoucis
   Laissent en liberté les ressorts de mon ame ;
   Ma raison par sa bouche a reçu son dictame. (1633.)
   Var. Nourrice, prends le soin d'un esprit égaré
   Qui s'est d'avecque moi si long-temps séparé. (1648.)

110   MÉLITE.

Votre teint et vos yeux n'ont rien d'un homme sage;
Donnez-vous le loisir de changer de visage;
Un moment de repos que vous prendrez chez vous¹...

ÉRASTE.

Ne peut, si tu n'y viens, rendre mon sort plus doux;
Et ma foible raison, de guide dépourvue,
Va de nouveau se perdre en te perdant de vue.

LA NOURRICE.

Si je vous suis utile, allons; je ne veux pas
Pour un si bon sujet vous épargner mes pas.

SCÈNE III.

CLORIS, PHILANDRE.

CLORIS.

Ne m'importune plus, Philandre, je t'en prie;
Me rapaiser jamais passe ton industrie.
Ton meilleur, je t'assure, est de n'y plus penser;
Tes protestations ne font que m'offenser :
Savante, à mes dépens, de leur peu de durée,
Je ne veux point en gage une foi parjurée,
Un cœur que d'autres yeux peuvent sitôt brûler²,

---

¹ VAR. Nous pourvoirons après au reste en sa saison.
ÉRASTE.
Viens donc m'accompagner jusques en ma maison;
Car, si je te perdois un seul moment de vue,
Ma raison, aussitôt de guide dépourvue,
M'échapperoit encore.
LA NOURRICE.
Allons, je ne veux pas. (1633-48.)

² VAR. Je ne veux plus d'un cœur qu'un billet aposté
Peut résoudre aussitôt à la déloyauté. (1633-48.)

ACTE V, SCÈNE III.

Qu'un billet supposé peut sitôt ébranler.
PHILANDRE.
Ah! ne remettez plus dedans votre mémoire
L'indigne souvenir d'une action si noire;
Et, pour rendre à jamais nos premiers vœux contents,
Étouffez l'ennemi du pardon que j'attends.
Mon crime est sans égal; mais enfin, ma chère ame [1]...
CLORIS.
Laisse là désormais ces petits mots de flamme,
Et par ces faux témoins d'un feu mal allumé
Ne me reproche plus que je t'ai trop aimé.
PHILANDRE.
De grace, redonnez à l'amitié passée
Le rang que je tenois dedans votre pensée.
Derechef, ma Cloris, par ces doux entretiens,
Par ces feux qui voloient de vos yeux dans les miens [2],
Par ce que votre foi me permettoit d'attendre....
CLORIS.
C'est où dorénavant tu ne dois plus prétendre.
Ta sottise m'instruit, et par-là je vois bien
Qu'un visage commun, et fait comme le mien,
N'a point assez d'appas, ni de chaîne assez forte
Pour tenir en devoir un homme de ta sorte.
Mélite a des attraits qui savent tout dompter;
Mais elle ne pourroit qu'à peine t'arrêter :
Il te faut un sujet qui la passe ou l'égale;

---

[1] Var. Ma maîtresse, mon heur, mon souci, ma chère ame. (1633-48.)

[2] Vers supprimés :
>Par mes flammes jadis si bien récompensées,
>Par ces mains si souvent dans les miennes pressées,
>Par ces chastes baisers qu'un amour vertueux
>Accordoit aux desirs d'un cœur respectueux. (1633-48.)

C'est en vain que vers moi ton amour se ravale;
Fais-lui, si tu m'en crois, agréer tes ardeurs.
Je ne veux point devoir mon bien à ses froideurs.

PHILANDRE.

Ne me déguisez rien, un autre a pris ma place;
Une autre affection vous rend pour moi de glace.

CLORIS.

Aucun jusqu'à ce point n'est encore arrivé[1];
Mais je te changerai pour le premier trouvé.

PHILANDRE.

C'en est trop, tes dédains épuisent ma souffrance.
Adieu. Je ne veux plus avoir d'autre espérance,
Sinon qu'un jour le ciel te fera ressentir
De tant de cruautés le juste repentir.

CLORIS.

Adieu. Mélite et moi nous avons de quoi rire
De tous les beaux discours que tu viens de me dire.
Que lui veux-tu mander?

PHILANDRE.

Va, dis-lui de ma part
Qu'elle, ton frère, et toi, reconnoîtrez trop tard
Ce que c'est que d'aigrir un homme de ma sorte[2].

CLORIS.

Ne crois pas la chaleur du courroux qui t'emporte;

---

[1] VAR. Aucun jusqu'à ce point n'est encor parvenu;
  Mais je te changerai pour le premier venu.
  PHILANDRE.
  Tes dédains outrageux épuisent ma souffrance. (1633-48.)

[2] VAR. Ce que c'est que d'aigrir un homme de courage.
  CLORIS.
  Sois sûr, de ton côté, que ta fougue et ta rage,
  Et tout ce que jamais nous entendrons de toi,
  Fournira de risée entre mon frère et moi. (1633-48.)

ACTE V, SCÈNE IV.

Tu nous ferois trembler plus d'un quart d'heure ou deux.
PHILANDRE.
Tu railles, mais bientôt nous verrons d'autres jeux.
Je sais trop comme on venge une flamme outragée.
CLORIS.
Le sais-tu mieux que moi, qui suis déja vengée?
Par où t'y prendras-tu? de quel air?
PHILANDRE.
                              Il suffit.
Je sais comme on se venge.
CLORIS.
                    Et moi, comme on s'en rit.

SCÈNE IV.

TIRCIS, MÉLITE.

TIRCIS.
Maintenant que le sort, attendri par nos plaintes,
Comble notre espérance et dissipe nos craintes,
Que nos contentements ne sont plus traversés
Que par le souvenir de nos malheurs passés[1],
Ouvrons toute notre ame à ces douces tendresses[2]

---

[1] Var. Que par le souvenir de nos travaux passés. (1633 48.)
[2] Var. Chassons-le, ma chère ame, à force de caresses;
    Ne parlons plus d'ennuis, de tourments, de tristesses,
    Et changeons en baisers ces traits d'œil langoureux
    Qui ne font qu'irriter nos desirs amoureux.
    . . . .
    . . . .
    Je ne puis plus chérir votre foible entretien;
    Plus heureux, je soupire après un plus grand bien.
    Vous étiez bons jadis, quand nos flammes naissantes

Qu'inspirent aux amants les pleines alégresses ;
Et d'un commun accord chérissons nos ennuis,
Dont nous voyons sortir de si précieux fruits.
 Adorables regards, fidèles interprètes
Par qui nous expliquions nos passions secrètes,
Doux truchements du cœur, qui déja tant de fois
M'avez si bien appris ce que n'osoit la voix,
Nous n'avons plus besoin de votre confidence ;
L'amour en liberté peut dire ce qu'il pense,
Et dédaigne un secours qu'en sa naissante ardeur
Lui faisoient mendier la crainte et la pudeur.
Beaux yeux, à mon transport pardonnez ce blasphème !
La bouche est impuissante où l'amour est extrême ;
Quand l'espoir est permis, elle a droit de parler ;
Mais vous allez plus loin qu'elle ne peut aller.
Ne vous lassez donc point d'en usurper l'usage ;
Et, quoi qu'elle m'ait dit, dites-moi davantage.
Mais tu ne me dis mot, ma vie, et quels soucis
T'obligent à te taire auprès de ton Tircis ?

MÉLITE.

Tu parles à mes yeux, et mes yeux te répondent.

TIRCIS.

Ah ! mon heur, il est vrai, si tes desirs secondent
Cet amour qui paroît et brille dans tes yeux,
Je n'ai rien désormais à demander aux dieux.

MÉLITE.

Tu t'en peux assurer ; mes yeux, si pleins de flamme,

  Prisoient, faute de mieux, vos douceurs impuissantes.
  Mais, au point où je suis, ce ne sont que rêveurs
  Qui vous peuvent tenir pour exquises faveurs.
  Il faut un aliment plus solide à nos flammes,
  Par où nous unissions nos bouches et nos ames.
  Mais tu ne me dis mot....... (1633-48.)

Suivent l'instruction des mouvements de l'ame;
On en a vu l'effet, lorsque ta fausse mort
A fait sur tous mes sens un véritable effort¹ ·
On en a vu l'effet, quand, te sachant en vie,
De revivre avec toi j'ai pris aussi l'envie :
On en a vu l'effet, lorsqu'à force de pleurs
Mon amour et mes soins, aidés de mes douleurs,
Ont fléchi la rigueur d'une mère obstinée,
Et gagné cet aveu qui fait notre hyménée² ;
Si bien qu'à ton retour ta chaste affection
Ne trouve plus d'obstacle à sa prétention.
Cependant l'aspect seul des lettres d'un faussaire
Te sut persuader tellement le contraire,
Que, sans vouloir m'entendre, et sans me dire adieu,
Jaloux et furieux tu partis de ce lieu.

TIRCIS.

J'en rougis; mais apprends qu'il n'étoit pas possible
D'aimer comme j'aimois, et d'être moins sensible;
Qu'un juste déplaisir ne sauroit écouter
La raison qui s'efforce à le violenter;
Et qu'après des transports de telle promptitude,

---

¹ Var. Fit dessus tous mes sens un véritable effort. (1633.)

² Var. Lui faisant consentir notre heureux hyménée ;
. . . .
Nous trouve toutes deux à sa dévotion.
Et cependant l'abord des lettres d'un faussaire
. . . .
. . . .
Furieux, enragé, tu partis de ce lieu.
TIRCIS.
Mon cœur, j'en suis honteux ; mais songe que possible,
Si j'eusse moins aimé, j'eusse été moins sensible ;
. . . .
La voix de la raison qui vient pour le dompter. (1633-48.)

S.

Ma flamme ne te laisse aucune incertitude.
MÉLITE.
Tout cela seroit peu, n'étoit que ma bonté [1]
T'en accorde un oubli sans l'avoir mérité,
Et que, tout criminel, tu m'es encore aimable.
TIRCIS.
Je me tiens donc heureux d'avoir été coupable,
Puisque l'on me rappelle au lieu de me bannir,
Et qu'on me récompense au lieu de me punir.
J'en aimerai l'auteur de cette perfidie [2];
Et si jamais je sais quelle main si hardie....

SCÈNE V.

CLORIS, TIRCIS, MÉLITE.

CLORIS.
Il vous fait fort bon voir, mon frère, à cajoler,
Cependant qu'une sœur ne se peut consoler,
Et que le triste ennui d'une attente incertaine
Touchant votre retour la tient encore en peine.
TIRCIS.
L'amour a fait au sang un peu de trahison,
Mais Philandre pour moi t'en aura fait raison [3].

---

[1] Var. Foible excuse pourtant, n'étoit que ma bonté. (1633-48.)

[2] Var.   MÉLITE.
   Mais apprends-moi l'auteur de cette perfidie.
      TIRCIS.
   Je ne sais quelle main put être assez hardie. (1633-48.)

[3] Var. Mais deux ou trois baisers t'en feront la raison.
   Que ce soit toutefois, mon cœur, sans te déplaire.
      CLORIS.
   Les baisers d'une sœur satisfont mal un frère.

ACTE V, SCÈNE V.

Dis-nous, auprès de lui retrouves-tu ton compte?
Et te peut-il revoir sans montrer quelque honte?

CLORIS.

L'infidèle m'a fait tant de nouveaux serments,
Tant d'offres, tant de vœux, et tant de compliments,
Mêlés de repentirs....

MÉLITE.

Qu'à la fin exorable,
Vous l'avez regardé d'un œil plus favorable.

CLORIS.

Vous devinez fort mal.

TIRCIS.

Quoi! tu l'as dédaigné?

CLORIS.

Du moins, tous ses discours n'ont encor rien gagné[1].
Adresse mieux les tiens vers l'objet que je voi.

TIRCIS.

De la part de ma sœur reçois donc ce renvoi.

MÉLITE.

Recevoir le refus d'une autre! à Dieu ne plaise!

TIRCIS.

Refus d'une autre, ou non, il faut que je te baise,
Et que dessus ta bouche un prompt redoublement
Me venge des longueurs de ce retardement.

CLORIS.

A force de baiser, vous m'en feriez envie.
Trève.

TIRCIS.

Si notre exemple à baiser te convie,
Va trouver ton Philandre, avec qui tu prendras
De ces chastes plaisirs autant que tu voudras.

CLORIS.

A propos, je venois pour vous en faire un conte.
Sachez donc que, sitôt qu'il a vu son mécompte,
L'infidèle m'a fait tant de nouveaux serments. (1633-48.)

[1] Var. Au moins, tous ses discours n'ont encor rien gagné. (1633-48.)

MÉLITE.
Si bien qu'à n'aimer plus votre dépit s'obstine?
CLORIS.
Non pas cela du tout; mais je suis assez fine :
Pour la première fois, il me dupe qui veut;
Mais, pour une seconde, il m'attrape qui peut.
MÉLITE.
C'est-à-dire, en un mot ¹....
CLORIS.
Que son humeur volage
Ne me tient pas deux fois en un même passage.
En vain dessous mes lois il revient se ranger.
Il m'est avantageux de l'avoir vu changer
Avant que de l'hymen le joug impitoyable ²,
M'attachant avec lui, me rendît misérable.
Qu'il cherche femme ailleurs, tandis que, de ma part,
J'attendrai du destin quelque meilleur hasard.
MÉLITE.
Mais le peu qu'il voulut me rendre de service
Ne lui doit point porter un si grand préjudice ³.
CLORIS.
Après un tel faux-bond, un change si soudain,
A volage, volage, et dédain pour dédain.
MÉLITE.
Ma sœur, ce fut pour moi qu'il osa s'en dédire.
CLORIS.
Et pour l'amour de vous je n'en ferai que rire.

¹ Var. Qu'inférez-vous par-là ? (1633-48.)

² Var. Paravant que l'hymen, d'un joug inséparable
   Me soumettant à lui, me rendît misérable.
   Qu'il cherche femme ailleurs, et pour moi, de ma part. (1633-48.)

³ Var. Ne lui doit pas porter un si grand préjudice. (1633-48.)

MÉLITE.
Et pour l'amour de moi vous lui pardonnerez.
CLORIS.
Et pour l'amour de moi vous m'en dispenserez.
MÉLITE.
Que vous êtes mauvaise !
CLORIS.
Un peu plus qu'il ne semble.
MÉLITE.
Je vous veux toutefois remettre bien ensemble'.
CLORIS.
Ne l'entreprenez pas ; peut-être qu'après tout
Votre dextérité n'en viendroit pas à bout.

SCÈNE VI².

TIRCIS, LA NOURRICE, ÉRASTE,
MÉLITE, CLORIS.

TIRCIS.
De grace, mon souci, laissons cette causeuse :
Qu'elle soit, à son choix, facile ou rigoureuse,
L'excès de mon ardeur ne sauroit consentir
Que ces frivoles soins te viennent divertir.

---

¹ Var. Si vous veux-je pourtant remettre bien ensemble. (1633-48.)

² Var.   SCÈNE VI.
. . . .
La nourrice paroît à l'autre bout du théâtre avec Éraste, l'épée nue à la main ; et ayant parlé à lui quelque temps à l'oreille, elle le laisse à quartier, et s'avance vers Tircis.) (1633.)

120 MÉLITE.

Tous nos pensers sont dus, en l'état où nous sommes ¹,
A ce nœud qui me rend le plus heureux des hommes;
Et ma fidélité, qu'il va récompenser...
LA NOURRICE.
Vous donnera bientôt autre chose à penser.
Votre rival vous cherche, et, la main à l'épée,
Vient demander raison de sa place usurpée.
ÉRASTE, à Mélite.
Non, non, vous ne voyez en moi qu'un criminel,
A qui l'âpre rigueur d'un remords éternel
Rend le jour odieux, et fait naître l'envie
De sortir de sa gêne en sortant de la vie ².

---

¹ Var. Tous nos pensers sont dus à ces chastes délices
Dont le ciel se prépare à borner nos supplices :
Le terme en est si proche, il n'attend que la nuit.
Vois qu'en notre faveur déjà le jour s'enfuit;
Que déjà le soleil, en cédant à la brune,
Dérobe tant qu'il peut sa lumière importune,
Et que, pour lui donner mêmes contentements,
Thétis court au-devant de ses embrassements.
LA NOURRICE, montrant Éraste.
Vois toi-même un rival qui, la main à l'épée,
Vient quereller sa place, à faux titre occupée,
Et ne peut endurer qu'on enlève son bien
Sans l'acheter au prix de son sang ou du tien.
MÉLITE.
Retirons-nous, mon cœur.
TIRCIS.
Es-tu lassé de vivre ?
CLORIS.
Mon frère, arrêtez-vous.
TIRCIS.
Voici qui t'en délivre ;
Parle, tu n'as qu'à dire.
ÉRASTE, à Mélite.
Un pauvre criminel. (1633-48.)

² Var. De sortir de torture en sortant de la vie,

ACTE V, SCÈNE VI.

Il vient mettre à vos pieds sa tête à l'abandon ;
La mort lui sera douce à l'égal du pardon.
Vengez donc vos malheurs ; jugez ce que mérite
La main qui sépara Tircis d'avec Mélite,
Et de qui l'imposture avec de faux écrits
A dérobé Philandre aux vœux de sa Cloris.

MÉLITE.

Éclaircis du seul point qui nous tenoit en doute,
Que serois-tu d'avis de lui répondre?

TIRCIS.

Écoute
Quatre mots à quartier.

ÉRASTE.

Que vous avez de tort
De prolonger ma peine en différant ma mort!
De grace, hâtez-vous d'abréger mon supplice [1],
Ou ma main préviendra votre lente justice.

MÉLITE.

Voyez comme le ciel a de secrets ressorts
Pour se faire obéir malgré nos vains efforts.
Votre fourbe, inventée à dessein de nous nuire,
Avance nos amours au lieu de les détruire :

Vous apporte aujourd'hui sa tête à l'abandon,
Souhaitant le trépas à l'égal du pardon.
Tenez donc, vengez-vous de ce traître adversaire,
Vengez-vous de celui dont la plume faussaire
Désunit d'un seul trait Mélite de Tircis,
Cloris d'avec Philandre.

MÉLITE, à Tircis.

A ce compte, éclaircis
Du principal sujet qui nous mettoit en doute,
Qu'es-tu d'avis, mon cœur, de lui répondre?... (1633-48.)

VAR. Vite, dépêchez-vous d'abréger mon supplice. (1633.)

De son fâcheux succès, dont nous devions périr,
Le sort tire un remède afin de nous guérir.
Donc, pour nous revancher de la faveur reçue,
Nous en aimons l'auteur à cause de l'issue ;
Obligés désormais de ce que tour-à-tour
Nous nous sommes rendu tant de preuves d'amour,
Et de ce que l'excès de ma douleur sincère ¹
A mis tant de pitié dans le cœur de ma mère,
Que, cette occasion prise comme aux cheveux,
Tircis n'a rien trouvé de contraire à ses vœux ;
Outre qu'en fait d'amour la fraude est légitime :
Mais puisque vous voulez la prendre pour un crime,
Regardez, acceptant le pardon ou l'oubli,
Par où votre repos sera mieux établi.

ÉRASTE.

Tout confus et honteux de tant de courtoisie,
Je veux dorénavant chérir ma jalousie ;
Et puisque c'est de là que vos félicités....

LA NOURRICE, à Éraste.

Quittez ces compliments qu'ils n'ont pas mérités ;
Ils ont tous deux leur compte, et sur cette assurance
Ils tiennent le passé dans quelque indifférence ²,
N'osant se hasarder à des ressentiments
Qui donneroient du trouble à leurs contentements :
Mais Cloris qui s'en tait vous la gardera bonne,
Et, seule intéressée, à ce que je soupçonne,
Saura bien se venger sur vous, à l'avenir,
D'un amant échappé qu'elle pensoit tenir.

---

¹ Var. Et de ce que l'excès de ma douleur amère. (1633-48.)

² Var. Ils tiennent le passé dedans l'indifférence. (1633-48.)

ACTE V, SCÈNE VI.

ÉRASTE, à Cloris.

Si vous pouviez souffrir qu'en votre bonne grace
Celui qui l'en tira pût occuper sa place¹,
Éraste, qu'un pardon purge de son forfait,
Est prêt de réparer le tort qu'il vous a fait.
Mélite répondra de ma persévérance :
Je n'ai pu la quitter qu'en perdant l'espérance;
Encore avez-vous vu mon amour irrité
Mettre tout en usage en cette extrémité;
Et c'est avec raison que, ma flamme contrainte
De réduire ses feux dans une amitié sainte,
Mes amoureux desirs, vers elle superflus,
Tournent vers la beauté qu'elle chérit le plus.

TIRCIS.

Que t'en semble, ma sœur?

CLORIS.

Mais, toi-même, mon frère?

TIRCIS.

Tu sais bien que jamais je ne te fus contraire.

CLORIS.

Tu sais qu'en tel sujet ce fut toujours de toi
Que mon affection voulut prendre la loi.

---

¹ VAR. Celui qui l'en tira pût entrer en sa place,
  Éraste, qu'un pardon purge de tous forfaits,
  Est prêt de réparer les torts qu'il vous a faits.
  Mélite répondra de sa persévérance ;
  Il ne l'a pu quitter qu'en perdant l'espérance :
  Encore avez-vous vu son amour irrité
  Faire d'étranges coups en cette extrémité ;
  Et c'est avec raison que sa flamme contrainte
  . . . .
  Ses amoureux desirs, vers elle superflus. (1633-48)

TIRCIS.

Encor que dans tes yeux tes sentiments se lisent [1],
Tu veux qu'auparavant les miens les autorisent.
Parlons donc pour la forme. Oui, ma sœur, j'y consens,
Bien sûr que mon avis s'accommode à ton sens.
Fassent les puissants dieux que par cette alliance
Il ne reste entre nous aucune défiance,
Et que, m'aimant en frère, et ma maîtresse en sœur,
Nos ans puissent couler avec plus de douceur!

ÉRASTE.

Heureux dans mon malheur, c'est dont je les supplie;
Mais ma félicité ne peut être accomplie
Jusqu'à ce qu'après vous son aveu m'ait permis [2]
D'aspirer à ce bien que vous m'avez promis.

CLORIS.

Aimez-moi seulement, et, pour la récompense,
On me donnera bien le loisir que j'y pense.

TIRCIS.

Oui, sous condition qu'avant la fin du jour [3]

---

[1] Var. Bien que dedans tes yeux tes sentiments se lisent,
. . . .
Excusable pudeur, soit donc, je le consens,
Trop sûr que mon avis s'accommode à ton sens. (1633-48.)

[2] Var. Jusqu'à ce que ma belle après vous m'ait permis. (1633-48.)

[3] Var. Oui, jusqu'à cette nuit qu'ensemble, ainsi que nous,
Vous goûterez d'hymen les plaisirs les plus doux.
CLORIS.
Ne le présume pas; je veux après Philandre
L'éprouver tout du long, de peur de me méprendre.
LA NOURRICE.
Mais, de peur qu'il n'en fasse autant que l'autre a fait,
Attache-le d'un nœud qui jamais ne défait.
CLORIS.
Vous prodiguez en vain....... (1633-48.)

ACTE V, SCÈNE VI.

Vous vous rendrez sensible à ce naissant amour.
CLORIS.
Vous prodiguez en vain vos foibles artifices;
Je n'ai reçu de lui ni devoirs, ni services.
MÉLITE.
C'est bien quelque raison; mais ceux qu'il m'a rendus,
Il ne les faut pas mettre au rang des pas perdus.
Ma sœur, acquitte-moi d'une reconnoissance
Dont un autre destin m'a mise en impuissance;
Accorde cette grace à nos justes desirs.
TIRCIS [1].
Ne nous refuse pas ce comble à nos plaisirs.
ÉRASTE.
Donnez à leurs souhaits, donnez à leurs prières,
Donnez à leurs raisons ces faveurs singulières;
Et pour faire aujourd'hui le bonheur d'un amant [2],
Laissez-les disposer de votre sentiment.
CLORIS.
En vain en ta faveur chacun me sollicite,
J'en croirai seulement la mère de Mélite;
Son avis m'ôtera la peur du repentir [3],
Et ton mérite alors m'y fera consentir.

---

[1] C'est la nourrice qui répond:
   Tu ferois mieux de dire: A ses propres plaisirs. (1633-48.)

[2] Var. Et dans un point où gît tout mon contentement,
   Comme par-tout ailleurs suivez leur jugement. (1633-48.)

[3] Var. Ayant eu son avis, sans craindre un repentir,
   Ton mérite et sa foi m'y feront consentir.
TIRCIS.
. . . .
Nourrice, va t'offrir pour nourrice à Philandre. (1633-48.)

TIRCIS.

Entrons donc ; et tandis que nous irons le prendre,
Nourrice, va t'offrir pour maîtresse à Philandre.

LA NOURRICE.
(Tous rentrent, et elle demeure seule.)

La la, n'en riez point ; autrefois en mon temps
D'aussi beaux fils que vous étoient assez contents,
Et croyoient de leur peine avoir trop de salaire
Quand je quittois un peu mon dédain ordinaire.
A leur compte, mes yeux étoient de vrais soleils
Qui répandoient par-tout des rayons nonpareils ;
Je n'avois rien en moi qui ne fût un miracle ;
Un seul mot de ma part leur étoit un oracle....
Mais je parle à moi seule. Amoureux, qu'est ceci ?
Vous êtes bien hâtés de me laisser ainsi [1] !
Allez, quelle que soit l'ardeur qui vous emporte,
On ne se moque point des femmes de ma sorte ;
Et je ferai bien voir à vos feux empressés
Que vous n'en êtes pas encore où vous pensez [2].

---

[1] VAR. Vous êtes bien pressés de me laisser ainsi !
　　Allez, je vais vous faire à ce soir telle niche,
　　Qu'au lieu de labourer vous lairrez tout en friche. (1633.)

[2] Si les hommes ne songeaient qu'à perfectionner leur goût et leur raison par les livres, les bibliothèques seraient moins nombreuses et plus utiles ; mais on veut avoir tout ce qu'on a écrit sur une matière, et tout ce qu'un homme célèbre a écrit de mauvais comme de bon, dût-on ne le jamais lire. Cette espèce d'intempérance dans ceux qui recherchent les livres est plus pardonnable à l'égard de Pierre Corneille que de tout autre. Ses premières comédies sont à la vérité indignes de notre siècle ; mais elles furent long-temps ce qu'il y avait de moins mauvais en ce genre, tant nous étions loin de la plus légère connaissance

des beaux-arts! Pierre Corneille ouvrit la carrière du comique, et même celle de l'opéra, comme nous l'avons remarqué ailleurs. On verra dans ces comédies, qu'on ne joue plus depuis Molière, des vers quelquefois très bien faits, et des étincelles de génie qui fesaient voir combien l'auteur était au-dessus de son siècle. (V.)

FIN.

EXAMEN DE MÉLITE.

Cette pièce fut mon coup d'essai, et elle n'a garde d'être dans les règles, puisque je ne savois pas alors qu'il y en eût. Je n'avois pour guide qu'un peu de sens commun, avec les exemples de feu Hardy, dont la veine étoit plus féconde que polie, et de quelques modernes qui commençoient à se produire, et qui n'étoient pas plus réguliers que lui. Le succès en fut surprenant : il établit une nouvelle troupe de comédiens à Paris, malgré le mérite de celle qui étoit en possession de s'y voir l'unique; il égala tout ce qui s'étoit fait de plus beau jusques alors, et me fit connoître à la cour. Ce sens commun, qui étoit toute ma règle, m'avoit fait trouver l'unité d'action pour brouiller quatre amants par un seul intrique [1], et m'avoit donné assez d'aversion de cet horrible dérèglement qui mettoit Paris, Rome, et Constantinople, sur le même théâtre, pour réduire le mien dans une seule ville.

La nouveauté de ce genre de comédie, dont il n'y a point d'exemple en aucune langue, et le style naïf qui faisoit une peinture de la conversation des honnêtes gens, furent sans doute cause de ce bonheur surprenant, qui fit alors tant de bruit. On n'avoit jamais vu jusque-là que la comédie fît rire sans personnages ridicules, tels que les valets bouffons, les parasites, les capitans, les docteurs, etc. Celle-ci faisoit son effet par l'humeur enjouée de gens d'une condition au-dessus de ceux qu'on voit dans les comédies de Plaute et de Térence, qui n'étoient que des marchands. Avec tout cela, j'avoue que l'éditeur fut bien facile

[1] C'est ainsi que ce mot s'écrivait et se prononçait alors. (PAR.)

à donner son approbation à une pièce dont le nœud n'avoit aucune justesse. Éraste y fait contrefaire des lettres de Mélite, et les porter à Philandre. Ce Philandre est bien crédule de se persuader d'être aimé d'une personne qu'il n'a jamais entretenue, dont il ne connoît point l'écriture, et qui lui défend de l'aller voir, cependant qu'elle reçoit les visites d'un autre avec qui il doit avoir une amitié assez étroite, puisqu'il est accordé de sa sœur. Il fait plus; sur la légèreté d'une croyance si peu raisonnable, il renonce à une affection dont il étoit assuré, et qui étoit prête d'avoir son effet. Eraste n'est pas moins ridicule que lui, de s'imaginer que sa fourbe causera cette rupture, qui seroit toutefois inutile à son dessein, s'il ne savoit de certitude que Philandre, malgré le secret qu'il lui fait demander par Mélite dans ces fausses lettres, ne manquera pas à les montrer à Tircis; que cet amant favorisé croira plutôt un caractère qu'il n'a jamais vu, que les assurances d'amour qu'il reçoit tous les jours de sa maîtresse, et qu'il rompra avec elle sans lui parler, de peur de s'en éclaircir. Cette prétention d'Éraste ne pouvoit être supportable, à moins d'une révélation; et Tircis, qui est l'honnête homme de la pièce, n'a pas l'esprit moins léger que les deux autres, de s'abandonner au désespoir, par une même facilité de croyance, à la vue de ce caractère inconnu. Les sentiments de douleur qu'il en peut légitimement concevoir devroient du moins l'emporter à faire quelques reproches à celle dont il se croit trahi, et lui donner par-là l'occasion de le désabuser. La folie d'Éraste n'est pas de meilleure trempe. Je la condamnois dès-lors en mon ame; mais comme c'étoit un ornement de théâtre, qui ne manquoit jamais de plaire, et se faisoit souvent admirer, j'affectai volontiers ces grands égarements, et en tirai un effet que je tiendrois encore admirable en ce temps : c'est la manière dont Éraste fait connoître à Philandre, en le prenant pour Minos, la fourbe qu'il lui a faite, et l'erreur où il l'a jeté. Dans tout ce que j'ai fait depuis, je ne pense pas qu'il se rencontre rien de plus adroit pour un dénouement.

Tout le cinquième acte peut passer pour inutile. Tircis et Mélite se sont raccommodés avant qu'il commence, et par conséquent l'action est terminée. Il n'est plus question que de savoir qui a fait la supposition des lettres; et ils pouvoient l'avoir su de Cloris, à qui Philandre l'avoit dit pour se justifier. Il est vrai que cet acte retire Éraste de folie, qu'il le réconcilie avec les deux amants, et fait son mariage avec Cloris; mais tout cela ne regarde plus qu'une action épisodique, qui ne doit pas amuser le théâtre quand la principale est finie; et sur-tout ce mariage a si peu d'apparence, qu'il est aisé de voir qu'on ne le propose que pour satisfaire à la coutume de ce temps-là, qui étoit de marier tout ce qu'on introduisoit sur la scène. Il semble même que le personnage de Philandre, qui part avec un ressentiment ridicule, dont on ne craint pas l'effet, ne soit point achevé, et qu'il lui falloit quelque cousine de Mélite, ou quelque sœur d'Éraste, pour le réunir avec les autres. Mais dès-lors je ne m'assujettissois pas tout-à-fait à cette mode, et je me contentai de faire voir l'assiette de son esprit, sans prendre soin de le pourvoir d'une autre femme.

Quant à la durée de l'action, il est assez visible qu'elle passe l'unité de jour, mais ce n'en est pas le seul défaut; il y a de plus une inégalité d'intervalle entre les actes, qu'il faut éviter. Il doit s'être passé huit ou quinze jours entre le premier et le second, et autant entre le second et le troisième; mais du troisième au quatrième, il n'est pas besoin de plus d'une heure, et il en faut encore moins entre les deux derniers, de peur de donner le temps de se ralentir à cette chaleur qui jette Éraste dans l'égarement d'esprit. Je ne sais même si les personnages qui paroissent deux fois dans un même acte (posé que cela soit permis, ce que j'examinerai ailleurs); je ne sais, dis-je, s'ils ont le loisir d'aller d'un quartier de la ville à l'autre, puisque ces quartiers doivent être si éloignés l'un de l'autre, que les acteurs aient lieu de ne pas s'entre-connoître. Au premier acte, Tircis, après avoir quitté Mélite chez elle, n'a que le temps d'environ soixante vers pour aller chez lui, où il rencontre Philandre avec sa sœur, et n'en a guère davantage au second à refaire le même chemin. Je sais bien que la représentation raccourcit la durée de l'action, et qu'elle fait voir en deux heures, sans sortir de la règle, ce qui souvent a besoin d'un jour entier pour s'effectuer; mais je voudrois que, pour mettre les choses dans leur justesse, ce raccourcissement se ménageât dans les intervalles des actes, et que le temps qu'il faut perdre s'y perdit en sorte que chaque acte n'en eût, pour la partie de l'action qu'il représente, que ce qu'il en faut pour sa représentation.

Ce coup d'essai a sans doute encore d'autres irrégularités; mais je ne m'attache pas à les examiner si ponctuellement, que je m'obstine à n'en vouloir oublier aucune. Je pense avoir marqué les plus notables; et, pour peu que le lecteur ait d'indulgence pour moi, j'espère qu'il ne s'offensera pas d'un peu de négligence pour le reste.

CLITANDRE,

TRAGÉDIE.

1630.

A MONSEIGNEUR
LE DUC
DE LONGUEVILLE.

Monseigneur,

Je prends avantage de ma témérité; et, quelque défiance que j'aie de *Clitandre,* je ne puis croire qu'on s'en promette rien de mauvais, après avoir vu la hardiesse que j'ai de vous l'offrir. Il est impossible qu'on s'imagine qu'à des personnes de votre rang, et à des esprits de l'excellence du vôtre, on présente rien qui ne soit de mise, puisqu'il est tout vrai que vous avez un tel dégoût des mauvaises choses, et les savez si nettement démêler d'avec les bonnes, qu'on fait paroître plus de manque de jugement à vous les présenter qu'à les concevoir. Cette vérité est si généralement reconnue, qu'il faudroit n'être pas du monde pour ignorer que votre condition vous relève encore moins par-dessus le reste des hommes que votre esprit, et que les belles parties qui ont accompagné la splendeur de votre naissance n'ont reçu d'elle que ce qui leur étoit dû : c'est ce qui fait dire aux plus honnêtes gens de notre siècle qu'il semble que le ciel ne vous a fait naître prince qu'afin d'ôter au roi la gloire de choisir votre personne, et d'établir votre grandeur sur la seule reconnoissance de vos vertus : aussi, MONSEIGNEUR, ces considérations m'auroient intimidé, et ce cavalier n'eût jamais osé vous aller entretenir de ma part, si votre permission ne l'en eût autorisé, et comme assuré que vous l'aviez en quelque sorte d'estime, vu qu'il ne vous étoit pas tout-à-fait inconnu. C'est le même qui, par vos commandements, vous fut conter, il y a quelque temps, une partie de ses aventures, autant qu'en pouvoient contenir deux actes de ce poëme encore tout informes, et qui n'étoient qu'à peine ébauchés. Le malheur ne persécutoit point encore son innocence, et ses contentements devoient être en un haut degré, puisque l'affection, la promesse et l'autorité de son prince lui rendoient la possession de sa maîtresse presque infaillible : ses faveurs toutefois ne lui étoient point si chères que celles qu'il recevoit de vous ; et jamais il ne se fût plaint de sa prison, s'il y eût trouvé autant de douceur qu'en votre cabinet. Il a couru de grands périls durant sa vie, et n'en court pas de moindres à présent que je tâche à le faire revivre. Son prince le préserva des premiers ; il espère que vous le garantirez des autres, et que, comme il l'arracha du supplice qui l'alloit perdre, vous le défendrez de l'envie, qui a déja fait une partie de ses efforts à l'étouffer. C'est, Monseigneur, dont vous supplie très humblement celui qui n'est pas moins par la force de son inclination que par les obligations de son devoir,

Monseigneur,

Vôtre très humble et très obéissant serviteur,

CORNEILLE.

PRÉFACE.

Pour peu de souvenir qu'on ait de *Mélite*, il sera fort aisé de juger, après la lecture de ce poëme, que peut-être jamais deux pièces ne partirent d'une même main, plus différentes et d'invention et de style. Il ne faut pas moins d'adresse à réduire un grand sujet qu'à en déduire un petit; et si je m'étois aussi dignement acquitté de celui-ci, qu'heureusement de l'autre, j'estimerois avoir en quelque façon approché de ce que demande Horace au poëte qu'il instruit, quand il veut qu'il possède tellement ses sujets, qu'il en demeure toujours le maître, et les asservisse à soi-même, sans se laisser emporter par eux. Ceux qui ont blâmé l'autre de peu d'effets auront ici de quoi se satisfaire, si toutefois ils ont l'esprit assez tendu pour me suivre au théâtre, et si la quantité d'intriques et de rencontres n'accable et ne confond leur mémoire. Que si cela leur arrive, je les supplie de prendre ma justification chez le libraire, et de reconnoître par la lecture que ce n'est pas ma faute. Il faut néanmoins que j'avoue que ceux qui, n'ayant vu représenter *Clitandre* qu'une fois, ne le comprendront pas nettement, seront fort excusables, vu que les narrations qui doivent donner le jour au reste y sont si courtes, que le moindre défaut, ou d'attention du spectateur, ou de mémoire de l'acteur, laisse une obscurité perpétuelle en la suite, et ôte presque l'entière intelligence de ces grands mouvements dont les pensées ne s'égarent point du fait, et ne sont que des raisonnements continus sur ce qui s'est passé. Que si j'ai renfermé cette pièce dans la règle d'un jour, ce n'est pas que je me repente de n'y avoir point mis *Mélite*, ou que je me sois résolu à m'y attacher dorénavant. Aujourd'hui, quelques-uns adorent cette règle; beaucoup la méprisent : pour moi, j'ai voulu seulement montrer que, si je m'en éloigne, ce n'est pas faute de la connoître. Il est vrai qu'on pourra m'imputer que, m'étant proposé de suivre la règle des anciens, j'ai renversé leur ordre, vu qu'au lieu des messagers qu'ils introduisent à chaque bout de champ pour raconter les choses merveilleuses qui arrivent à leurs personnages, j'ai mis les accidents mêmes sur la scène. Cette nouveauté pourra plaire à quelques-uns; et quiconque voudra bien peser l'avantage que l'action a sur ces longs et ennuyeux récits, ne trouvera pas étrange que j'aie mieux aimé divertir les yeux qu'importuner les oreilles, et que, me tenant dans la contrainte de cette méthode, j'en aie pris la beauté, sans tomber dans les incommodités que les Grecs et les Latins, qui l'ont suivie, n'ont su d'ordinaire, ou du moins n'ont osé éviter. Je me donne ici quelque sorte de liberté de choquer les anciens, d'autant qu'ils ne sont plus en état de me répondre, et que je ne veux engager personne en la recherche de mes défauts. Puisque les sciences et les arts ne sont jamais à leur période, il m'est permis de croire qu'ils n'ont pas tout su, et que de leurs instructions on peut tirer des lumières qu'ils n'ont pas eues. Je leur porte du respect comme à des gens qui nous ont frayé le chemin, et qui, après avoir défriché un pays fort rude, nous ont laissé à le cultiver. J'honore les modernes sans les envier, et n'attribuerai jamais au hasard ce qu'ils auront fait par science, ou par des règles particulières qu'ils se seront eux-mêmes prescrites; outre que c'est ce qui ne me tombera jamais en la pensée, qu'une pièce de si longue haleine, où il faut coucher l'esprit à tant de reprises, et s'imprimer tant de contraires mouvements, se puisse faire par aventure. Il n'en va pas de la comédie comme d'un songe qui saisit notre imagination tumultuairement et sans notre aveu, ou comme d'un sonnet ou d'une ode, qu'une chaleur extraordinaire peut pousser par boutade, et sans lever la plume. Aussi l'antiquité nous parle bien de l'écume d'un cheval qu'une éponge jetée par dépit sur un tableau exprima parfaitement, après que l'industrie du peintre n'en avoit su venir à bout; mais il ne se lit point que jamais un tableau tout entier ait été produit de cette sorte. Au reste, je laisse le lieu de ma scène au choix du lecteur, bien qu'il ne me coûtât ici qu'à nommer. Si mon sujet est véritable, j'ai raison de le taire; si c'est une fiction, quelle apparence, pour suivre je ne sais quelle chorographie, de donner un soufflet à l'histoire, d'attribuer à un pays des princes imaginaires, et d'en rapporter des aventures qui ne se lisent point dans les chroniques de leur royaume? Ma scène est donc en un château d'un roi, proche d'une forêt; je n'en détermine ni la province ni le royaume; où vous l'aurez une fois placée, elle s'y tiendra. Que si l'on remarque des concurrences dans mes vers, qu'on ne les prenne pas pour des larcins. Je n'y en ai point laissé que j'aie connues, et j'ai toujours cru que, pour belle que fût une pensée, tomber en soupçon de la tenir d'un autre, c'est l'acheter plus qu'elle ne vaut; de sorte qu'en l'état que je donne cette pièce au public, je pense n'avoir rien de commun avec la plupart des écrivains modernes, qu'un peu de vanité que je témoigne ici.

ARGUMENT.

Rosidor, favori du roi, étoit si passionnément aimé de deux des filles de la reine, Caliste et Dorise, que celle-ci en dédaignoit Pymante, et celle-là Clitandre. Ses affections toutefois n'étoient que pour la première, de sorte que cette amour mutuelle n'eût point eu d'obstacle sans Clitandre. Ce cavalier étoit le mignon du prince, fils unique du roi, qui pouvoit tout sur la reine sa mère, dont cette fille dépendoit; et de là procédoient les refus de la reine toutes les fois que Rosidor la supplioit d'agréer leur mariage. Ces deux demoiselles, bien que rivales, ne laissoient pas d'être amies, d'autant que Dorise feignoit que son amour n'étoit que par galanterie, et comme pour avoir de quoi répliquer aux importunités de Pymante. De cette façon, elle entroit dans la confidence de Caliste, et, se tenant toujours assidue auprès d'elle, elle se donnoit plus de moyen de voir Rosidor, qui ne s'en éloignoit que le moins qu'il lui étoit possible. Cependant la jalousie la rongeoit au-dedans, et excitoit en son ame autant de véritables mouvements de haine pour sa compagne qu'elle lui rendoit de feints témoignages d'amitié. Un jour que le roi, avec toute sa cour, s'étoit retiré en un château de plaisance proche d'une forêt, cette fille, entretenant en ces bois ses pensées mélancoliques, rencontra par hasard une épée : c'étoit celle d'un cavalier nommé Arimant, demeurée là par mégarde depuis deux jours qu'il avoit été tué en duel, disputant sa maîtresse Daphné contre Éraste. Cette jalouse, dans sa profonde rêverie, devenue furieuse, jugea cette occasion propre à perdre sa rivale. Elle la cache donc au même endroit, et à son retour conte à Caliste que Rosidor la trompe, qu'elle a découvert une secrète affection entre Hippolyte et lui, et enfin qu'ils avoient rendez-vous dans les bois le lendemain au lever du soleil pour en venir aux dernières faveurs : une offre en outre de les lui faire surprendre éveille la curiosité de cet esprit facile, qui lui promet de se dérober, et se dérobe en effet le lendemain avec elle pour faire ses yeux témoins de cette perfidie. D'autre côté, Pymante, résolu de se défaire de Rosidor, comme du seul qui l'empêchoit d'être aimé de Dorise, et ne l'osant attaquer ouvertement, à cause de sa faveur auprès du roi, dont il n'eût pu rapprocher, suborne Géronte, écuyer de Clitandre, et Lycaste, page du même. Cet écuyer écrit un cartel à Rosidor au nom de son maître, prend pour prétexte l'affection qu'ils avoient tous deux pour Caliste, contrefait au bas son seing, le fait rendre par ce page, et eux trois le vont attendre masqués et déguisés en paysans. L'heure étoit la même que Dorise avoit donnée à Caliste, à cause que l'un et l'autre vouloient être assez tôt de retour pour se trouver au lever du roi et de la reine après le coup exécuté. Les lieux mêmes n'étoient pas fort éloignés ; de sorte que Rosidor, poursuivi par ces trois assassins, arrive auprès de ces deux filles comme Dorise avoit l'épée à la main, prête de l'enfoncer dans l'estomac de Caliste. Il pare, et blesse toujours en reculant, et tue enfin ce page, mais si malheureusement, que, retirant son épée, elle se rompt contre la branche d'un arbre. En cette extrémité, il voit celle que tient Dorise, et, sans la reconnoître, il la lui arrache, et passe tout d'un temps le tronçon de la sienne en la main gauche, à guise d'un poignard, se défend ainsi contre Pymante et Géronte, tue encore ce dernier, et met l'autre en fuite. Dorise fuit aussi, se voyant désarmée par Rosidor ; et Caliste, sitôt qu'elle l'a reconnu, se pâme d'appréhension de son péril. Rosidor démasque les morts, et fulmine contre Clitandre, qu'il prend pour l'auteur de cette perfidie, attendu qu'ils sont ses domestiques, et qu'il étoit venu dans ce bois sur un cartel reçu de sa part. Dans ce mouvement, il voit Caliste pâmée, et la croit morte : ses regrets avec ses plaies le font tomber en foiblesse. Caliste revient de pâmoison, et s'entr'aidant l'un à l'autre à marcher, ils gagnent la maison d'un paysan, où elle lui bande ses blessures. Dorise désespérée, et n'osant retourner à la cour, trouve les vrais habits de ces assassins, et s'accommode de celui de Géronte pour se mieux cacher. Pymante, qui alloit rechercher les siens, et cependant, afin de mieux passer pour villageois, avoit jeté son masque et son épée dans une caverne, la voit en cet état. Après quelque mécompte, Dorise se feint être un jeune gentilhomme, contraint pour quelque occasion de se retirer de la cour, et le prie de le tenir là quelque temps caché. Pymante lui baille quelque échappatoire ; mais s'étant aperçu à ses discours qu'elle avoit vu son crime, et d'ailleurs entré en quelque soupçon que ce fût Dorise, il accorde sa demande, et la mène en cette caverne, résolu, si c'étoit elle, de se servir de l'occasion, sinon d'ôter du monde un témoin de son forfait, en ce lieu où il étoit assuré de retrouver son épée. Sur le chemin, au moyen d'un poinçon qui lui étoit demeuré dans les cheveux, il la reconnoît, et se fait connoître à elle : ses offres de service sont aussi mal reçues que par le passé ; elle persiste toujours à ne vouloir chérir que Rosidor. Pymante l'assure qu'il l'a tué ; elle entre en furie : ce qui n'empêche pas ce paysan déguisé de l'enlever dans cette caverne, où, tâchant d'user de force, cette courageuse fille lui crève un œil de son poinçon ; et comme la douleur lui fait y porter les deux mains, elle s'échappe de lui, dont l'amour tourné en rage le fait sortir l'épée à la main de cette caverne, à dessein et de venger cette injure par sa mort et d'étouffer ensemble l'indice de son crime. Rosidor cependant n'avoit pu se dérober si secrètement qu'il ne fût suivi de son écuyer Lysarque, à qui par importunité il conte le sujet de sa sortie. Ce généreux serviteur, ne pouvant endurer que la partie s'achevât sans lui, le quitte pour aller engager l'écuyer de Clitandre à servir de second à son maître. En cette résolution, il rencontre un gentilhomme, son particulier ami, nommé Cléon, dont il apprend que Clitandre venoit de monter à cheval avec le prince pour aller à la chasse. Cette nouvelle le met en inquiétude, et ne sachant tous deux que juger de ce mécompte, ils vont de compagnie en avertir le roi. Le roi, qui ne vouloit pas perdre ces cavaliers, envoie en même temps Cléon rappeler Clitandre de la chasse, et Lysarque avec une troupe d'archers au lieu de l'assignation, afin que, si Clitandre s'étoit échappé d'auprès du prince pour aller joindre son rival, il fût assez fort pour les séparer. Lysarque ne trouve que les deux corps des gens de Clitandre, qu'il renvoie au roi par la moitié de ses archers, cependant qu'avec l'autre il suit une trace de sang qui le mène jusqu'au lieu où Rosidor et Caliste s'étoient retirés. La vue de ces corps fait soupçonner au roi quelque supercherie de la part de Clitandre, et l'aigrit tellement contre lui, qu'à son retour de la chasse il le fait mettre en prison, sans qu'on lui en dît même le sujet. Cette colère s'augmente par l'arrivée de Rosidor tout blessé, qui, après le récit de ses aventures, présente au roi le cartel de Clitandre, signé de sa main (contrefaite toutefois) et rendu par son page : si bien que le roi, ne doutant plus de son crime, le fait venir en son conseil, où, quelque protestation que peut faire son innocence, il le condamne à perdre la tête dans le jour même, de peur de se voir comme forcé de le donner aux prières de son fils, s'il attendoit son retour de la chasse. Cléon en apprend la nouvelle ; et, redoutant que le prince ne se prît à lui de la perte de ce cavalier qu'il affectionnoit, il le va chercher encore une fois à la chasse pour l'en avertir. Tandis que tout ceci se passe, une tempête surprend le prince à la chasse ; ses gens, effrayés de la violence des foudres et des orages, qui çà qui là cherchent où se cacher : si bien que, demeuré seul, un coup de tonnerre lui tue son cheval sous lui. La tempête finie, il voit un jeune gentilhomme qu'un paysan poursuivoit l'épée à la main (c'étoit Pymante et Dorise). Il étoit déja terrassé, et près de recevoir le coup de la mort ; mais le prince, ne pouvant souffrir une action si méchante, tâche d'empêcher cet assassinat. Pymante, tenant Dorise d'une main, le combat de l'autre, ne croyant pas de sûreté pour soi, après avoir été vu en cet équipage, que par sa mort. Dorise reconnoît le prince, et s'entrelace tellement dans les jambes de son ravisseur, qu'elle le fait trébucher. Le prince saute aussitôt sur lui, et le désarme : l'ayant désarmé, il crie ses gens, et enfin deux veneurs paroissent chargés des vrais habits de Pymante, Dorise, et Lycaste. Ils les lui présentent comme un effet extraordinaire du foudre, qui avoit consumé trois corps, à ce qu'ils s'imaginoient, sans toucher à leurs habits. C'est de là que Dorise prend occasion de se faire connoître au prince, et de lui déclarer tout ce qui s'est passé dans ce bois. Le prince étonné commande à ses veneurs de garrotter Pymante avec les couples de leurs chiens : en même temps Cléon arrive, qui fait le récit au prince du péril de Clitandre, et du sujet qui l'avoit réduit en l'extrémité où il étoit. Cela lui fait reconnoître Pymante pour l'auteur de ces perfidies; et, l'ayant baillé à ses veneurs à ramener, il pique à toute bride vers le château, arrache Clitandre aux bourreaux, et le va présenter au roi avec les criminels, Pymante et Dorise, arrivés quelque temps après lui. Le roi venoit de conclure avec la reine le mariage de Rosidor et de Caliste, sitôt qu'il seroit guéri, dont Caliste étoit allée porter la nouvelle au blessé; et, après que le prince lui eut fait connoître l'innocence de Clitandre, il le reçoit à bras ouverts, et lui promet toute sorte de faveurs pour récompense du tort qu'il lui avoit pensé faire. De là il envoie Pymante à son conseil pour être puni, voulant voir par-là de quelle façon ses sujets vengeroient un attentat fait sur leur prince. Le prince obtient un pardon pour Dorise, qui lui avoit assuré la vie; et, la voulant désormais favoriser, en propose le mariage à Clitandre, qui s'en excuse modestement. Rosidor et Caliste viennent remercier le roi, qui les réconcilie avec Clitandre et Dorise, et invite ces derniers, voire même leur commande de s'entr'aimer, puisque lui et le prince le desirent, leur donnant jusqu'à la guérison de Rosidor pour allumer cette flamme,

> Afin de voir alors cueillir en même jour
> A deux couples d'amants les fruits de leur amour.

ACTEURS.

ALCANDRE, roi d'Écosse [1].
FLORIDAN, fils du roi.
ROSIDOR, favori du roi, et amant de Caliste.
CLITANDRE, favori du prince Floridan, et amoureux aussi de Caliste, mais dédaigné.
PYMANTE, amoureux de Dorise, et dédaigné.
CALISTE, maitresse de Rosidor et de Clitandre.
DORISE, maitresse de Pymante.
LYSARQUE, écuyer de Rosidor.
GÉRONTE, écuyer de Clitandre.
CLÉON, gentilhomme suivant la cour.
LYCASTE, page de Clitandre.
LE GEÔLIER.
TROIS ARCHERS.
TROIS VENEURS.

La scène est en un château du roi, proche d'une forêt.

---

[1] VAR. LE ROI.
    LE PRINCE, fils du roi. (1632-47.)

CLITANDRE[1].

ACTE PREMIER.

SCÈNE I.

CALISTE[2].

N'en doute plus, mon cœur, un amant hypocrite,
Feignant de m'adorer, brûle pour Hippolyte :

---

[1] Cette pièce fut donnée au public sous le titre de *Clitandre, ou l'Innocence délivrée*, et imprimée pour la première fois en 1632, avec quelques poésies légères, qu'on trouvera au tome XII.

[2] VAR.   CALISTE, *regardant derrière elle.*
Je ne suis point suivie, et sans être entendue
Mon pas lent et craintif en ces lieux m'a rendue.
Tout le monde au château plongé dans le sommeil,
Loin de savoir ma fuite, ignore mon réveil ;
Un silence profond mon dessein favorise.
Heureuse entièrement, si j'avois ma Dorise,
Ma fidèle compagne, en qui seule aujourd'hui
Mon amour affronté * rencontre quelque appui **.
C'est d'elle que j'ai su qu'un amant hypocrite,
Feignant de m'adorer, brûle pour Hippolyte ;
D'elle j'ai su les lieux où l'amour qui les joint
Ce matin doit passer jusques au dernier point ;
Et, pour m'obliger mieux ***, elle m'y doit conduire. (1632-52.)

* VAR. Mon amour qu'on trahit. (1647.)
** Ces huit vers ne se trouvent que dans l'édition de 1632.
*** VAR. Et pour les y surprendre. (1647.)

Dorise m'en a dit le secret rendez-vous
Où leur naissante ardeur se cache aux yeux de tous;
Et pour les y surprendre elle m'y doit conduire,
Sitôt que le soleil commencera de luire.
Mais qu'elle est paresseuse à me venir trouver!
La dormeuse m'oublie, et ne se peut lever.
Toutefois, sans raison j'accuse sa paresse :
La nuit, qui dure encor, fait que rien ne la presse :
Ma jalouse fureur, mon dépit, mon amour,
Ont troublé mon repos avant le point du jour;
Mais elle qui n'en fait aucune expérience,
Étant sans intérêt, est sans impatience.
Toi qui fais ma douleur, et qui fis mon souci [1],
Ne tarde plus, volage, à te montrer ici;
Viens en hâte affermir ton indigne victoire;
Viens t'assurer l'éclat de cette infame gloire;
Viens signaler ton nom par ton manque de foi.
Le jour s'en va paroître; affronteur, hâte-toi.
Mais, hélas! cher ingrat, adorable parjure,
Ma timide voix tremble à te dire une injure;
Si j'écoute l'amour, il devient si puissant,
Qu'en dépit de Dorise il te fait innocent :
Je ne sais lequel croire, et j'aime tant ce doute,
Que j'ai peur d'en sortir entrant dans cette route.
Je crains ce que je cherche, et je ne connois pas
De plus grand heur pour moi que d'y perdre mes pas.

---

[1] VAR. Toi que l'œil qui te blesse attend pour te guérir,
Éveille-toi, brigand, hâte-toi d'acquérir
Sur l'honneur d'Hippolyte une infame victoire,
Et de m'avoir trompée une honteuse gloire;
Hâte-toi, déloyal, de me fausser ta foi. (1632-47.)

ACTE I, SCÈNE 1.

Ah, mes yeux ! si jamais vos fonctions propices [1]
A mon cœur amoureux firent de bons services,
Apprenez aujourd'hui quel est votre devoir ;
Le moyen de me plaire est de me décevoir ;
Si vous ne m'abusez, si vous n'êtes faussaires,
Vous êtes de mon heur les cruels adversaires [2].
Et toi, soleil, qui vas, en ramenant le jour [3],
Dissiper une erreur si chère à mon amour [4],
Puisqu'il faut qu'avec toi ce que je crains éclate,
Souffre qu'encore un peu l'ignorance me flatte.
Mais je te parle en vain, et l'aube, de ses rais [5],
A déjà reblanchi le haut de ces forêts.
Si je puis me fier à sa lumière sombre,
Dont l'éclat brille à peine et dispute avec l'ombre,
J'entrevois le sujet de mon jaloux ennui,
Et quelqu'un de ses gens qui conteste avec lui.

---

[1] Var. Ah, mes yeux ! si jamais vos naturels offices. (1632.)

[2] Vers supprimés :

 Un infidèle encor régnant sur mon penser,
 Votre fidélité ne peut que m'offenser.
 Apprenez, apprenez par le traître que j'aime,
 Qu'il vous faut me trahir pour être aimé de même. (1632-47.)

[3] Var. Et toi, père du jour, dont le flambeau naissant
  Va chasser mon erreur avecque le croissant. (1632.)

[4] Vers supprimés :

 S'il est vrai que Thétis te reçoit dans sa couche,
 Prends, Soleil, prends encor deux baisers sur sa bouche ;
 Ton retour va me perdre et retrancher ton bien.
 Prolonge, en l'arrêtant, mon bonheur et le tien. (1632-47.)

[5] Var. Las ! il ne m'entend point, et l'aube, de ses rais,
  . . . .
  Si je me puis fier à sa lumière sombre,
  Dont l'éclat impuissant dispute avecque l'ombre. (1632-47.)

Rentre, pauvre abusée, et cache-toi de sorte [1]
Que tu puisses l'entendre à travers cette porte.

SCÈNE II.

ROSIDOR, LYSARQUE.

ROSIDOR.
Ce devoir, ou plutôt cette importunité,
Au lieu de m'assurer de ta fidélité,
Marque trop clairement ton peu d'obéissance [2].
Laisse-moi seul, Lysarque, une heure en ma puissance;
Que, retiré du monde et du bruit de la cour,
Je puisse dans ces bois consulter mon amour [3];
Que là Caliste seule occupe mes pensées,
Et, par le souvenir de ses faveurs passées,
Assure mon espoir de celles que j'attends;
Qu'un entretien rêveur durant ce peu de temps
M'instruise des moyens de plaire à cette belle,
Allume dans mon cœur de nouveaux feux pour elle :
Enfin, sans persister dans l'obstination,
Laisse-moi suivre ici mon inclination.

LYSARQUE.
Cette inclination, qui jusqu'ici vous mène [4],
A me la déguiser vous donne trop de peine.
Il ne faut point, monsieur, beaucoup l'examiner :

---

[1] Var. Rentre, pauvre Caliste, et te cache de sorte. (1632-47.)
[2] Var. Me prouve évidemment ta désobéissance. (1632-47.)
[3] Var. Je puisse dans le bois consulter mon amour. (1632.)
[4] Var. Cette inclination secrète qui vous mène. (1632-47.)

ACTE I, SCÈNE II.

L'heure et le lieu suspects font assez deviner
Qu'en même temps que vous s'échappe quelque dame...
Vous m'entendez assez.

ROSIDOR.

Juge mieux de ma flamme,
Et ne présume point que je manque de foi [1]
A celle que j'adore, et qui brûle pour moi.
J'aime mieux contenter ton humeur curieuse,
Qui par ces faux soupçons m'est trop injurieuse.
Tant s'en faut que le change ait pour moi des appas,
Tant s'en faut qu'en ces bois il attire mes pas,
J'y vais.... Mais pourrois-tu le savoir et le taire?

LYSARQUE.

Qu'ai-je fait qui vous porte à craindre le contraire [2] ?

ROSIDOR.

Tu vas apprendre tout; mais aussi, l'ayant su,
Avise à ta retraite. Hier, un cartel reçu
De la part d'un rival....

LYSARQUE.

Vous le nommez?

ROSIDOR.

Clitandre.

---

[1] VAR. On ne verra jamais que je manque de foi
    A celle que j'adore, et qui n'aime que moi. (1632-47.)

Vers supprimés :

LYSARQUE.

Bien que vous en ayez une entière assurance,
Vous pouvez vous lasser de vivre d'espérance,
Et, tandis que l'attente amuse vos desirs,
Prendre ailleurs quelquefois de solides plaisirs. (1632.)

VAR.   ROSIDOR.

Purge, purge d'erreur ton ame curieuse,
Qui par ces faux soupçons m'est trop injurieuse. (1632-47.)

[2] VAR. Monsieur, pour en douter, que vous ai-je pu faire? (1632-47.)

Au pied du grand rocher il me doit seul attendre [1];
Et là, l'épée au poing, nous verrons qui des deux
Mérite d'embraser Caliste de ses feux.

LYSARQUE.
De sorte qu'un second....

ROSIDOR.
Sans me faire une offense,
Ne peut se présenter à prendre ma défense :
Nous devons seul à seul vider notre débat.

LYSARQUE.
Ne pensez pas sans moi terminer ce combat :
L'écuyer de Clitandre est homme de courage;
Il sera trop heureux que mon défi l'engage
A s'acquitter vers lui d'un semblable devoir,
Et je vais de ce pas y faire mon pouvoir.

ROSIDOR.
Ta volonté suffit; va-t'en donc, et désiste
De plus m'offrir une aide à mériter Caliste.

LYSARQUE est seul.
Vous obéir ici me coûteroit trop cher,
Et je serois honteux qu'on me pût reprocher
D'avoir su le sujet d'une telle sortie,
Sans trouver les moyens d'être de la partie.

[1] Var.   LYSARQUE.
Et ce cartel contient?
               ROSIDOR.
                   Que seul il doit m'attendre
Près du chêne sacré, pour voir qui de nous deux. (1632-47.)

SCÈNE III.

CALISTE.

Qu'il s'en est bien défait! qu'avec dextérité
Le fourbe se prévaut de son autorité!
Qu'il trouve un beau prétexte en ses flammes éteintes!
Et que mon nom lui sert à colorer ses feintes!
Il y va cependant, le perfide qu'il est.
Hippolyte le charme, Hippolyte lui plait;
Et ses lâches desirs l'emportent où l'appelle [1]
Le cartel amoureux de sa flamme nouvelle.

SCÈNE IV.

CALISTE, DORISE.

CALISTE.

Je n'en puis plus douter, mon feu désabusé
Ne tient plus le parti de ce cœur déguisé.
Allons, ma chère sœur, allons à la vengeance;
Allons de ses douceurs tirer quelque allégeance;
Allons; et, sans te mettre en peine de m'aider,
Ne prends aucun souci que de me regarder :
Pour en venir à bout, il suffit de ma rage;
D'elle j'aurai la force ainsi que le courage;
Et déja, dépouillant tout naturel humain,
Je laisse à ses transports à gouverner ma main.

---

[1] Var. Et ses traîtres desirs l'emportent où l'appelle
Le cartel amoureux d'une beauté nouvelle. (1632-47.)

Vois-tu comme, suivant de si furieux guides,
Elle cherche déja les yeux de ces perfides,
Et comme de fureur tous mes sens animés
Menacent les appas qui les avoient charmés?
DORISE.
Modère ces bouillons d'une ame colérée [1],
Ils sont trop violents pour être de durée;
Pour faire quelque mal, c'est frapper de trop loin;
Réserve ton courroux tout entier au besoin;
Sa plus forte chaleur se dissipe en paroles;
Ses résolutions en deviennent plus molles :
En lui donnant de l'air, son ardeur s'alentit.
CALISTE.
Ce n'est que faute d'air que le feu s'amortit [2].
Allons, et tu verras qu'ainsi le mien s'allume,
Que ma douleur aigrie en a plus d'amertume,
Et qu'ainsi mon esprit ne fait que s'exciter
A ce que ma colère a droit d'exécuter.
DORISE, seule.
Si ma ruse est enfin de son effet suivie,
Cette aveugle chaleur te va coûter la vie [3];
Un fer caché me donne en ces lieux écartés

---

[1] Ce mot n'est plus en usage. On le remplace par *colère*, qui s'emploie comme substantif et comme adjectif. (Par.)

[2] Var. Mais c'est à faute d'air que le feu s'amortit,
. . . .
Que par-là ma douleur accroît son amertume.
. . . .
Aux desseins enragés qu'il veut exécuter. (1632-47.)

[3] Var. Ces desseins enragés te vont coûter la vie :
Un fer caché me donne en ces lieux sans secours
La fin de mes malheurs dans celle de tes jours;
Et lors, ce Rosidor qui possède mon ame,

ACTE I, SCÈNE V.

La vengeance des maux que me font tes beautés.
Tu m'ôtes Rosidor, tu possèdes son ame,
Il n'a d'yeux que pour toi, que mépris pour ma flamme :
Mais, puisque tous mes soins ne le peuvent gagner,
J'en punirai l'objet qui m'en fait dédaigner.

SCÈNE V.

PYMANTE, GÉRONTE, sortant d'une grotte, déguisés en paysans [1].

GÉRONTE.

En ce déguisement on ne peut nous connoitre,
Et sans doute bientôt le jour qui vient de naître
Conduira Rosidor, séduit d'un faux cartel [2],
Aux lieux où cette main lui garde un coup mortel.
Vos vœux, si mal reçus de l'ingrate Dorise,
Qui l'idolâtre autant comme elle vous méprise [3],
Ne rencontreront plus aucun empêchement.
Mais je m'étonne fort de son aveuglement,
Et je ne comprends point cet orgueilleux caprice [4]

  Cet ingrat qui t'adore et néglige ma flamme,
  Que mes affections n'ont encor su gagner,
  Toi morte, n'aura plus pour qui me dédaigner. (1632-47.)

[1] Var. PYMANTE, GÉRONTE, écuyer de Clitandre; LYCASTE, page
  de Clitandre.
(Pymante et Géronte sortent d'une caverne seuls et déguisés en paysans.)
(1632-47.)

[2] Var. Amène Rosidor, séduit d'un faux cartel. (1632-47.)

[3] Var. Qui le caresse autant comme elle vous méprise. (1632.)

[4] Var. Et ne puis deviner quelle raison l'oblige *

  * Var. Et ne puis deviner par quel charme surprise
   Elle fuit qui l'adore et suit qui la méprise.
   Vous que votre mérite... (1647.)

Qui fait qu'elle vous traite avec tant d'injustice.
Vos rares qualités....

PYMANTE.

Au lieu de me flatter,
Voyons si le projet ne sauroit avorter,
Si la supercherie....

GÉRONTE.

Elle est si bien tissue,
Qu'il faut manquer de sens pour douter de l'issue.
Clitandre aime Caliste, et, comme son rival,
Il a trop de sujet de lui vouloir du mal.
Moi que depuis dix ans il tient à son service,
D'écrire comme lui j'ai trouvé l'artifice [1];
Si bien que ce cartel, quoique tout de ma main,
A son dépit jaloux s'imputera soudain.

PYMANTE.

Que ton subtil esprit a de grands avantages!
Mais le nom du porteur?

GÉRONTE.

Lycaste, un de ses pages.

>A dédaigner vos feux pour un qui la néglige.
>Vous qui valez....
>
>PYMANTE.
>
>Géronte, au lieu de me flatter,
>Parlons du principal. Ne peut-il éventer
>Notre supercherie? (1632-47.)

[1] VAR. J'ai contrefait son seing ; et par cet artifice,
Ce faux cartel, encor que de ma main écrit *,
Est présumé de lui.

PYMANTE.

Que ton subtil esprit
Sur tous ceux des mortels a de grands avantages!
Mais qui fut le porteur? (1632.)

* VAR. J'ai fait que ce cartel, par un des siens porté,
A nul autre qu'à lui ne peut être imputé. (1647.)

PYMANTE.
Celui qui fait le guet auprès du rendez-vous?
GÉRONTE.
Lui-même; et le voici qui s'avance vers nous :
A force de courir il s'est mis hors d'haleine.

SCÈNE VI.

PYMANTE, GÉRONTE, LYCASTE, aussi déguisé en paysan.

PYMANTE.
Eh bien, est-il venu?
LYCASTE.
N'en soyez plus en peine;
Il est où vous savez, et, tout bouffi d'orgueil,
Il n'y pense à rien moins qu'à son proche cercueil[1].
PYMANTE.
Ne perdons point de temps. Nos masques, nos épées.
(Lycaste les va querir dans la grotte d'où ils sont sortis[2].)
Qu'il me tarde déjà que, dans son sang trempées,
Elles ne me font voir à mes pieds étendu
Le seul qui sert d'obstacle au bonheur qui m'est dû!
Ah! qu'il va bien trouver d'autres gens que Clitandre!
Mais pourquoi ces habits? qui te les fait reprendre?

---

[1] Var. Ne s'attend à rien moins qu'à son proche cercueil*.
PYMANTE.
N'usons plus de discours. Nos masques, nos épées... (1632.)

[2] Var. (Lycaste les va querir dans la caverne, où tous trois s'étoient déjà déguisés.) (1632.)

* Var. Il ne pense à rien moins qu'à son proche cercueil. (1647.).

LYCASTE leur présente à chacun un masque et une épée,
et porte leurs habits.

Pour notre sûreté, portons-les avec nous,
De peur que, cependant que nous serons aux coups,
Quelque maraud, conduit par sa bonne aventure,
Ne nous laisse tous trois en mauvaise posture[1] :
Quand il faudra donner, sans les perdre des yeux,
Au pied du premier arbre ils seront beaucoup mieux.

PYMANTE.

Prends-en donc même soin après la chose faite.

LYCASTE.

Ne craignez pas sans eux que je fasse retraite[2].

PYMANTE.

Sus donc, chacun déja devroit être masqué.
Allons, qu'il tombe mort aussitôt qu'attaqué.

SCÈNE VII.

CLÉON, LYSARQUE.

CLÉON.

Réserve à d'autres temps cette ardeur de courage[3]
Qui rend de ta valeur un si grand témoignage
Ce duel que tu dis ne se peut concevoir.
Tu parles de Clitandre, et je viens de le voir[4]

---

[1] Var. Les prenant, ne nous mette en mauvaise posture. (1632-47.)

[2] Var. Je n'ai garde sans eux de faire ma retraite. (1632-47.)

[3] Var. Réserve à d'autres fois cette ardeur de courage. (1632-47.)

[4] Var. Tu parles de Clitandre, et je le viens de voir
Que notre jeune prince amenoit à la chasse. (1632-47.)

LYSARQUE.

En es-tu bien certain ?

Que notre jeune prince enlevoit à la chasse.
LYSARQUE.
Tu les as vus passer?
CLÉON.
Par cette même place.
Sans doute que ton maitre a quelque occasion
Qui le fait t'éblouir par cette illusion.
LYSARQUE.
Non, il parloit du cœur; je connois sa franchise.
CLÉON.
S'il est ainsi, je crains que par quelque surprise
Ce généreux guerrier, sous le nombre abattu [1],
Ne cède aux envieux que lui fait sa vertu.
LYSARQUE.
A présent il n'a point d'ennemis que je sache;
Mais, quelque événement que le destin nous cache,
Si tu veux m'obliger, viens, de grace, avec moi,
Que nous donnions ensemble avis de tout au roi [2].

CLÉON.
Je l'ai vu face à face.
Sans doute qu'il en baille à ton maître à garder.
LYSARQUE.
Il est trop généreux pour si mal procéder.
CLÉON.
Je sais bien que l'honneur tout autrement ordonne.
Mais qui le retiendroit? Toutefois je soupçonne....
LYSARQUE.
Quoi? que soupçonnes-tu?
CLÉON.
Que ton maître rusé
Avec un faux cartel t'auroit bien abusé. (1632.)

[1] Var. Ce valeureux seigneur, sous le nombre abattu. (1632-47.)
[2] Var. Qu'ensemble nous donnions avis de tout au roi. (1632.)

SCÈNE VIII.

CALISTE, DORISE.

CALISTE, *cependant que Dorise s'arrête à chercher derrière un buisson.*

Ma sœur, l'heure s'avance, et nous serons à peine,
Si nous ne retournons, au lever de la reine
Je ne vois point mon traitre, Hippolyte non plus.

DORISE, *tirant une épée de derrière ce buisson, et saisissant Caliste par le bras.*

Voici qui va trancher tes soucis superflus;
Voici dont je vais rendre, aux dépens de ta vie [1],
Et ma flamme vengée, et ma haine assouvie.

CALISTE.

Tout beau, tout beau, ma sœur, tu veux m'épouvanter;
Mais je te connois trop pour m'en inquiéter.
Laisse la feinte à part, et mettons, je te prie,
A les trouver bientôt toute notre industrie.

DORISE.

Va, va, ne songe plus à leurs fausses amours,
Dont le récit n'étoit qu'une embûche à tes jours.
Rosidor t'est fidèle, et cette feinte amante
Brûle aussi peu pour lui que je fais pour Pymante.

---

[1] VAR. Voici dont je vais rendre, en te privant de vie,
Ma flamme bienheureuse, et ma haine assouvie.
CALISTE.
. . . .
DORISE.
Dis que dedans ton sang je me veux contenter.
CALISTE.
Laisse, laisse la feinte, et mettons, je te prie. (1632-47.)

CALISTE.

Déloyale! ainsi donc ton courage inhumain....

DORISE.

Ces injures en l'air n'arrêtent point ma main.

CALISTE.

Le reproche honteux d'une action si noire [1]....

DORISE.

Qui se venge en secret, en secret en fait gloire.

CALISTE.

T'ai-je donc pu, ma sœur, déplaire en quelque point?

DORISE.

Oui, puisque Rosidor t'aime et ne m'aime point;
C'est assez m'offenser que d'être ma rivale.

SCÈNE IX.

ROSIDOR, PYMANTE, GÉRONTE, LYCASTE,
CALISTE, DORISE.

Comme Dorise est prête de tuer Caliste, un bruit entendu lui fait relever son épée, et Rosidor paroît tout en sang, poursuivi par ses trois assassins masqués. En entrant, il tue Lycaste; et, retirant son épée, elle se rompt contre la branche d'un arbre. En cette extrémité, il voit celle que tient Dorise; et, sans la reconnoître, il s'en saisit, et passe tout d'un temps le tronçon qui lui restoit de la sienne en la main gauche, et se défend ainsi contre Pymante et Géronte, dont il tue le dernier, et met l'autre en fuite.

ROSIDOR.

Meurs, brigand. Ah, malheur! cette branche fatale

---

[1] Var. Le reproche éternel d'une action si lâche....

DORISE.

Agréable toujours, n'aura rien qui me fâche. (1632-47.)

A rompu mon épée. Assassins... Toutefois,
J'ai de quoi me défendre une seconde fois.
DORISE, s'enfuyant.
N'est-ce pas Rosidor qui m'arrache les armes?
Ah! qu'il me va causer de périls et de larmes!
Fuis, Dorise, et fuyant laisse-toi reprocher
Que tu fuis aujourd'hui ce qui t'est le plus cher.
CALISTE.
C'est lui-même de vrai... Rosidor!... Ah! je pâme,
Et la peur de sa mort ne me laisse point d'ame.
Adieu, mon cher espoir.
ROSIDOR, après avoir tué Géronte.
Cettui-ci dépêché,
C'est de toi maintenant que j'aurai bon marché.
Nous sommes seul à seul. Quoi! ton peu d'assurance
Ne met plus qu'en tes pieds sa dernière espérance?
Marche sans emprunter d'ailes de ton effroi,
Je ne cours point après des lâches comme toi [1].
Il suffit de ces deux. Mais qui pourroient-ils être?
Ah ciel! le masque ôté me les fait trop connoitre!
Le seul Clitandre arma contre moi ces voleurs;
Cettui-ci fut toujours vêtu de ses couleurs;
Voilà son écuyer, dont la pâleur exprime
Moins de traits de la mort que d'horreurs de son crime;
Et, ces deux reconnus, je douterois en vain [2]
De celui que sa fuite a sauvé de ma main.
Trop indigne rival, crois-tu que ton absence
Donne à tes lâchetés quelque ombre d'innocence,

---

[1] Var. Je ne cours point après de tels coquins que toi. (1632-47.)

[2] Var. Et j'ose présumer avec juste raison
    Que le tiers est sans doute encor de sa maison.
    Traître, traître rival, crois-tu que ton absence. (1632-47.)

Et qu'après avoir vu renverser ton dessein,
Un désaveu démente et tes gens et ton seing?
Ne le présume pas; sans autre conjecture,
Je te rends convaincu de ta seule écriture,
Sitôt que j'aurai pu faire ma plainte au roi.
Mais quel piteux objet se vient offrir à moi?
Traîtres, auriez-vous fait sur un si beau visage,
Attendant Rosidor, l'essai de votre rage?
C'est Caliste elle-même! Ah dieux, injustes dieux[1]!
Ainsi donc pour montrer ce spectacle à mes yeux,
Votre faveur barbare a conservé ma vie!
Je n'en veux point chercher d'auteurs que votre envie :
La nature, qui perd ce qu'elle a de parfait,
Sur tout autre que vous eût vengé ce forfait,
Et vous eût accablés, si vous n'étiez ses maîtres.
Vous m'envoyez en vain ce fer contre des traîtres;
Je ne veux point devoir mes déplorables jours[2]

---

[1] Var. C'est ma chère Caliste! Ah dieux, injustes dieux!
. . . .
Votre faveur cruelle a conservé ma vie. (1632-47.)

[2] Var. Sachez que Rosidor maudit votre secours;
Vous ne méritez pas qu'il vous doive ses jours. (1632-47.)

Vers supprimés :
> Unique déité qu'à présent je réclame,
> Belle ame, viens aider à sortir à mon ame;
> Reçois-la sur les bords de ce pâle coral;
> Fais qu'en dépit des dieux, qui nous traitent si mal,
> Nos esprits, rassemblés hors de leur tyrannie,
> Goûtent là-bas un bien qu'ici l'on nous dénie.
> Tristes embrassements, baisers mal répondus,
> Pour la première fois donnés et non rendus,
> Hélas! quand mes douleurs me l'ont presque ravie,
> Tous glacés et tous morts, vous me rendez la vie.
> Cruels, n'abusez plus de l'absolu pouvoir
> Que dessus tous mes sens l'amour vous fait avoir;

A l'affreuse rigueur d'un si fatal secours.
O vous qui me restez d'une troupe ennemie
Pour marques de ma gloire et de son infamie,
Blessures, hâtez-vous d'élargir vos canaux,
Par où mon sang emporte et ma vie et mes maux !
Ah ! pour l'être trop peu, blessures trop cruelles,
De peur de m'obliger vous n'êtes pas mortelles.
Hé quoi ! ce bel objet, mon aimable vainqueur,
Avoit-il seul le droit de me blesser au cœur ?
Et d'où vient que la Mort, à qui tout fait hommage,
L'ayant si mal traité, respecte son image ?
Noires divinités, qui tournez mon fuseau,
Vous faut-il tant prier pour un coup de ciseau ?
Insensé que je suis ! en ce malheur extrême,
Je demande la mort à d'autres qu'à moi-même !
Aveugle ! je m'arrête à supplier en vain,
Et pour me contenter j'ai de quoi dans la main !
Il faut rendre ma vie au fer qui l'a sauvée ;
C'est à lui qu'elle est due, il se l'est réservée ;
Et l'honneur, quel qu'il soit, de finir mes malheurs,

  N'employez qu'à ma mort ce souverain empire ;
  Ou bien, me refusant le trépas où j'aspire,
  Laissez faire à mes maux, ils me viennent l'offrir ;
  Ne me redonnez plus de force à les souffrir.
  Caliste, auprès de toi la mort m'est interdite ;
  Si je te veux rejoindre, il faut que je te quitte :
  Adieu ; pour un moment consens à ce départ.
  Sus, ma douleur, achève : ici, que de sa part
  Je n'aie plus de secours, ni toi plus de contraintes ;
  Porte-moi dans le cœur tes plus vives atteintes,
  Et, pour la bien punir de m'avoir ranimé,
  Déchire son portrait, que je tiens enfermé. (1632-47.)
 Var. Et vous qui me restez d'une troupe ennemie
   Pour marques de ma gloire et de son infamie,
   Blessures, dépêchez d'élargir vos canaux. (1632-47.)

C'est pour me le donner qu'il l'ôte à des voleurs.
Poussons donc hardiment. Mais, hélas! cette épée,
Coulant entre mes doigts, laisse ma main trompée;
Et sa lame, timide à procurer mon bien,
Au sang des assassins n'ose mêler le mien.
Ma foiblesse importune à mon trépas s'oppose;
En vain je m'y résous, en vain je m'y dispose;
Mon reste de vigueur ne peut l'effectuer ·
J'en ai trop pour mourir, trop peu pour me tuer;
L'un me manque au besoin, et l'autre me résiste.
Mais je vois s'entr'ouvrir les beaux yeux de Caliste [1],
Les roses de son teint n'ont plus tant de pâleur,
Et j'entends un soupir qui flatte ma douleur.

Voyez, dieux inhumains, que, malgré votre envie,
L'amour lui sait donner la moitié de ma vie,
Qu'une ame désormais suffit à deux amants.

CALISTE.

Hélas! qui me rappelle à de nouveaux tourments?
Si Rosidor n'est plus, pourquoi reviens-je au monde [2]?

[1] Var. Mais insensiblement je retrouve Caliste;
Ma langueur m'y reporte, et mes genoux tremblants
Y conduisent l'erreur de mes pas chancelants. (1632-47.)

Vers supprimés :
Adorable sujet de mes flammes pudiques,
Dont je trouve en mourant les aimables reliques,
Cesse de me prêter un secours inhumain,
Ou ne donne du moins des forces qu'à ma main,
Qui m'arrache aux tourments que ton malheur me livre;
Donne-m'en pour mourir comme tu fais pour vivre.
Quel miracle succède à mes tristes clameurs !
Caliste se ranime autant que je me meurs *. (1632-47.)

[2] Var. Rosidor n'étant plus, qu'ai-je à faire en ce monde? (1632.)

* Var. Caliste se ranime à même que je meurs. (1647.)

ROSIDOR.
O merveilleux effet d'une amour sans seconde!
CALISTE.
Exécrable assassin qui rougis de son sang,
Dépêche comme à lui de me percer le flanc,
Prends de lui ce qui reste [1].
ROSIDOR.
Adorable cruelle,
Est-ce ainsi qu'on reçoit un amant si fidèle?
CALISTE.
Ne m'en fais point un crime; encor pleine d'effroi,
Je ne t'ai méconnu qu'en songeant trop à toi.
J'avois si bien gravé là-dedans ton image [2],
Qu'elle ne vouloit pas céder à ton visage.
Mon esprit, glorieux et jaloux de l'avoir,
Envioit à mes yeux le bonheur de te voir.
Mais quel secours propice a trompé mes alarmes [3]?

---

[1] Var. Prends de lui ce qui reste; achève.
ROSIDOR.
Quoi! ma belle,
Contrefais-tu l'aveugle, afin d'être cruelle?
CALISTE.
Pardonne-moi, mon cœur; encor pleine d'effroi. (1632-47.)

[2] Var. J'avois si bien logé là-dedans ton image. (1632-47.)

[3] Var.
ROSIDOR.
Puisqu'un si doux appas se trouve en tes rudesses,
Que feront tes faveurs, que feront tes caresses?
Tu me fais un outrage à force de m'aimer,
Dont la douce rigueur ne sert qu'à m'enflammer.
Mais si tu peux souffrir qu'avec toi, ma chère ame,
Je tienne des discours autres que de ma flamme,
Permets que, t'ayant vue en cette extrémité,
Mon amour laisse agir ma curiosité,
Pour savoir quel malheur te met en ce bocage.
CALISTE.
Allons premièrement jusqu'au prochain village,

ACTE I, SCÈNE IX.

Contre tant d'assassins qui t'a prêté des armes?
ROSIDOR.
Toi-même, qui t'a mise à telle heure en ces lieux,
Où je te vois mourir et revivre à mes yeux?
CALISTE.
Quand l'amour une fois règne sur un courage....
Mais tâchons de gagner jusqu'au premier village,
Où ces bouillons de sang se puissent arrêter;
Là, j'aurai tout loisir de te le raconter,
Aux charges qu'à mon tour aussi l'on m'entretienne.
ROSIDOR.
Allons; ma volonté n'a de loi que la tienne;
Et l'amour, par tes yeux devenu tout-puissant,
Rend déja la vigueur à mon corps languissant.
CALISTE.
Il donne en même temps une aide à ta foiblesse [1],
Puisqu'il fait que la mienne auprès de toi me laisse,
Et qu'en dépit du sort ta Caliste aujourd'hui
A tes pas chancelants pourra servir d'appui.

>   Où ces bouillons de sang se puissent étancher;
>   Et là, je te promets de ne te rien cacher. (1632-47.)
> [1] Var. Il forme tout d'un temps une aide à ta foiblesse,
>   . . . .
>   Si bien que, la bravant, ta maîtresse aujourd'hui
>   N'aura que trop de force à te servir d'appui. (1632-47.)

FIN DU PREMIER ACTE.

ACTE SECOND.

SCÈNE I.

PYMANTE, masqué.

Destins, qui réglez tout au gré de vos caprices,
Sur moi donc tout-à-coup fondent vos injustices [1],
Et trouvent à leurs traits si long-temps retenus,
Afin de mieux frapper, des chemins inconnus?
Dites, que vous ont fait Rosidor ou Pymante?
Fournissez de raison, destins, qui me démente;
Dites ce qu'ils ont fait qui vous puisse émouvoir [2]
A partager si mal entre eux votre pouvoir.
Lui rendre contre moi l'impossible possible,
Pour rompre le succès d'un dessein infaillible [3],

> [1] Var. C'est donc moi sans raison qu'attaquent vos malices,
> . . . .
> Pour mieux frapper leur coup, des chemins inconnus! (1632)
>
> [2] Var. Dites ce qu'ils ont fait qui vous peut émouvoir. (1632-47.)
>
> [3] Var. C'est le favoriser par miracle visible,
> Tandis que votre haine a pour moi tant d'excès,
> Qu'un dessein infaillible avorte sans succès. (1632-47.)

Vers supprimés :
> Sans succès! c'est trop peu; vous avez voulu faire
> Qu'un dessein infaillible eût un succès contraire.
> Dieux! vous présidez donc à leur ordre fatal!
> Et vous leur permettez ce mouvement brutal!
> Je ne veux plus vous rendre aucune obéissance :
> Si vous avez là-haut quelque toute-puissance,

C'est prêter un miracle à son bras sans secours,
Pour conserver son sang au péril de mes jours.
Trois ont fondu sur lui sans le jeter en fuite
A peine en m'y jetant moi-même je l'évite.
Loin de laisser la vie, il a su l'arracher;
Loin de céder au nombre, il l'a su retrancher :
Toute votre faveur, à son aide occupée,
Trouve à le mieux armer en rompant son épée,
Et ressaisit ses mains par celles du hasard,
L'une d'une autre épée, et l'autre d'un poignard.
O honte! ô déplaisirs! ô désespoir! ô rage[1]!
Ainsi donc un rival pris à mon avantage
Ne tombe dans mes rets que pour les déchirer!
Son bonheur qui me brave ose l'en retirer[2],
Lui donne sur mes gens une prompte victoire,
Et fait de son péril un sujet de sa gloire!
Retournons animé d'un courage plus fort,
Retournons, et du moins perdons-nous dans sa mort!

Sortez de vos cachots, infernales furies;
Apportez à m'aider toutes vos barbaries;
Qu'avec vous tout l'enfer m'aide en ce noir dessein[3]
Qu'un sanglant désespoir me verse dans le sein.

    Je suis seul contre qui vous vouliez l'exercer;
    Vous ne vous en servez que pour me traverser.
    Je peux en sûreté désormais vous déplaire :
    Comment me puniroit votre vaine colère?
    Vous m'avez fait sentir tant de malheurs divers,
    Que le sort épuisé n'a plus aucun revers. (1632.)
  Var. Rosidor nous a vus, et n'a pas pris la fuite;
    A grand'peine, en fuyant, moi-même je l'évite. (1632-47.)
[1] Var. O honte! ô crève-cœur! ô désespoir! ô rage! (1632-47.)
[2] Var. Son bonheur qui me brave et l'en vient retirer. (1632.)
[3] Var. Qu'avec vous tout l'enfer m'assiste en ce dessein. (1632-47.)

J'avois de point en point l'entreprise tramée
Comme dans mon esprit vous me l'aviez formée;
Mais contre Rosidor tout le pouvoir humain
N'a que de la foiblesse; il y faut votre main.
En vain, cruelles sœurs, ma fureur vous appelle,
En vain vous armeriez l'enfer pour ma querelle [1],
La terre vous refuse un passage à sortir.
Ouvre du moins ton sein, terre, pour m'engloutir;
N'attends pas que Mercure avec son caducée
M'en fasse après ma mort l'ouverture forcée;
N'attends pas qu'un supplice, hélas! trop mérité,
Ajoute l'infamie à tant de lâcheté;
Préviens-en la rigueur; rends toi-même justice
Aux projets avortés d'un si noir artifice.
Mes cris s'en vont en l'air, et s'y perdent sans fruit.
Dedans mon désespoir, tout me fuit ou me nuit.
La terre n'entend point la douleur qui me presse;
Le ciel me persécute, et l'enfer me délaisse.
Affronte-les, Pymante, et sauve en dépit d'eux [2]
Ta vie et ton honneur d'un pas si dangereux.

[1] Var. La terre vous défend d'embrasser ma querelle,
Et son flanc vous refuse un passage à sortir.
Terre, crève-toi donc, afin de m'engloutir;
. . . .
Me fasse de ton sein l'ouverture forcée;
N'attends pas qu'un supplice, avec ses cruautés,
. . . .
Détourne de mon chef ce comble de misère;
Rends-moi, le prévenant, un office de mère. (1632-47.)

[2] Var. Affronte-les, Pymante, et, malgré leurs complots,
Conserve ton vaisseau dans la rage des flots.
Accablé de malheurs, et réduit à l'extrême,
Si quelque espoir te reste, il n'est plus qu'en toi-même.
Passe pour villageois dedans ce lieu fatal. (1632.)

ACTE II, SCÈNE I.

Si quelque espoir te reste, il n'est plus qu'en toi-même;
Et, si tu veux t'aider, ton mal n'est pas extrême [1].
Passe pour villageois dans un lieu si fatal;
Et, réservant ailleurs la mort de ton rival,
Fais que d'un même habit la trompeuse apparence
Qui le mit en péril te mette en assurance.
 Mais ce masque l'empêche, et me vient reprocher
Un crime qu'il découvre, au lieu de me cacher.
Ce damnable instrument de mon traître artifice,
Après mon coup manqué, n'en est plus que l'indice;
Et ce fer qui tantôt, inutile en ma main [2]
Que ma fureur jalouse avoit armée en vain,
Sut si mal attaquer et plus mal me défendre,
N'est propre désormais qu'à me faire surprendre.

(Il jette son masque et son épée dans la grotte.)

Allez, témoins honteux de mes lâches forfaits,
N'en produisez non plus de soupçons que d'effets.
Ainsi, n'ayant plus rien qui démente ma feinte [3],
Dedans cette forêt je marcherai sans crainte,
Tant que....

---

[1] Var. Mais, si tu veux t'aider, ton mal n'est pas extrême. (1632.)

[2] Var. Et ce fer qui tantôt, inutile en mon poing,
   Ainsi que ma valeur, me faillant au besoin. (1632.)

[3] Vers supprimés :
   Cessez de m'accuser; vous doit-il pas suffire
   De m'avoir mal servi? C'est trop que de me nuire.
   Allez, retirez-vous dans ces obscurités :
     (Il jette son masque et son épée dans la caverne.)
   Ainsi, je pourrai voir le jour que vous quittez. (1632-47.)

SCÈNE II.

LYSARQUE, PYMANTE, ARCHERS.

LYSARQUE.

Mon grand ami.

PYMANTE.

Monsieur.

LYSARQUE.

Viens çà ; dis-nous,
N'as-tu point ici vu deux cavaliers aux coups?

PYMANTE.

Non, monsieur.

LYSARQUE.

Ou l'un d'eux se sauver à la fuite?

PYMANTE.

Non, monsieur.

LYSARQUE.

Ni passer dedans ces bois sans suite?

PYMANTE.

Attendez ; il y peut avoir quelque huit jours....

LYSARQUE.

Je parle d'aujourd'hui, laisse là ces discours,
Réponds précisément.

PYMANTE.

Pour aujourd'hui, je pense [1]....

---

[1] Var.   J'arrive tout-à-l'heure ;
Et, de peur que ma femme en son travail ne meure,
Je cherche....

PREMIER ARCHER.

Allons, monsieur, donnons jusques au lieu ;
Nous perdons notre temps.

ACTE II, SCÈNE II.

Toutefois, si la chose étoit de conséquence,
Dans le prochain village on sauroit aisément....
    LYSARQUE.
Donnons jusques au lieu; c'est trop d'amusement.
    PYMANTE, seul.
Ce départ favorable enfin me rend la vie [1],
Que tant de questions m'avoient presque ravie.
Cette troupe d'archers, aveugles en ce point,
Trouve ce qu'elle cherche, et ne s'en saisit point;
Bien que leur conducteur donne assez à connoître
Qu'ils vont pour arrêter l'ennemi de son maître,
J'échappe néanmoins en ce pas hasardeux
D'aussi près de la mort que je me voyois d'eux [2].
Que j'aime ce péril, dont la vaine menace
Promettoit un orage, et se tourne en bonace;
Ce péril, qui ne veut que me faire trembler,
Ou plutôt qui se montre, et n'ose m'accabler!
Qu'à bonne heure défait d'un masque et d'une épée,
J'ai leur crédulité sous ces habits trompée!
De sorte qu'à présent deux corps désanimés
Termineront l'exploit de tant de gens armés,
Corps qui gardent tous deux un naturel si traitre,
Qu'encore après leur mort ils vont trahir leur maître,
Et le faire l'auteur de cette lâcheté,
Pour mettre à ses dépens Pymante en sûreté!
Mes habits, rencontrés sous les yeux de Lysarque [3],

    LYSARQUE.
    Adieu, compère, adieu. (1632-47.)

[1] VAR. Cet adieu favorable enfin me rend la vie. (1632-47.)

[2] VAR. D'aussi près de la mort comme je l'étois d'eux.
  Que j'aime ce péril, dont la douce menace. (1632-47.)

[3] VAR. Je n'ai dans mes forfaits rien à craindre, et Lysarque

Peuvent de mes forfaits donner seuls quelque marque;
Mais, s'il ne les voit pas, lors sans aucun effroi
Je n'ai qu'à me ranger en hâte auprès du roi,
Où je verrai tantôt avec effronterie
Clitandre convaincu de ma supercherie.

SCÈNE III.

LYSARQUE, ARCHERS.

LYSARQUE regarde les corps de Géronte et de Lycaste.
Cela ne suffit pas; il faut chercher encor,
Et trouver, s'il se peut, Clitandre ou Rosidor.
Amis, sa majesté, par ma bouche avertie
Des soupçons que j'avois touchant cette partie,
Voudra savoir au vrai ce qu'ils sont devenus.

PREMIER ARCHER [1].
Pourroit-elle en douter? Ces deux corps reconnus
Font trop voir le succès de toute l'entreprise.

LYSARQUE.
Et qu'en présumes-tu?

PREMIER ARCHER [2].
Que, malgré leur surprise,
Leur nombre avantageux, et leur déguisement,
Rosidor de leurs mains se tire heureusement.

Sans trouver mes habits n'en peut avoir de marque;
Que s'il ne les voit pas, lors sans aucun effroi,
Eux repris, je retourne aussitôt vers le roi,
Où je veux regarder avec effronterie. (1632-47.)

[1] VAR.   SECOND ARCHER. (1632.)
[2] VAR.   SECOND ARCHER. (1632.)

ACTE II, SCÈNE III.

LYSARQUE.

Ce n'est qu'en me flattant que tu te le figures ;
Pour moi, je n'en conçois que de mauvais augures,
Et présume plutôt que son bras valeureux [1],
Avant que de mourir, s'est immolé ces deux.

PREMIER ARCHER.

Mais où seroit son corps ?

LYSARQUE.

Au creux de quelque roche,
Où les traîtres, voyant notre troupe si proche,
N'auront pas eu loisir de mettre encor ceux-ci,
De qui le seul aspect rend le crime éclairci [2].

SECOND ARCHER, lui présentant les deux pièces rompues
de l'épée de Rosidor [3].

Monsieur, connoissez-vous ce fer et cette garde ?

LYSARQUE.

Donne-moi, que je voie. Oui, plus je les regarde,
Plus j'ai par eux d'avis du déplorable sort
D'un maître qui n'a pu s'en dessaisir que mort.

SECOND ARCHER [4].

Monsieur, avec cela j'ai vu dans cette route
Des pas mêlés de sang distillé goutte à goutte.

---

[1] VAR.   SECOND ARCHER. (1632.)
    Et quels ? (1647.)
        LYSARQUE.
            Qu'avant mourir, par un vaillant effort,
        Il en aura fait deux compagnons de sa mort.
    SECOND ARCHER. (1632-47.)

[2] VAR. De qui l'aspect nous rend tout le crime éclairci. (1632-47.)

[3] VAR.   PREMIER ARCHER.
(Il revient de chercher d'un autre côté, et rapporte les deux pièces de l'épée rompue
de Rosidor.) (1632.)

[4] VAR.   PREMIER ARCHER.

LYSARQUE[1].

Suivons-les au hasard. Vous autres, enlevez
Promptement ces deux corps que nous avons trouvés.

(Lysarque et cet archer rentrent dans le bois, et le reste des archers reportent à la cour les corps de Géronte et de Lycaste.)

SCÈNE IV.

FLORIDAN, CLITANDRE, PAGE[2].

FLORIDAN, parlant à son page.

Ce cheval trop fougueux m'incommode à la chasse,
Tiens-m'en un autre prêt, tandis qu'en cette place,
A l'ombre des ormeaux l'un dans l'autre enlacés,
Clitandre m'entretient de ses travaux passés.
Qu'au reste, les veneurs allant sur leurs brisées,
Ne forcent pas le cerf, s'il est aux reposées[3];
Qu'ils prennent connoissance, et pressent mollement,
Sans le donner aux chiens qu'à mon commandement.

(Le page rentre.)

Achève maintenant l'histoire commencée
De ton affection si mal récompensée.

---

[1] VAR. Dont les traces vont loin.
LYSARQUE.
Suivons à tous hasards.
Vous autres, enlevez les corps de ces pendards. (1632-47.)

[2] VAR. LE PRINCE, CLITANDRE, PAGE DU PRINCE, CLÉON.
LE PRINCE.
(Il parle à son page, qui tient en main une bride, et fait paroitre la tête d'un cheval. (1632.)

[3] « Reposées du cerf, c'est le giste et lict où il se repose au matin en son retour du viandis. » (NICOT, Thrésor de la langue françoyse.)

CLITANDRE.
Ce récit ennuyeux de ma triste langueur,
Mon prince, ne vaut pas le tirer en longueur :
J'ai tout dit; en un mot, cette fière Caliste
Dans ses cruels mépris incessamment persiste;
C'est toujours elle-même; et, sous sa dure loi,
Tout ce qu'elle a d'orgueil se réserve pour moi;
Cependant qu'un rival, ses plus chères délices,
Redouble ses plaisirs en voyant mes supplices.

FLORIDAN.
Ou tu te plains à faux, ou, puissamment épris,
Ton courage demeure insensible aux mépris;
Et je m'étonne fort comme ils n'ont dans ton ame
Rétabli ta raison, ou dissipé ta flamme.

CLITANDRE.
Quelques charmes secrets mêlés dans ses rigueurs
Étouffent en naissant la révolte des cœurs;
Et le mien auprès d'elle, à quoi qu'il se dispose,
Murmurant de son mal, en adore la cause.

FLORIDAN.
Mais puisque son dédain, au lieu de te guérir,
Ranime ton amour, qu'il dût faire mourir [1],
Sers-toi de mon pouvoir; en ma faveur, la reine
Tient et tiendra toujours Rosidor en haleine;
Mais son commandement dans peu, si tu le veux,
Te met, à ma prière, au comble de tes vœux.
Avise donc; tu sais qu'un fils peut tout sur elle.

CLITANDRE.
Malgré tous les mépris de cette ame cruelle,
Dont un autre a charmé les inclinations,

---

[1] VAR. Ranime tes ardeurs, qu'il dût faire mourir. (1632-47.)

J'ai toujours du respect pour ses perfections [1];
Et je serois marri qu'aucune violence...

FLORIDAN.

L'amour sur le respect emporte la balance.

CLITANDRE.

Je brûle; et le bonheur de vaincre ses froideurs,
Je ne le veux devoir qu'à mes vives ardeurs [2];
Je ne la veux gagner qu'à force de services.

FLORIDAN.

Tandis, tu veux donc vivre en d'éternels supplices?

CLITANDRE.

Tandis, ce m'est assez qu'un rival préféré
N'obtient, non plus que moi, le succès espéré;
A la longue ennuyés, la moindre négligence
Pourra de leurs esprits rompre l'intelligence;
Un temps bien pris alors me donne en un moment
Ce que depuis trois ans je poursuis vainement.
Mon prince, trouvez bon...

FLORIDAN.

N'en dis pas davantage;
Cettui-ci qui me vient faire quelque message
Apprendroit, malgré toi, l'état de tes amours.

SCÈNE V.

FLORIDAN, CLITANDRE, CLÉON.

CLÉON.

Pardonnez-moi, seigneur, si je romps vos discours [3];

---

[1] VAR. Le respect que je porte à ses perfections
M'empêche d'employer aucune violence. (1632-47.)

[2] VAR. Je ne le veux devoir qu'à mes chastes ardeurs. (1632-47.)

[3] VAR. Pardonnez, monseigneur, si je romps vos discours. (1632-47.)

ACTE II, SCÈNE V.

C'est en obéissant au roi qui me l'ordonne,
Et rappelle Clitandre auprès de sa personne.

FLORIDAN[1].

Qui?

CLÉON.

Clitandre, seigneur.

FLORIDAN.

Et que lui veut le roi?

CLÉON.

De semblables secrets ne s'ouvrent pas à moi.

FLORIDAN.

Je n'en sais que penser; et la cause incertaine
De ce commandement tient mon esprit en peine.
Pourrai-je me résoudre à te laisser aller[2]
Sans savoir les motifs qui te font rappeler?

CLITANDRE.

C'est, à mon jugement, quelque prompte entreprise,
Dont l'exécution à moi seul est remise :
Mais, quoi que là-dessus j'ose m'imaginer,
C'est à moi d'obéir sans rien examiner.

FLORIDAN.

J'y consens à regret : va; mais qu'il te souvienne
Que je chéris ta vie à l'égal de la mienne[3];

---

[1] Var.   LE PRINCE.
Clitandre?

CLÉON.
Oui, monseigneur.

LE PRINCE.
Et que lui veut le roi? (1632-47.)

CLÉON.
Monseigneur, ses secrets ne s'ouvrent pas à moi. (1632.)

[2] Var. Le moyen, cher ami, que je te laisse aller. (1632-47.)

[3] Var. Combien le prince t'aime, et, quoi qu'il te survienne,

Et si tu veux m'ôter de cette anxiété,
Que j'en sache au plus tôt toute la vérité.
Ce cor m'appelle. Adieu. Toute la chasse prête
N'attend que ma présence à relancer la bête.

SCÈNE VI.

DORISE, achevant de vêtir l'habit de Géronte qu'elle avoit trouvé dans le bois [1].

Achève, malheureuse, achève de vêtir
Ce que ton mauvais sort laisse à te garantir.
Si de tes trahisons la jalouse impuissance
Sut donner un faux crime à la même innocence,
Recherche maintenant, par un plus juste effet,
Une fausse innocence à cacher ton forfait.
Quelle honte importune au visage te monte
Pour un sexe quitté dont tu n'es que la honte?
Il t'abhorre lui-même; et ce déguisement,
En le désavouant, l'oblige pleinement [2].
Après avoir perdu sa douceur naturelle,
Dépouille sa pudeur, qui te messied sans elle;
Dérobe tout d'un temps, par ce crime nouveau,
Et l'autre aux yeux du monde, et ta tête au bourreau :
Si tu veux empêcher ta perte inévitable,
Deviens plus criminelle, et parois moins coupable.

Que j'en sache aussitôt toute la vérité :
Jusque-là mon esprit n'est qu'en perplexité. (1632-47.)

[1] Var. DORISE.
(Elle entre demi-vêtue de l'habit de Géronte, qu'elle avoit trouvé dans le bois, avec celui de Pymante et de Lycaste.) (1632.)

[2] Var. En le désavouant, l'oblige infiniment. (1632-47.)

Par une fausseté tu tombes en danger;
Par une fausseté sache t'en dégager.
Fausseté détestable, où me viens-tu réduire?
Honteux déguisement, où me vas-tu conduire?
Ici de tous côtés l'effroi suit mon erreur,
Et j'y suis à moi-même une nouvelle horreur :
L'image de Caliste à ma fureur soustraite [1]
Y brave fièrement ma timide retraite.
Encor si son trépas, secondant mon desir,
Mêloit à mes douleurs l'ombre d'un faux plaisir!
Mais tels sont les excès du malheur qui m'opprime [2],
Qu'il ne m'est pas permis de jouir de mon crime;
Dans l'état pitoyable où le sort me réduit,
J'en mérite la peine, et n'en ai pas le fruit;
Et tout ce que j'ai fait contre mon ennemie
Sert à croître sa gloire avec mon infamie.
  N'importe, Rosidor de mes cruels destins
Tient de quoi repousser ses lâches assassins.
Sa valeur, inutile en sa main désarmée,
Sans moi ne vivroit plus que chez la renommée;
Ainsi rien désormais ne pourroit m'enflammer;

---

[1] Var. Cet insolent objet de Caliste échappée
    Tient et brave toujours ma mémoire occupée. (1632-47.)
[2] Var. Mais, hélas! dans l'excès du malheur qui m'opprime,
    Il ne m'est point permis de jouir de mon crime.
    Mon jaloux aiguillon, de sa rage séduit,
    En mérite la peine, et n'en a pas le fruit.
    Le ciel, qui contre moi soutient mon ennemie,
    Augmente son honneur dedans mon infamie.
      N'importe, Rosidor, de mon dessein failli *,
    A de quoi malmener ceux qui l'ont assailli **. (1632-47.)

* Var. De mon dessein manqué. (1647.)
** Var. Ceux qui l'ont attaqué. (1647.)

N'ayant plus que haïr, je n'aurois plus qu'aimer.
Fâcheuse loi du sort qui s'obstine à ma peine!
Je sauve mon amour, et je manque à ma haine.
Ces contraires succès, demeurant sans effet,
Font naître mon malheur de mon heur imparfait.
Toutefois l'orgueilleux pour qui mon cœur soupire
De moi seule aujourd'hui tient le jour qu'il respire[1] :
Il m'en est redevable, et peut-être à son tour
Cette obligation produira quelque amour.
Dorise, à quels pensers ton espoir se ravale!
S'il vit par ton moyen, c'est pour une rivale.
N'attends plus, n'attends plus que haine de sa part :
L'offense vint de toi; le secours, du hasard.
Malgré les vains efforts de ta ruse traîtresse,
Le hasard, par tes mains, le rend à sa maîtresse;
Ce péril mutuel qui conserve leurs jours
D'un contre-coup égal va croître leurs amours.
Heureux couple d'amants que le Destin assemble
Qu'il expose en péril, qu'il en retire ensemble!

SCÈNE VII.

PYMANTE, DORISE.

PYMANTE, la prenant pour Géronte, et l'embrassant.
O dieux! voici Géronte, et je le croyois mort,
Malheureux compagnon de mon funeste sort...

DORISE, croyant qu'il la prend pour Rosidor, et qu'en
l'embrassant il la poignarde.
Ton œil t'abuse. Hélas! misérable, regarde

[1] VAR. D'un autre que de moi ne tient l'air qu'il respire :
Il m'en est redevable, et peut-être qu'un jour. (1632-17.)

Qu'au lieu de Rosidor ton erreur me poignarde.
PYMANTE.
Ne crains pas, cher ami, ce funeste accident;
Je te connois assez, je suis... Mais, imprudent,
Où m'alloit engager mon erreur indiscrète!
 Monsieur, pardonnez-moi la faute que j'ai faite.
Un berger d'ici près a quitté ses brebis
Pour s'en aller au camp presque en pareils habits;
Et, d'abord vous prenant pour ce mien camarade,
Mes sens d'aise aveuglés ont fait cette escapade.
Ne craignez point au reste un pauvre villageois
Qui seul et désarmé court à travers ces bois[1].
D'un ordre assez précis l'heure presque expirée
Me défend des discours de plus longue durée.
A mon empressement pardonnez cet adieu;
Je perdrois trop, monsieur, à tarder en ce lieu.
DORISE.
Ami, qui que tu sois, si ton ame sensible
A la compassion peut se rendre accessible,
Un jeune gentilhomme implore ton secours;
Prends pitié de mes maux pour trois ou quatre jours[2];

---

[1] VAR. Qui, seul et désarmé, cherche dedans ces bois
  Un bœuf piqué du taon, qui, brisant nos closages,
  Hier, sur le chaud du jour, s'enfuit des pâturages.
  M'en apprendrez-vous rien, monsieur? J'ose penser
  Que par quelque hasard vous l'aurez vu passer.
   DORISE.
  Non, je ne te saurois rien dire de ta bête.
   PYMANTE.
  Monsieur, excusez donc mon incivile enquête :
  Je vais d'autre côté tâcher à la revoir;
  Disposez librement de mon petit pouvoir. (1632-47.)

[2] VAR. Prends pitié de mes maux, et durant quelques jours
  Tiens-moi dans ta cabane, où, bornant ma retraite,

Durant ce peu de temps, accorde une retraite
Sous ton chaume rustique à ma fuite secrète :
D'un ennemi puissant la haine me poursuit ;
Et n'ayant pu qu'à peine éviter cette nuit...

PYMANTE.

L'affaire qui me presse est assez importante
Pour ne pouvoir, monsieur, répondre à votre attente.
Mais, si vous me donniez le loisir d'un moment,

Je rencontre un asile à ma fuite secrète.

PYMANTE.

Tout lourdaud que je suis en ma rusticité,
Je vois bien quand on rit de ma simplicité.
Je vais chercher mon bœuf ; laissez-moi, je vous prie,
Et ne vous moquez plus de mon peu d'industrie.

DORISE.

Hélas ! et plût aux dieux que mon affliction
Fût seulement l'effet de quelque fiction !
Mon grand ami, de grace, accorde ma prière.

PYMANTE.

Il faudroit donc un peu vous cacher là derrière :
Quelques mugissements, entendus de là-bas,
Me font en ce vallon hasarder quelques pas ;
J'y cours, et vous rejoins.

DORISE.

Souffre que je te suive.

PYMANTE.

Vous me retarderiez, monsieur ; homme qui vive
Ne peut à mon égal brosser dans ces buissons.

DORISE.

Non, non, je courrai trop.

PYMANTE.

Que voilà de façons !
Monsieur, résolvez-vous : choisissez l'un ou l'autre ;
Ou faites ma demande, ou j'éconduis la vôtre.

DORISE.

Bien donc, je t'attendrai.

PYMANTE.

Cette touffe d'ormeaux
Aisément vous pourra couvrir de ses rameaux. (1632-47.)

Je vous assurerois d'être ici promptement;
Et j'estime qu'alors il me seroit facile
Contre cet ennemi de vous faire un asile.
DORISE.
Mais, avant ton retour, si quelque instant fatal
M'exposoit par malheur aux yeux de ce brutal,
Et que l'emportement de son humeur altière...
PYMANTE.
Pour ne rien hasarder, cachez-vous là derrière.
DORISE.
Souffre que je te suive, et que mes tristes pas...
PYMANTE.
J'ai des secrets, monsieur, qui ne le souffrent pas,
Et ne puis rien pour vous, à moins que de m'attendre.
Avisez au parti que vous avez à prendre.
DORISE.
Va donc, je t'attendrai.
PYMANTE.
   Cette touffe d'ormeaux
Vous pourra cependant couvrir de ses rameaux.

SCÈNE VIII.

PYMANTE.

Enfin, graces au ciel, ayant su m'en défaire,
Je puis seul aviser à ce que je dois faire.
Qui qu'il soit, il a vu Rosidor attaqué,
Et sait assurément que nous l'avons manqué :
N'en étant point connu, je n'en ai rien à craindre,
Puisque ainsi déguisé tout ce que je veux feindre
Sur son esprit crédule obtient un tel pouvoir.

Toutefois, plus j'y songe, et plus je pense voir,
Par quelque grand effet de vengeance divine,
En ce foible témoin l'auteur de ma ruine :
Son indice douteux, pour peu qu'il ait de jour,
N'éclaircira que trop mon forfait à la cour.
Simple! j'ai peur encor que ce malheur m'avienne;
Et je puis éviter ma perte par la sienne!
Et mêmes on diroit qu'un antre tout exprès
Me garde mon épée au fond de ces forêts :
C'est en ce lieu fatal qu'il me le faut conduire;
C'est là qu'un heureux coup l'empêche de me nuire.
Je ne m'y puis résoudre; un reste de pitié
Violente mon cœur à des traits d'amitié :
En vain je lui résiste, et tâche à me défendre
D'un secret mouvement que je ne puis comprendre;
Son âge, sa beauté, sa grace, son maintien,
Forcent mes sentiments à lui vouloir du bien;
Et l'air de son visage a quelque mignardise
Qui ne tire pas mal à celle de Dorise.
Ah! que tant de malheurs m'auroient favorisé,
Si c'étoit elle-même en habit déguisé!
J'en meurs déja de joie, et mon ame ravie[1]
Abandonne le soin du reste de ma vie.
Je ne suis plus à moi, quand je viens à penser
A quoi l'occasion me pourroit dispenser.
Quoi qu'il en soit, voyant tant de ses traits ensemble,
Je porte du respect à ce qui lui ressemble.

 Misérable Pymante, ainsi donc tu te perds!
Encor qu'il tienne un peu de celle que tu sers,
Étouffe ce témoin pour assurer ta tête :

---

[1] Var. J'en pâme déja d'aise, et mon ame ravie. (1632-47.)

ACTE II, SCÈNE VIII.

S'il est, comme il le dit, battu d'une tempête,
Au lieu qu'en ta cabane il cherche quelque port,
Fais que dans cette grotte il rencontre sa mort[1].
Modère-toi, cruel; et plutôt examine
Sa parole, son teint, et sa taille, et sa mine :
Si c'est Dorise, alors révoque cet arrêt;
Sinon, que la pitié cède à ton intérêt.

[1] Var. Fais qu'en cette caverne il rencontre sa mort.
Modère-toi, Pymante; et plutôt examine. (1632-47.)

FIN DU SECOND ACTE.

ACTE TROISIÈME.

SCÈNE I.

ALCANDRE, ROSIDOR, CALISTE, un prévôt.

ALCANDRE.
L'admirable rencontre à mon ame ravie,
De voir que deux amants s'entre-doivent la vie;
De voir que ton péril la tire de danger;
Que le sien te fournit de quoi t'en dégager;
Qu'à deux desseins divers la même heure choisie [1]
Assemble en même lieu pareille jalousie,
Et que l'heureux malheur qui vous a menacés
Avec tant de justesse a ses temps compassés!
ROSIDOR.
Sire, ajoutez du ciel l'occulte providence :
Sur deux amants il verse une même influence;
Et comme l'un par l'autre il a su nous sauver,
Il semble l'un pour l'autre exprès nous conserver.
ALCANDRE.
Je t'entends, Rosidor; par-là tu me veux dire
Qu'il faut qu'avec le ciel ma volonté conspire,
Et ne s'oppose pas à ses justes décrets,
Qu'il vient de témoigner par tant d'avis secrets.
Eh bien! je veux moi-même en parler à la reine;

[1] Var. Qu'en deux desseins divers pareille jalousie
    Même lieu contre vous et même heure a choisie. (1632-47.)

Elle se fléchira, ne t'en mets pas en peine.
Achève seulement de me rendre raison
De ce qui t'arriva depuis sa pâmoison.
ROSIDOR.
Sire, un mot désormais suffit pour ce qui reste.
Lysarque et vos archers depuis ce lieu funeste
Se laissèrent conduire aux traces de mon sang,
Qui, durant le chemin, me dégouttoit du flanc;
Et, me trouvant enfin dessous un toit rustique,
Ranimé par les soins de son amour pudique [1],
Leurs bras officieux m'ont ici rapporté,
Pour en faire ma plainte à Votre Majesté.
Non pas que je soupire après une vengeance,
Qui ne peut me donner qu'une fausse allégeance :
Le prince aime Clitandre, et mon respect consent
Que son affection le déclare innocent;
Mais si quelque pitié d'une telle infortune
Peut souffrir aujourd'hui que je vous importune [2],
Otant par un hymen l'espoir à mes rivaux,
Sire, vous tariricz la source de nos maux.
ALCANDRE.
Tu fuis à te venger; l'objet de ta maîtresse
Fait qu'un tel desir cède à l'amour qui te presse;
Aussi n'est-ce qu'à moi de punir ces forfaits,
Et de montrer à tous, par de puissants effets,

---

[1] Var. Admirèrent l'effet d'une amitié pudique. (1632.)

Vers supprimés :
> Me voyant appliquer par ce jeune soleil
> D'un peu d'huile et de vin le premier appareil.
> Enfin, quand, pour bander ma dernière blessure,
> La belle eut prodigué jusques à sa coiffure. (1632.)

[2] Var. Vous touche et peut souffrir que je vous importune. (1632.)

Qu'attaquer Rosidor c'est se prendre à moi-même;
Tant je veux que chacun respecte ce que j'aime!
Je le ferai bien voir. Quand ce perfide tour
Auroit eu pour objet le moindre de ma cour,
Je devrois au public, par un honteux supplice,
De telles trahisons l'exemplaire justice.
Mais Rosidor surpris, et blessé comme il l'est,
Au devoir d'un vrai roi joint mon propre intérêt[1].
Je lui ferai sentir, à ce traître Clitandre,
Quelque part que le prince y puisse ou veuille prendre,
Combien mal-à-propos sa folle vanité
Croyoit dans sa faveur trouver l'impunité.
Je tiens cet assassin; un soupçon véritable,
Que m'ont donné les corps d'un couple détestable,
De son lâche attentat m'avoit si bien instruit,
Que déja dans les fers il en reçoit le fruit.

(A Caliste.)

Toi, qu'avec Rosidor le bonheur a sauvée,
Tu te peux assurer que, Dorise trouvée,
Comme ils avoient choisi même heure à votre mort,
En même heure tous deux auront un même sort.

CALISTE.

Sire, ne songez pas à cette misérable;
Rosidor garanti me rend sa redevable[2],

---

[1] Var. A mon devoir de roi joint mon propre intérêt.
. . . .
Quelque part que mon fils y puisse ou veuille prendre,
Combien mal-à-propos sa sotte vanité. (1632-47.)
. . . .
Je le tiens l'affronteur; un soupçon véritable,
. . . .
M'avoit si bien instruit de son perfide tour,
Qu'il s'est vu mis aux fers sitôt que de retour. (1632.)

[2] Var. Quelque dessein qu'elle eût, je lui suis redevable,

Et je me sens forcée à lui vouloir du bien
D'avoir à votre état conservé ce soutien.
ALCANDRE.
Le généreux orgueil des ames magnanimes
Par un noble dédain sait pardonner les crimes ;
Mais votre aspect m'emporte à d'autres sentiments,
Dont je ne puis cacher les justes mouvements ;
Ce teint pâle à tous deux me rougit de colère,
Et vouloir m'adoucir, c'est vouloir me déplaire.
ROSIDOR.
Mais, sire, que sait-on? peut-être ce rival,
Qui m'a fait, après tout, plus de bien que de mal,
Sitôt qu'il vous plaira d'écouter sa défense¹,
Saura de ce forfait purger son innocence.
ALCANDRE.
Et par où la purger? sa main d'un trait mortel
A signé son arrêt en signant ce cartel.
Peut-il désavouer ce qu'assure un tel gage ²,
Envoyé de sa part, et rendu par son page?
Peut-il désavouer que ses gens déguisés
De son commandement ne soient autorisés?
Les deux, tout morts qu'ils sont, qu'on les traine à la boue ;

> Et lui voudrai du bien le reste de mes jours
> De m'avoir conservé l'objet de mes amours.
> ###### LE ROI.
> L'un et l'autre attentat plus que vous deux me touche.
> Vous avez bien, de vrai, la clémence en la bouche ;
> . . . .
> Vous voyant, je ne puis cacher mes mouvements ;
> Votre pâleur de teint me rougit de colère,
> Et vouloir m'adoucir, ce n'est que me déplaire. (1632-47.)

¹ Var. Lorsqu'en votre conseil vous orrez sa défense. (1632-47.)

² Var. Envoyé de sa part, et rendu par son page,
   Peut-il désavouer ce funeste message ? (1632-47.)

L'autre, aussitôt que pris, se verra sur la roue[1];
Et pour le scélérat que je tiens prisonnier,
Ce jour que nous voyons lui sera le dernier.
Qu'on l'amène au conseil; par forme il faut l'entendre[2],
Et voir par quelle adresse il pourra se défendre.
Toi, pense à te guérir, et crois que, pour le mieux,
Je ne veux pas montrer ce perfide à tes yeux :
Sans doute qu'aussitôt qu'il se feroit paroître,
Ton sang rejailliroit au visage du traître.

ROSIDOR.

L'apparence déçoit, et souvent on a vu
Sortir la vérité d'un moyen imprévu[3],
Bien que la conjecture y fût encor plus forte;
Du moins, sire, apaisez l'ardeur qui vous transporte;
Que, l'ame plus tranquille et l'esprit plus remis,
Le seul pouvoir des lois perde nos ennemis.

ALCANDRE.

Sans plus m'importuner, ne songe qu'à tes plaies.
Non, il ne fut jamais d'apparences si vraies.
Douter de ce forfait, c'est manquer de raison.
Derechef, ne prends soin que de ta guérison.

SCÈNE II.

ROSIDOR, CALISTE.

ROSIDOR.

Ah! que ce grand courroux sensiblement m'afflige!

---

[1] VAR. L'autre, aussitôt que pris, se mettra sur la roue. (1632-47.)
[2] VAR. Qu'on l'amène au conseil seulement pour entendre
Le genre de sa mort, et non pour se défendre.
Toi, va te mettre au lit, et crois que pour le mieux. (1632-47.)
[3] VAR. Sortir la vérité d'un moyen impourvu. (1632.)

ACTE III, SCÈNE II.

CALISTE.

C'est ainsi que le roi, te refusant, t'oblige[1] :
Il te donne beaucoup en ce qu'il t'interdit,
Et tu gagnes beaucoup d'y perdre ton crédit.
On voit dans ces refus une marque certaine
Que contre Rosidor toute prière est vaine.
Ses violents transports sont d'assurés témoins
Qu'il t'écouteroit mieux s'il te chérissoit moins.
Mais un plus long séjour pourroit ici te nuire[2].
Ne perdons plus de temps; laisse-moi te conduire
Jusque dans l'antichambre où Lysarque t'attend;
Et montre désormais un esprit plus content.

ROSIDOR.

Si près de te quitter....

CALISTE.

N'achève pas ta plainte.
Tous deux nous ressentons cette commune atteinte;
Mais d'un fâcheux respect la tyrannique loi
M'appelle chez la reine, et m'éloigne de toi.
Il me lui faut conter comme l'on m'a surprise;
Excuser mon absence en accusant Dorise;
Et lui dire comment, par un cruel destin[3],
Mon devoir auprès d'elle a manqué ce matin.

ROSIDOR.

Va donc, et quand son ame, après la chose sue,
Fera voir la pitié qu'elle en aura conçue,

---

[1] Var. Mon cœur, ainsi le roi, te refusant, t'oblige.
. . . .
. . . .
Vois dedans ces refus une marque certaine. (1632-47.)

[2] Var. Mais un plus long séjour ici pourroit te nuire.
Viens donc, mon cher souci; laisse-moi te conduire. (1632-47.)

[3] Var. Et l'informer comment, par un cruel destin. (1632-47.)

Figure-lui si bien Clitandre tel qu'il est,
Qu'elle n'ose en ses feux prendre plus d'intérêt.
CALISTE.
Ne crains pas désormais que mon amour s'oublie [1] ;
Répare seulement ta vigueur affoiblie :
Sache bien te servir de la faveur du roi,
Et pour tout le surplus repose-t'en sur moi [2].

SCÈNE III.

CLITANDRE, en prison.

Je ne sais si je veille, ou si ma rêverie
A mes sens endormis fait quelque tromperie ;
Peu s'en faut, dans l'excès de ma confusion,
Que je ne prenne tout pour une illusion.
Clitandre prisonnier ! je n'en fais pas croyable
Ni l'air sale et puant d'un cachot effroyable,
Ni de ce foible jour l'incertaine clarté,
Ni le poids de ces fers dont je suis arrêté ;
Je les sens, je les vois ; mais mon ame innocente
Dément tous les objets que mon œil lui présente,
Et, le désavouant, défend à ma raison
De me persuader que je sois en prison.
Jamais aucun forfait, aucun dessein infame [3]
N'a pu souiller ma main, ni glisser dans mon ame ;
Et je suis retenu dans ces funestes lieux !
Non, cela ne se peut : vous vous trompez, mes yeux :

---

[1] Var. Ne crains pas, mon souci, que mon amour s'oublie. (1632-47.)

[2] Var. Et tu peux du surplus te reposer sur moi (1632-47.)

[3] Var. Doncques aucun forfait, aucun dessein infame
  N'a jamais pu souiller ni ma main ni mon ame. (1632-47.)

ACTE III, SCÈNE III.

J'aime mieux rejeter vos plus clairs témoignages [1],
J'aime mieux démentir ce qu'on me fait d'outrages,
Que de m'imaginer, sous un si juste roi,
Qu'on peuple les prisons d'innocents comme moi.
 Cependant je m'y trouve; et bien que ma pensée
Recherche à la rigueur ma conduite passée,
Mon exacte censure a beau l'examiner,
Le crime qui me perd ne se peut deviner;
Et quelque grand effort que fasse ma mémoire,
Elle ne me fournit que des sujets de gloire.
Ah! prince, c'est quelqu'un de vos faveurs jaloux
Qui m'impute à forfait d'être chéri de vous.
Le temps qu'on m'en sépare, on le donne à l'envie
Comme une liberté d'attenter sur ma vie.
Le cœur vous le disoit, et je ne sais comment
Mon destin me poussa dans cet aveuglement

---

[1] VAR. Vous aviez autrefois des ressorts infaillibles
  Qui portoient en mon cœur les espèces visibles. (1632-47.)
Vers supprimés :
  Mais mon cœur en prison vous renvoie à son tour
  L'image et le rapport de son triste séjour.
  Triste séjour! Que dis-je? osé-je appeler triste
  L'adorable prison où me retient Caliste?
  En vain, dorénavant, mon esprit irrité
  Se plaindra d'un cachot qu'il a trop mérité;
  Puisque d'un tel blasphème il s'est rendu capable,
  D'innocent que j'entrai, j'y demeure coupable.
  Folles raisons d'amour, mouvements égarés,
  Qu'à vous suivre mes sens se trouvent préparés!
  Et que vous vous jouez d'un esprit en balance
  Qui veut croire plutôt la même extravagance! (1632-47.)
VAR. Que de s'imaginer, sous un si juste roi,
  . . . .
  M'y voilà cependant; et bien que ma pensée
  Épluche à la rigueur ma conduite passée. (1632-47.)

13.

De rejeter l'avis de mon dieu tutélaire ;
C'est là ma seule faute, et c'en est le salaire,
C'en est le châtiment que je reçois ici.
On vous venge, mon prince, en me traitant ainsi ;
Mais vous saurez montrer, embrassant ma défense [1],
Que qui vous venge ainsi puissamment vous offense.
Les perfides auteurs de ce complot maudit,
Qu'à me persécuter votre absence enhardit,
A votre heureux retour verront que ces tempêtes,
Clitandre préservé, n'abattront que leurs têtes.
Mais on ouvre, et quelqu'un, dans cette sombre horreur,
Par son visage affreux redouble ma terreur [2].

SCÈNE IV.

CLITANDRE, LE GEOLIER.

LE GEOLIER.
Permettez que ma main de ces fers vous détache.

---

[1] Var. Mais vous montrerez bien, embrassant ma défense,
Que qui vous venge ainsi lui-même vous offense.
Les damnables auteurs de ce complot maudit. (1632-47.)

[2] Var. De son visage affreux redouble ma terreur.
Parle, que me veux-tu ?
LE GEOLIER.
Vous ôter cette chaîne.
CLITANDRE.
Se repent-on déjà de m'avoir mis en peine ?
LE GEOLIER.
Non pas qu'on me l'ait dit.
CLITANDRE
Quoi ! ta seule bonté
Me détache ces fers ?
LE GEOLIER
Non, c'est sa majesté

CLITANDRE.

Suis-je libre déja?

LE GEOLIER.

Non encor, que je sache.

CLITANDRE.

Quoi! ta seule pitié s'y hasarde pour moi?

LE GEOLIER.

Non, c'est un ordre exprès de vous conduire au roi.

CLITANDRE.

Ne m'apprendras-tu point le crime qu'on m'impute,
Et quel lâche imposteur ainsi me persécute?

LE GEOLIER.

Descendons. Un prevôt, qui vous attend là-bas,
Vous pourra mieux que moi contenter sur ce cas.

SCÈNE V.

PYMANTE, DORISE.

PYMANTE, *regardant une aiguille qu'elle avoit laissée par mégarde dans ses cheveux en se déguisant.*

En vain pour m'éblouir vous usez de la ruse;
Mon esprit, quoique lourd, aisément ne s'abuse :
Ce que vous me cachez, je le lis dans vos yeux.
Quelque revers d'amour vous conduit en ces lieux;
N'est-il pas vrai, monsieur? et même cette aiguille

Qui vous mande au conseil.
CLITANDRE.
                Ne peux-tu rien m'apprendre
Du crime qu'on impose au malheureux Clitandre?
LE GEOLIER.
Descendons. Un prevôt qui vous attend là-bas. (1632-47.)

Sent assez les faveurs de quelque belle fille [1] ;
Elle est, ou je me trompe, un gage de sa foi.
DORISE.
O malheureuse aiguille! Hélas! c'est fait de moi.
PYMANTE.
Sans doute votre plaie à ce mot s'est rouverte.
Monsieur, regrettez-vous son absence, ou sa perte?
Vous auroit-elle bien pour un autre quitté [2],
Et payé vos ardeurs d'une infidélité?
Vous ne répondez point; cette rougeur confuse,
Quoique vous vous taisiez, clairement vous accuse.
Brisons là : ce discours vous fâcheroit enfin ;
Et c'étoit pour tromper la longueur du chemin
Qu'après plusieurs discours, ne sachant que vous dire [3],
J'ai touché sur un point dont votre cœur soupire,
Et de quoi fort souvent on aime mieux parler
Que de perdre son temps à des propos en l'air.
DORISE.
Ami, ne porte plus la sonde en mon courage :
Ton entretien commun me charme davantage;
Il ne peut me lasser, indifférent qu'il est ;
Et ce n'est pas aussi sans sujet qu'il me plait.
Ta conversation est tellement civile,
Que, pour un tel esprit, ta naissance est trop vile;

---

[1] Var. Ressent fort les faveurs de quelque belle fille
   Qui vous l'aura donnée en gage de sa foi. (1632-47.)

[2] Var. Ou, payant vos ardeurs d'une infidélité,
   Vous auroit-elle bien pour un autre quitté ?
   Vous ne me dites mot; cette rougeur confuse. (1632-47.)

[3] Var. Qu'après plusieurs devis, n'ayant plus où me prendre,
   J'ai touché par hasard une corde si tendre,
   Dont beaucoup toutefois aiment bien mieux parler
   Que de perdre leur temps à des propos en l'air. (1632-47.)

ACTE III, SCÈNE V. 199

Tu n'as de villageois que l'habit et le rang :
Tes rares qualités te font d'un autre sang;
Même, plus je te vois, plus en toi je remarque
Des traits pareils à ceux d'un cavalier de marque;
Il s'appelle Pymante, et ton air et ton port
Ont avec tous les siens un merveilleux rapport.

PYMANTE.

J'en suis tout glorieux; et, de ma part, je prise
Votre rencontre autant que celle de Dorise,
Autant que si le ciel, apaisant sa rigueur,
Me faisoit maintenant un présent de son cœur.

DORISE.

Qui nommes-tu Dorise?

PYMANTE.

Une jeune cruelle
Qui me fuit pour un autre.

DORISE.

Et ce rival s'appelle?

PYMANTE.

Le berger Rosidor.

DORISE.

Ami, ce nom si beau
Chez vous donc se profane à garder un troupeau?

PYMANTE.

Madame, il ne faut plus que mon feu vous déguise [1]
Que sous ces faux habits il reconnoît Dorise.

[1] VAR. Ma belle, il ne faut plus que mon feu vous déguise (1632.)
. . . .
Ce n'est pas sans raison qu'à vos yeux, cette fois,
Je passe pour quelqu'un d'entre nos villageois;
M'ayant traité toujours en homme de leur sorte,
Vous croyez aisément à l'habit que je porte,
Dont la fausse apparence aide et suit vos mépris. (1632-47.)

Je ne suis point surpris de me voir dans ces bois
Ne passer à vos yeux que pour un villageois ;
Votre haine pour moi fut toujours assez forte
Pour déférer sans peine à l'habit que je porte ;
Cette fausse apparence aide et suit vos mépris :
Mais cette erreur vers vous ne m'a jamais surpris ;
Je sais trop que le ciel n'a donné l'avantage
De tant de raretés qu'à votre seul visage ;
Sitôt que je l'ai vu, j'ai cru voir en ces lieux
Dorise déguisée, ou quelqu'un de nos dieux ;
Et si j'ai quelque temps feint de vous méconnoître
En vous prenant pour tel que vous vouliez paroître,
Admirez mon amour, dont la discrétion
Rendoit à vos desirs cette soumission [1],
Et disposez de moi, qui borne mon envie
A prodiguer pour vous tout ce que j'ai de vie.
DORISE.
Pymante, eh quoi ! faut-il qu'en l'état où je suis
Tes importunités augmentent mes ennuis ?
Faut-il que dans ce bois ta rencontre funeste
Vienne encor m'arracher le seul bien qui me reste,
Et qu'ainsi mon malheur au dernier point venu
N'ose plus espérer de n'être pas connu ?
PYMANTE.
Voyez comme le ciel égale nos fortunes,
Et comme, pour les faire entre nous deux communes,
Nous réduisant ensemble à ces déguisements,
Il montre avoir pour nous de pareils mouvements.
DORISE.
Nous changeons bien d'habits, mais non pas de visages ;

---

[1] Dans les éditions antérieures à 1638, on trouve *submission*. (L.)

ACTE III, SCÈNE V.

Nous changeons bien d'habits, mais non pas de courages;
Et ces masques trompeurs de nos conditions
Cachent, sans les changer, nos inclinations.

PYMANTE.

Me négliger toujours! et pour qui vous néglige¹!

DORISE.

Que veux-tu? son mépris plus que ton feu m'oblige;
J'y trouve, malgré moi, je ne sais quel appas²,
Par où l'ingrat me tue, et ne m'offense pas.

PYMANTE.

Qu'espérez-vous enfin d'un amour si frivole³
Pour cet ingrat amant qui n'est plus qu'une idole?

DORISE.

Qu'une idole! Ah! ce mot me donne de l'effroi.
Rosidor une idole! ah! perfide, c'est toi,
Ce sont tes trahisons qui l'empêchent de vivre.
Je t'ai vu dans ce bois moi-même le poursuivre⁴,
Avantagé du nombre, et vêtu de façon
Que ce rustique habit effaçoit tout soupçon :
Ton embûche a surpris une valeur si rare.

PYMANTE.

Il est vrai, j'ai puni l'orgueil de ce barbare,

---

¹ Var. Pardonnez-moi, ma reine, ils ont changé mon ame,
    Puisque mes feux plus vifs y redoublent leur flamme.
    DORISE.
    Aussi font bien les miens, mais c'est pour Rosidor.
    PYMANTE.
    Trop cruelle beauté, persistez-vous encor
    A dédaigner mes feux pour un qui vous néglige? (1632-47.)
² Var. J'y trouve, malgré lui, je ne sais quel appas. (1632-47.)
³ Var. Qu'espérez-vous enfin de cette amour frivole
    Envers un qui n'est plus peut-être qu'une idole? (1632-47.)
⁴ Var. Je t'ai vu dans ces bois moi-même le poursuivre. (1632-47.)

De cet heureux ingrat, si cruel envers vous [1],
Qui, maintenant par terre, et percé de mes coups,
Éprouve par sa mort comme un amant fidèle
Venge votre beauté du mépris qu'on fait d'elle.

DORISE.

Monstre de la nature, exécrable bourreau,
Après ce lâche coup qui creuse mon tombeau,
D'un compliment railleur ta malice me flatte [2] !
Fuis, fuis, que dessus toi ma vengeance n'éclate ;
Ces mains, ces foibles mains que vont armer les dieux,
N'auront que trop de force à t'arracher les yeux,
Que trop à t'imprimer sur ce hideux visage
En mille traits de sang les marques de ma rage.

PYMANTE.

Le courroux d'une femme, impétueux d'abord [3],
Promet tout ce qu'il ose à son premier transport ;
Mais, comme il n'a pour lui que sa seule impuissance,
A force de grossir il meurt en sa naissance ;
Ou, s'étouffant soi-même, à la fin ne produit
Que point ou peu d'effet après beaucoup de bruit.

DORISE.

Va, va, ne prétends pas que le mien s'adoucisse [4] ;
Il faut que ma fureur ou l'enfer te punisse ;
Le reste des humains ne sauroit inventer
De gêne qui te puisse à mon gré tourmenter.

---

[1] VAR. De ce tigre, jadis si cruel envers vous. (1632-47.)

[2] VAR. D'un compliment moqueur ta malice me flatte ! (1632-47.)

[3] VAR. L'impétueux bouillon d'un courroux féminin,
   Qui s'échappe sur l'heure et jette son venin,
   Comme il est animé de la seule impuissance,
   A force de grossir, se crève en sa naissance. (1632-47.)

[4] VAR. Traître, ne prétends pas que le mien s'adoucisse. (1632-47.)

ACTE III, SCÈNE V.

Si tu ne crains mes bras, crains de meilleures armes [1],
Crains tout ce que le ciel m'a départi de charmes :
Tu sais quelle est leur force, et ton cœur la ressent ;
Crains qu'elle ne m'assure un vengeur plus puissant.
Ce courroux, dont tu ris, en fera la conquête
De quiconque à ma haine exposera ta tête,

---

[1] Var. Sus d'ongles et de dents....

PYMANTE.

Et que voulez-vous faire ?
Dorise, arrêtez-vous.

DORISE.

Je me veux satisfaire,
Te déchirant* le cœur.

PYMANTE.

Vouloir ainsi ma mort !
Il faudroit paravant que j'en fusse d'accord,
Et que ma patience aidât votre foiblesse.
Que d'heur ! je tiens ici captive ma maîtresse ;
Elle reçoit mes lois, et je puis disposer
De ses mains, qu'à mon aise on me laisse baiser.

DORISE.

Cieux cruels ! ainsi donc votre injustice avoue
Qu'un perfide plus fort de ma fureur se joue !
Et contre ce brigand votre inique rigueur
Me donne un tel courage, et si peu de vigueur !
Ah, sort injurieux ! maudite destinée !
Malheurs trop redoublés ! détestable journée !

PYMANTE.

Enfin vos cris aigus pourroient vous déceler ;
Voici tout proche un lieu plus commode à parler :
Belle Dorise, entrons dedans cette caverne ;
Qu'un peu plus à loisir Pymante vous gouverne.

DORISE.

Que plutôt ce moment puisse achever mes jours.

PYMANTE.

Non, mais** il faut venir.

---

* Var. Te déchirer le cœur.
PYMANTE, lui prenant les mains. (1647.)

** Var. Non, non, il faut venir. (1647.)

De quiconque mettra ma vengeance en mon choix.
Adieu : je perds le temps à crier dans ces bois :
Mais tu verras bientôt si je vaux quelque chose,
Et si ma rage en vain se promet ce qu'elle ose.
PYMANTE.
J'aime tant cette ardeur à me faire périr,
Que je veux bien moi-même avec vous y courir.

DORISE.
A la force, au secours !

SCÈNE VI.
LYSARQUE, CLÉON.

LYSARQUE.
Je t'ai dit en deux mots ce qu'on fera du traître,
Et c'est comme le roi l'a promis à mon maître,
Dont il prend l'intérêt extrêmement à cœur.
CLÉON.
Tu me viens de conter des excès de rigueur.
Bien que ce cavalier soit atteint de ce crime,
On dut considérer* que le prince l'estime.
LYSARQUE.
Et c'est** ce qui le perd ; de peur de son retour,
On hâte le supplice avant la fin du jour.
Le roi, qui ne pourroit refuser sa requête,
Lui veut à son desçu faire couper la tête.
De vrai, tout le conseil, d'un sentiment plus doux,
Essayant d'adoucir l'aigreur de son courroux,
Vu ce tiers échappé, lui propose d'attendre
Que le pendard repris ait convaincu Clitandre ;
Mais il ne reçoit point d'autre avis que le sien.
CLÉON.
L'accusé, cependant coupable, ne dit rien ?
LYSARQUE.
En vain le malheureux proteste d'innocence ;
Le roi, dans sa colère, use de sa puissance,

---

* VAR. Ne se souvient-on point. (1647.)
** VAR. C'est là ce qui le perd. (1647.)

ACTE III, SCÈNE V.

DORISE.

Traître! ne me suis point.

PYMANTE.

Prendre seule la fuite!
Vous vous égareriez à marcher sans conduite;
Et d'ailleurs votre habit, où je ne comprends rien,
Peut avoir du mystère aussi bien que le mien.

Et l'on n'a su gagner qu'avec un grand effort
Quatre heures qu'il lui donne à songer à la mort.
C'est dont je vais porter la nouvelle à mon maître.

CLÉON.

S'il n'est content, au moins il a sujet de l'être;
Mais dis-moi si ses coups le mettent en danger.

LYSARQUE.

Il ne s'en trouve aucun qui ne soit fort léger.
Un seul du genouil droit offense la jointure,
Dont il faut que le lit facilite la cure;
Le reste ne l'oblige à garder la maison,
Et quelque écharpe au bras en feroit la raison.
Adieu; fais, je te prie, état de mon service,
Et crois qu'il n'est pour toi chose que je ne fisse.

CLÉON.

Et moi pareillement je suis ton serviteur.

(seul.)

Me voilà de sa mort le véritable auteur.
Sur mes premiers soupçons le roi, mis en cervelle,
Devint préoccupé d'une haine mortelle;
Et depuis, sous l'appât d'un mandement caché,
Je l'ai d'entre les bras de son prince arraché.
Que sera-ce de moi, s'il en a connoissance?
Rien ne me garantit qu'une éternelle absence.
Après qu'il l'aura su, me montrer à la cour,
C'est m'offrir librement à la perte du jour.
Faisons mieux toutefois, avant que l'heure passe :
Allons, encore un coup, le trouver à la chasse;
Et, s'il ne peut venir à temps pour le sauver*,
Par une prompte fuite il faudra s'esquiver. (1632-47.)

* VAR. Et s'il ne vient à temps pour rabattre les coups,
Par une prompte fuite évitons son courroux. (1647.)

L'asile dont tantôt vous faisiez la demande
Montre quelque besoin d'un bras qui vous défende,
Et mon devoir vers vous seroit mal acquitté,
S'il ne vous avoit mise en lieu de sûreté.
Vous pensez m'échapper quand je vous le témoigne;
Mais vous n'irez pas loin que je ne vous rejoigne.
L'amour que j'ai pour vous, malgré vos dures lois,
Sait trop ce qu'il vous doit, et ce que je me dois.

FIN DU TROISIÈME ACTE.

ACTE QUATRIÈME.

SCÈNE I.

PYMANTE, DORISE[1].

DORISE.
Je te le dis encor, tu perds temps à me suivre ;
Souffre que de tes yeux ta pitié me délivre.
Tu redoubles mes maux par de tels entretiens.
PYMANTE.
Prenez à votre tour quelque pitié des miens,
Madame, et tarissez ce déluge de larmes[2] :
Pour rappeler un mort, ce sont de foibles armes ;
Et, quoi que vous conseille un inutile ennui,
Vos cris et vos sanglots ne vont point jusqu'à lui.
DORISE.
Si mes sanglots ne vont où mon cœur les envoie,
Du moins par eux mon ame y trouvera la voie :
S'il lui faut un passage afin de s'envoler,
Ils le lui vont ouvrir en le fermant à l'air.
Sus donc, sus, mes sanglots, redoublez vos secousses :
Pour un tel désespoir vous les avez trop douces ;

---

[1] Var. PYMANTE, DORISE, dans une caverne. (1632-47.)

[2] Var. Tarissez désormais ce déluge de larmes. (1632-47.)

C'est ici que commence le quatrième acte, dans les premières éditions. (Lef....)

Faites pour m'étouffer de plus puissants efforts.

PYMANTE.

Ne songez plus, madame, à rejoindre les morts [1] ;
Pensez plutôt à ceux qui n'ont point d'autre envie
Que d'employer pour vous le reste de leur vie ;
Pensez plutôt à ceux dont le service offert
Accepté vous conserve, et refusé vous perd.

DORISE.

Crois-tu donc, assassin, m'acquérir par ton crime ?
Qu'innocent méprisé, coupable je t'estime ?
A ce compte, tes feux n'ayant pu m'émouvoir,
Ta noire perfidie obtiendroit ce pouvoir [2] !
Je chérirois en toi la qualité de traitre,
Et mon affection commenceroit à naitre
Lorsque tout l'univers a droit de te haïr ?

PYMANTE.

Si j'oubliai l'honneur jusques à le trahir ;
Si, pour vous posséder, mon esprit, tout de flamme,
N'a rien cru de honteux, n'a rien trouvé d'infame,
Voyez par-là, voyez l'excès de mon ardeur ;
Par cet aveuglement, jugez de sa grandeur.

DORISE.

Non, non, ta lâcheté, que j'y vois trop certaine,
N'a servi qu'à donner des raisons à ma haine.
Ainsi ce que j'avois pour toi d'aversion
Vient maintenant d'ailleurs que d'inclination ;
C'est la raison, c'est elle à présent qui me guide
Au mépris que je fais des flammes d'un perfide.

---

[1] VAR. Belle, ne songez plus* à rejoindre les morts ;
    Pensez plutôt à ceux qui, vivants, n'ont envie. (1632-47.)

[2] VAR. Ton perfide attentat obtiendroit ce pouvoir ! (1632-47.)

* VAR. Ne songez plus, Dorise. (1647.)

ACTE IV, SCÈNE I.

PYMANTE.

Je ne sache raison qui s'oppose à mes vœux,
Puisqu'ici la raison n'est que ce que je veux,
Et, ployant dessous moi, permet à mon envie
De recueillir les fruits de vous avoir servie.
Il me faut des faveurs, malgré vos cruautés [1].

DORISE.

Exécrable! ainsi donc tes desirs effrontés
Voudroient sur ma foiblesse user de violence [2]?

PYMANTE.

Je ris de vos refus, et sais trop la licence
Que me donne l'amour en cette occasion.

DORISE, lui crevant l'œil de son aiguille [3].

Traître! ce ne sera qu'à ta confusion.

PYMANTE, portant les mains à son œil crevé.

Ah, cruelle [4]!

---

[1] VAR. Il me faut un baiser, malgré vos cruautés.
(Il veut user de force.)

[2] VAR. Veulent sur ma foiblesse user de violence?
PYMANTE.
Que sert d'y résister? Je sais trop la licence. (1632-47.)

[3] VAR.   DORISE.
(Elle lui crève un œil du poinçon qui lui étoit demeuré dans les cheveux.) (1632.)

[4] VAR. Ah, cruelle!
DORISE, s'échappant de lui.
Ah, infame!
PYMANTE.
Ah! que viens-tu de faire?
DORISE, sortie de la caverne.
De tirer mon honneur des efforts d'un corsaire.
PYMANTE, ramassant son épée.
Barbare, je t'aurai.
DORISE, se cachant.
Fuyons, il va sortir.
Qu'à propos ce buisson s'offre à me garantir!

CORNEILLE. — T. I.   14

DORISE.
Ah, brigand!
PYMANTE.
Ah! que viens-tu de faire?
DORISE.
De punir l'attentat d'un infame corsaire.

PYMANTE, prenant son épée dans la caverne où il l'avoit jetée au second acte.

Ton sang m'en répondra; tu m'auras beau prier,
Tu mourras.
DORISE, à part.
Fuis, Dorise, et laisse-le crier.

PYMANTE, sorti.
Ne crois pas m'échapper, quoi que ta ruse fasse;
J'ai ta mort en ma main.
DORISE, cachée.
Dieux! le voilà qui passe.

PYMANTE passe de l'autre côté du théâtre.
Tigresse!
DORISE, revenant sur le théâtre.
Il est passé : je suis hors de danger.
Ainsi, dorénavant, mon sort puisse changer!
Ainsi, dorénavant, le ciel plus favorable
Me prête en ces malheurs une main secourable!
Cependant, pour loyer de sa lubricité,
Son œil m'a répondu de ma pudicité;
Et dedans son cristal mon aiguille enfoncée,
Attirant ses deux mains, m'a désembarrassée.
Aussi le falloit-il que ce même poinçon,
Qui premier de mon sexe engendra ce soupçon,
Fût l'auteur de ma prise et de ma délivrance,
Et qu'après mon péril il fît mon assurance.
Va donc, monstre bouffi de luxure et d'orgueil,
Venge sur ces rameaux la perte de ton œil;
Fais servir, si tu veux, dans ta forcenerie,
Les feuilles et le vent d'objets à ta furie :
Dorise, qui s'en moque, et fuit d'autre côté,
En s'éloignant de toi, se met en sûreté. (1632-47.)

SCÈNE II.

PYMANTE.

Où s'est-elle cachée? où l'emporte sa fuite[1]?
Où faut-il que ma rage adresse ma poursuite?
La tigresse m'échappe, et, telle qu'un éclair,
En me frappant les yeux, elle se perd en l'air :
Ou plutôt, l'un perdu, l'autre m'est inutile;
L'un s'offusque du sang qui de l'autre distille.
Coule, coule, mon sang; en de si grands malheurs,
Tu dois avec raison me tenir lieu de pleurs :
Ne verser désormais que des larmes communes,
C'est pleurer lâchement de telles infortunes.
Je vois de tous côtés mon supplice approcher;
N'osant me découvrir, je ne me puis cacher.
Mon forfait avorté se lit dans ma disgrace[2],
Et ces gouttes de sang me font suivre à la trace.
Miraculeux effet! Pour traître que je sois,
Mon sang l'est encor plus, et sert tout-à-la-fois
De pleurs à ma douleur, d'indices à ma prise,
De peine à mon forfait, de vengeance à Dorise.
O toi qui, secondant son courage inhumain[3],
Loin d'orner ses cheveux, déshonores sa main,
Exécrable instrument de sa brutale rage,

---

[1] VAR. Qu'est-elle devenue? Ainsi donc l'inhumaine,
Après un tel affront, rend ma poursuite vaine!
Ainsi donc la cruelle, à guise d'un éclair,
En me frappant les yeux, est disparue en l'air! (1632-47.)

[2] VAR. Mon forfait évident se lit dans ma disgrace. (1632-47.

[3] VAR. Bourreau, qui, secondant son courage inhumain,
Au lieu d'orner son poil, déshonores sa main. (1632.)

Tu devois pour le moins respecter son image;
Ce portrait accompli d'un chef-d'œuvre des cieux,
Imprimé dans mon cœur, exprimé dans mes yeux,
Quoi que te commandât une ame si cruelle¹,
Devoit être adoré de ta pointe rebelle.
  Honteux restes d'amour qui brouillez mon cerveau!

¹ VAR. Quoi que te commandât son ame courroucée,
     Devoit être adoré de ta pointe émoussée. (1632-47.)
  Vers supprimés :
     Quelque secret instinct te devoit figurer
     Que se prendre à mon œil, c'étoit le déchirer.
       Et toi, belle, reviens, reviens, cruelle ingrate ;
     Vois comme encor l'amour en ta faveur me flatte. (1632-47.)
     Ce poinçon qu'à mon heur j'éprouve si fatal,
     Ce n'est qu'à ton sujet que je lui veux du mal :
     Vois dans ces vains propos, par où mon cœur se venge,
     Moins de blâme pour lui que pour toi de louange. (1632.)
     Tu n'as, dans ta colère, usé que de tes droits ;
     Et ma vie et ma mort dépendant de tes lois,
     Il t'étoit libre encor de m'être plus funeste,
     Et c'est de ta pitié que j'en tiens ce qui reste.
     Reviens, belle, reviens, que j'offre, tout blessé,
     A tes ressentiments, ce que tu m'as laissé.
     Lâche et honteux retour de ma flamme insensée !
     Il semble que déjà ma fureur soit passée. (1632-47.)
  VAR. Et tous mes sens brouillés d'un désordre nouveau,
     Au lieu de ma maîtresse, adorent mon bourreau.
     . . . .
     Seule je te permets d'occuper mon courage ;
     . . . . , ...
     . . . .
     L'amour vient d'expirer, et ses flammes dernières
     S'éteignant ont jeté leurs plus vives lumières.
     . . . .
     Que ce qu'il faut de place au soin de la punir.
     Je n'ai plus de penser qui n'en veuille à sa vie.
     . . . .
     Implacable pour moi, s'obstine à mes tourments ;
     Si vous me réservez à d'autres châtiments (1632-47.)

ACTE IV, SCÈNE II.

Quoi! puis-je en ma maîtresse adorer mon bourreau?
Remettez-vous, mes sens ; rassure-toi, ma rage ;
Reviens, mais reviens seule animer mon courage ;
Tu n'as plus à débattre avec mes passions
L'empire souverain dessus mes actions ;
L'amour vient d'expirer, et ses flammes éteintes
Ne t'imposeront plus leurs infames contraintes.
Dorise ne tient plus dedans mon souvenir
Que ce qu'il faut de place à l'ardeur de punir.
Je n'ai plus rien en moi qui n'en veuille à sa vie.
Sus donc, qui me la rend? Destins, si votre envie,
Si votre haine encor s'obstine à mes tourments,
Jusqu'à me réserver à d'autres châtiments,
Faites que je mérite, en trouvant l'inhumaine,
Par un nouveau forfait, une nouvelle peine ;
Et ne me traitez pas avec tant de rigueur
Que mon feu ni mon fer ne touchent point son cœur.
Mais ma fureur se joue, et, demi-languissante,
S'amuse au vain éclat d'une voix impuissante.
Recourons aux effets ; cherchons de toutes parts :
Prenons dorénavant pour guides les hasards.
Quiconque ne pourra me montrer la cruelle [1],
Que son sang aussitôt me réponde pour elle ;
Et, ne suivant ainsi qu'une incertaine erreur,
Remplissons tous ces lieux de carnage et d'horreur.

(Une tempête survient.)

Mes menaces déjà font trembler tout le monde ;
Le vent fuit d'épouvante, et le tonnerre en gronde ;
L'œil du ciel s'en retire, et par un voile noir,
N'y pouvant résister, se défend d'en rien voir ;
Cent nuages épais se distillants en larmes,

[1] Var. Quiconque rencontré n'en saura de nouvelle. (1632.)

A force de pitié, veulent m'ôter les armes.
La nature étonnée embrasse mon courroux ¹,
Et veut m'offrir Dorise, ou devancer mes coups.
Tout est de mon parti; le ciel même n'envoie
Tant d'éclairs redoublés qu'afin que je la voie.
Quelques lieux où l'effroi porte ses pas errants ²,
Ils sont entrecoupés de mille gros torrents.
Que je serois heureux, si cet éclat de foudre,
Pour m'en faire raison, l'avoit réduite en poudre!
Allons voir ce miracle, et désarmer nos mains,
Si le ciel a daigné prévenir nos desseins.
Destins, soyez enfin de mon intelligence,
Et vengez mon affront, ou souffrez ma vengeance.

¹ VAR. L'univers, n'ayant pas de force à m'opposer,
Me vient offrir Dorise, afin de m'apaiser. (1632-47)
² VAR. Quelque part où la peur porte ses pas errants,
. . . .
O suprême faveur! ce grand éclat de foudre,
Décoché sur son chef, le vient de mettre en poudre!
Ce fer, s'il est ainsi, me va tomber des mains;
Ce coup aura sauvé le reste des humains.
Satisfait par sa mort, mon esprit se modère,
Et va sur sa charogne * achever sa colère.

SCÈNE III.

LE PRINCE.

Que d'heur en ce péril! sans me faire aucun mal,
. . . .
Et, consommant sur lui toute sa violence,
Il m'a porté respect parmi son insolence.
Holà! quelqu'un à moi. Tous mes gens écartés,
Loin de me secourir, suivent de tous côtés
L'effroi de la tempête, ou l'ardeur de la chasse. (1632-47.)
Cette ardeur les emporte, ou la frayeur les glace. (1632-47.)

* VAR. Et va, par ce spectacle. (1647.)

SCÈNE III.

FLORIDAN.

Quel bonheur m'accompagne en ce moment fatal!
Le tonnerre a sous moi foudroyé mon cheval,
Et, consumant sur lui toute sa violence,
Il m'a porté respect parmi son insolence.
Tous mes gens, écartés par un subit effroi,
Loin d'être à mon secours, ont fui d'autour de moi,
Ou déja dispersés par l'ardeur de la chasse,
Ont dérobé leur tête à sa fière menace.
Cependant seul, à pied, je pense à tous moments
Voir le dernier débris de tous les éléments,
Dont l'obstination à se faire la guerre
Met toute la nature au pouvoir du tonnerre.
Dieux, si vous témoignez par-là votre courroux,
De Clitandre ou de moi lequel menacez-vous?
La perte m'est égale; et la même tempête
Qui l'auroit accablé tomberoit sur ma tête.
Pour le moins, justes dieux, s'il court quelque danger [1],
Souffrez que je le puisse avec lui partager.
J'en découvre à la fin quelque meilleur présage;
L'haleine manque aux vents, et la force à l'orage;
Les éclairs, indignés d'être éteints par les eaux,
En ont tari la source et séché les ruisseaux,
Et déja le soleil de ses rayons essuie
Sur ces moites rameaux le reste de la pluie;
Au lieu du bruit affreux des foudres décochés,

---

[1] Var. Pour le moins, dieux, s'il court quelque danger fatal,
Qu'il en ait, comme moi, plus de peur que de mal. (1632-47.)

Les petits oisillons, encor demi-cachés ¹....
Mais je verrai bientôt quelques uns de ma suite;
Je le juge à ce bruit.

SCÈNE IV.

FLORIDAN, PYMANTE, DORISE.

PYMANTE saisit Dorise qui le fuyoit.

Enfin, malgré ta fuite,
Je te retiens, barbare.

DORISE.
Hélas!

PYMANTE.
Songe à mourir;
Tout l'univers ici ne te peut secourir.

FLORIDAN.
L'égorger à ma vue! ô l'indigne spectacle!
Sus, sus, à ce brigand opposons un obstacle.
Arrête, scélérat!

PYMANTE.
Téméraire, où vas-tu?

FLORIDAN.
Sauver ce gentilhomme à tes pieds abattu.

DORISE, à Pymante ².
Traitre, n'avance pas; c'est le prince.

---

¹ Vers supprimés :
    Poussent en tremblotant, et hasardent à peine
    Leur voix, qui se dérobe à la peur incertaine
    Qui tient encor leur ame, et ne leur permet pas
    De se croire du tout préservés du trépas. (1632.)
Var. J'aurai bientôt ici quelques uns de ma suite. (1632.)

² Var.   DORISE.
C'est le prince, tout beau.

ACTE IV, SCÈNE IV.

PYMANTE, tenant Dorise d'une main, et se battant de l'autre.
                    N'importe ;
Il m'oblige à sa mort, m'ayant vu de la sorte.

FLORIDAN.
Est-ce là le respect que tu dois à mon rang?

PYMANTE.
Je ne connois ici ni qualité ni sang.
Quelque respect ailleurs que ta naissance obtienne [1],
Pour assurer ma vie, il faut perdre la tienne.

DORISE.
S'il me demeure encor quelque peu de vigueur,
Si mon débile bras ne dédit point mon cœur,
J'arrêterai le tien.

PYMANTE.
            Que fais-tu, misérable?

DORISE.
Je détourne le coup d'un forfait exécrable.

PYMANTE.
Avec ces vains efforts crois-tu m'en empêcher [2]?

FLORIDAN.
Par une heureuse adresse il l'a fait trébucher.
Assassin, rends l'épée.

PYMANTE.
            Prince ou non, ne m'importe. (1632-47.)

[1] Var. Quelque respect ailleurs que ton grade s'obtienne. (1632-47.)
[2] Var. Dorise, s'embarrassant dans ses jambes, le fait trébucher. (1632.)

SCÈNE V.

FLORIDAN[1], **PYMANTE, DORISE**; TROIS VE-
NEURS, portant en leurs mains les vrais habits de Pymante,
Lycaste, et Dorise.

PREMIER VENEUR.

Écoute, il est fort proche;
C'est sa voix qui résonne au creux de cette roche,
Et c'est lui que tantôt nous avions entendu.

FLORIDAN désarme Pymante, et en donne l'épée à garder à Dorise.
Prends ce fer en ta main.

PYMANTE.

Ah cieux! je suis perdu.

SECOND VENEUR.

Oui, je le vois. Seigneur, quelle aventure étrange[2],
Quel malheureux destin en cet état vous range?

FLORIDAN.

Garrottez ce maraud; les couples de vos chiens
Vous y pourront servir, faute d'autres liens.
Je veux qu'à mon retour une prompte justice
Lui fasse ressentir par l'éclat d'un supplice,
Sans armer contre lui que les lois de l'état,
Que m'attaquer n'est pas un léger attentat :
Sachez que, s'il échappe, il y va de vos têtes.

---

1 VAR. Il saute sur Pymante, et deux veneurs paroissent chargés des vrais habits de Pymante,
Lycaste, et Dorise. (1632.)

2 VAR. Le voilà, Monseigneur, quelle aventure étrange
Et quel mauvais destin en cet état vous range?
LE PRINCE.
Garrottez ce maraud ; faute d'autres liens,
Employez-y plutôt les couples de vos chiens. (1632-47.)

ACTE IV, SCÈNE V.

PREMIER VENEUR.

Si nous manquons, seigneur, les voilà toutes prêtes [1].
Admirez cependant le foudre et ses efforts
Qui dans cette forêt ont consumé trois corps [2];
En voici les habits, qui, sans aucun dommage,
Semblent avoir bravé la fureur de l'orage.

FLORIDAN.

Tu montres à mes yeux de merveilleux effets [3].

DORISE.

Mais des marques plutôt de merveilleux forfaits.
Ces habits, dont n'a point approché le tonnerre,
Sont aux plus criminels qui vivent sur la terre :
Connoissez-les, grand prince, et voyez devant vous
Pymante prisonnier, et Dorise à genoux.

FLORIDAN.

Que ce soit là Pymante, et que tu sois Dorise!

DORISE.

Quelques étonnements qu'une telle surprise
Jette dans votre esprit, que vos yeux ont déçu,
D'autres le saisiront quand vous aurez tout su.
La honte de paroître en un tel équipage
Coupe ici ma parole et l'étouffe au passage;
Souffrez que je reprenne en un coin de ce bois
Avec mes vêtements l'usage de la voix,
Pour vous conter le reste en habit plus sortable.

---

[1] Var. En ce cas, monseigneur, les voilà toutes prêtes. (1632-47.)
[2] Var. Qui dans cette forêt ont consommé trois corps. (1632-47.)
[3] Var. Tu me montres vraiment de merveilleux effets.
. . . .
Ces habits, que n'a point approchés le tonnerre,
. . . .
Connoissez-les, mon prince, et voyez devant vous. (1632-47.)

FLORIDAN.

Cette honte me plaît; ta prière équitable,
En faveur de ton sexe, et du secours prêté,
Suspendra jusqu'alors ma curiosité.
Tandis, sans m'éloigner beaucoup de cette place,
Je vais sur ce coteau pour découvrir la chasse.

(A un veneur.) (Aux autres veneurs.)

Tu l'y ramèneras. Vous, s'il ne veut marcher [1],
Gardez-le cependant au pied de ce rocher.

(Le prince sort, et un des veneurs s'en va avec Dorise, et les autres mènent Pymante d'un autre côté.)

[1] Var. Tu l'y ramèneras. Toi, s'il ne veut marcher,
Garde-le cependant au pied de ce rocher.
. . . .
. . . .

SCÈNE SUPPRIMÉE.

CLÉON, ET ENCORE UN VENEUR.

CLÉON.

Tes avis, qui n'ont rien que de l'incertitude,
N'ôtent point mon esprit de son inquiétude,
Et ne me font pas voir le prince en ce besoin.

TROISIÈME VENEUR.

Assurez-vous sur moi qu'il ne peut être loin.
La mort de son cheval étendu sur la terre,
Et tout fumant encor d'un éclat de tonnerre,
L'ayant réduit à pied, ne lui permettra pas,
En si peu de loisir, d'en éloigner ses pas.

CLÉON.

Ta foible conjecture a bien peu d'apparence,
Et flatte vainement ma débile espérance.
Le moyen que le prince, aussitôt rencontré,
De ce funeste lieu ne se soit écarté?

TROISIÈME VENEUR.

Chacun, plein de frayeur au bruit de la tempête,
Qui çà, qui là, cherchoit où garantir sa tête;
Si bien que, séparé possible de son train,
Il n'aura trouvé lors d'autre cheval en main :

SCÈNE VI.

CLITANDRE, LE GEOLIER.

CLITANDRE, en prison.

Dans ces funestes lieux, où la seule inclémence
D'un rigoureux destin réduit mon innocence,
Je n'attends désormais du reste des humains
Ni faveur, ni secours, si ce n'est par tes mains.

LE GEOLIER.

Je ne connois que trop où tend ce préambule[1].
Vous n'avez pas affaire à quelque homme crédule :
Tous dans cette prison, dont je porte les clés,
Se disent comme vous du malheur accablés,
Et la justice à tous est injuste de sorte
Que la pitié me doit leur faire ouvrir la porte;
Mais je me tiens toujours ferme dans mon devoir.
Soyez coupable ou non, je n'en veux rien savoir;
Le roi, quoi qu'il en soit, vous a mis en ma garde :
Il me suffit; le reste en rien ne me regarde[2].

CLITANDRE.

Tu juges mes desseins autres qu'ils ne sont pas.
Je tiens l'éloignement pire que le trépas,

> Joint à cela que l'œil, au sentier où nous sommes,
> N'en remarque aucuns pas mêlés à ceux des hommes.
> CLÉON.
> Poursuivons; mais je crois que pour le rencontrer
> Il faudroit quelque dieu qui nous le vînt montrer. (1632-47.)

[1] VAR. A d'autres. Je vois trop où tend ce préambule.
. . . .
Tous dedans ces cachots dont je porte les clés. (1632.)

[2] VAR. Il suffit; le surplus en rien ne me regarde. (1632.)

Et la terre n'a point de si douce province
Où le jour m'agréât loin des yeux de mon prince.
Hélas! si tu voulois l'envoyer avertir
Du péril dont sans lui je ne saurois sortir,
Ou qu'il lui fût porté de ma part une lettre ;
De la sienne en ce cas je t'ose bien promettre
Que son retour soudain des plus riches te rend :
Que cet anneau t'en serve et d'arrhe et de garant :
Tends la main et l'esprit vers un bonheur si proche.

LE GEOLIER.

Monsieur, jusqu'à présent j'ai vécu sans reproche,
Et, pour me suborner, promesses ni présents
N'ont et n'auront jamais de charmes suffisants ;
C'est de quoi je vous donne une entière assurance :
Perdez-en le dessein avecque l'espérance :
Et puisque vous dressez des piéges à ma foi,
Adieu, ce lieu devient trop dangereux pour moi.

SCÈNE VII.

CLITANDRE.

Va, tigre! va, cruel, barbare, impitoyable!
Ce noir cachot n'a rien tant que toi d'effroyable.
Va, porte aux criminels tes regards dont l'horreur
Peut seule aux innocents imprimer la terreur[1] :
Ton visage déja commençoit mon supplice ;
Et mon injuste sort, dont tu te fais complice,
Ne t'envoyoit ici que pour m'épouvanter,
Ne t'envoyoit ici que pour me tourmenter.

---

[1] Var. Seule aux cœurs innocents imprime la terreur. (1632-47.)

Cependant, malheureux, à qui me dois-je prendre
D'une accusation que je ne puis comprendre ?
A-t-on rien vu jamais, a-t-on rien vu de tel ?
Mes gens assassinés me rendent criminel !
L'auteur du coup s'en vante, et l'on m'en calomnie !
On le comble d'honneur, et moi d'ignominie !
L'échafaud qu'on m'apprête au sortir de prison,
C'est par où de ce meurtre on me fait la raison.
Mais leur déguisement d'autre côté m'étonne :
Jamais un bon dessein ne déguisa personne ;
Leur masque les condamne, et mon seing contrefait,
M'imputant un cartel, me charge d'un forfait.
Mon jugement s'aveugle ; et, ce que je déplore,
Je me sens bien trahi ; mais par qui ? je l'ignore ;
Et mon esprit troublé, dans ce confus rapport,
Ne voit rien de certain que ma honteuse mort.

 Traître, qui que tu sois, rival, ou domestique,
Le ciel te garde encore un destin plus tragique.
N'importe, vif ou mort, les gouffres des enfers
Auront pour ton supplice encor de pires fers ;
Là, mille affreux bourreaux t'attendent dans les flammes.
Moins les corps sont punis, plus ils gênent les ames,
Et par des cruautés qu'on ne peut concevoir,
Ils vengent l'innocence au-delà de l'espoir[1].
Et vous, que désormais je n'ose plus attendre,
Prince, qui m'honoriez d'une amitié si tendre,
Et dont l'éloignement fut mon plus grand malheur,
Bien qu'un crime imputé noircisse ma valeur,
Que le prétexte faux d'une action si noire
Ne laisse plus de moi qu'une sale mémoire[2],

---

[1] Var. Vengent les innocents par-delà leur espoir. (1632-47.)

[2] Var. N'aille laisser de moi qu'une sale mémoire. (1632-47.)

Permettez que mon nom, qu'un bourreau va ternir,
Dure sans infamie en votre souvenir.
Ne vous repentez point de vos faveurs passées,
Comme chez un perfide indignement placées :
J'ose, j'ose espérer qu'un jour la vérité
Paroitra toute nue à la postérité ;
Et je tiens d'un tel heur l'attente si certaine,
Qu'elle adoucit déja la rigueur de ma peine ;
Mon ame s'en chatouille, et ce plaisir secret
La prépare à sortir avec moins de regret.

SCÈNE VIII.

FLORIDAN, PYMANTE, CLÉON; DORISE,
en habit de femme; TROIS VENEURS.

FLORIDAN, à Dorise et à Cléon.

Vous m'avez dit tous deux d'étranges aventures.
Ah, Clitandre ! ainsi donc de fausses conjectures
T'accablent, malheureux, sous le courroux du roi !
Ce funeste récit me met tout hors de moi.

CLÉON.

Hâtant un peu le pas, quelque espoir me demeure
Que vous arriverez auparavant qu'il meure.

FLORIDAN.

Si je n'y viens à temps, ce perfide en ce cas
A son ombre immolé ne me suffira pas.
C'est trop peu de l'auteur de tant d'énormes crimes ;
Innocent, il aura d'innocentes victimes.
Où que soit Rosidor, il le suivra de près ;
Et je saurai changer ses myrtes en cyprès [1].

---

[1] Var. Ses myrtes prétendus tourneront en cyprès. (1632-47.)

ACTE IV, SCÈNE VIII.

DORISE.

Souiller ainsi vos mains du sang de l'innocence!

FLORIDAN.

Mon déplaisir m'en donne une entière licence.
J'en veux, comme le roi, faire autant à mon tour ;
Et puisqu'en sa faveur on prévient mon retour,
Il est trop criminel. Mais que viens-je d'entendre?
Je me tiens presque sûr de sauver mon Clitandre ;
La chasse n'est pas loin, où, prenant un cheval,
Je préviendrai le coup de son malheur fatal ;
Il suffit de Cléon pour ramener Dorise.

(montrant Pymante.)

Vous autres, gardez bien de lâcher votre prise ;
Un supplice l'attend, qui doit faire trembler
Quiconque désormais voudroit lui ressembler.

FIN DU QUATRIÈME ACTE.

ACTE CINQUIÈME.

SCÈNE I.

FLORIDAN, CLITANDRE, un prevôt, CLÉON.

FLORIDAN, parlant au prevôt.
Dites vous-même au roi qu'une telle innocence [1]
Légitime en ce point ma désobéissance,
Et qu'un homme sans crime avoit bien mérité
Que j'usasse pour lui de quelque autorité.
Je vous suis. Cependant, que mon heur est extrême,
Ami, que je chéris à l'égal de moi-même [2],
D'avoir su justement venir à ton secours
Lorsqu'un infame glaive alloit trancher tes jours,
Et qu'un injuste sort, ne trouvant point d'obstacle,
Apprêtoit de ta tête un indigne spectacle!

CLITANDRE.
Ainsi qu'un autre Alcide, en m'arrachant des fers,
Vous m'avez aujourd'hui retiré des enfers [3];
Et moi dorénavant j'arrête mon envie
A ne servir qu'un prince à qui je dois la vie.

FLORIDAN.
Réserve pour Caliste une part de tes soins.

---

[1] Var. Allez toujours au roi * dire qu'une innocence.

[2] Var. Cher ami, que je tiens comme un autre moi-même. (1632-47.)

[3] Var. Vous m'avez, autant vaut, retiré des enfers. (1632-47.)

* Var. Allez devant au roi. (1647.)

CLITANDRE.
C'est à quoi désormais je veux penser le moins.
FLORIDAN.
Le moins! Quoi! désormais, Caliste en ta pensée
N'aurait plus que le rang d'une image effacée?
CLITANDRE.
J'ai honte que mon cœur auprès d'elle attaché
De son ardeur pour vous ait souvent relâché[1],
Ait souvent pour le sien quitté votre service :
C'est par-là que j'avois mérité mon supplice ;
Et, pour m'en faire naître un juste repentir,
Il semble que les dieux y vouloient consentir :
Mais votre heureux retour a calmé cet orage.
FLORIDAN.
Tu me fais assez lire au fond de ton courage[2] ;
La crainte de la mort en chasse des appas
Qui t'ont mis au péril d'un si honteux trépas,
Puisque, sans cet amour, la fourbe mal conçue[3]
Eût manqué contre toi de prétexte et d'issue ;
Ou peut-être à présent tes desirs amoureux
Tournent vers des objets un peu moins rigoureux.
CLITANDRE.
Doux, ou cruels, aucun désormais ne me touche.
FLORIDAN.
L'amour dompte aisément l'esprit le plus farouche ;
C'est à ceux de notre âge un puissant ennemi :

[1] VAR. Ait son ardeur vers vous si souvent relâché,
Si souvent pour le sien quitté votre service. (1632-47.)

[2] VAR. Je devine à-peu-près le fond de ton courage. (1632-47.)

[3] VAR. Vu que, sans cet amour, la fourbe mal conçue
. . . .
. . . .
Se cherchent des objets un peu moins rigoureux. (1632.)

Tu ne connois encor ses forces qu'à demi ;
Ta résolution, un peu trop violente,
N'a pas bien consulté ta jeunesse bouillante.
Mais que veux-tu, Cléon, et qu'est-il arrivé?
Pymante de vos mains se seroit-il sauvé?

CLÉON.

Non, seigneur; acquittés de la charge commise [1],
Nos veneurs ont conduit Pymante, et moi, Dorise;
Et je viens seulement prendre un ordre nouveau.

FLORIDAN.

Qu'on m'attende avec eux aux portes du château.
Allons, allons au roi montrer ton innocence ;
Les auteurs des forfaits sont en notre puissance;
Et l'un d'eux, convaincu dès le premier aspect,
Ne te laissera plus aucunement suspect.

SCÈNE II.

ROSIDOR, sur son lit.

Amants les mieux payés de votre longue peine,
Vous de qui l'espérance est la moins incertaine,
Et qui vous figurez, après tant de longueurs,
Avoir droit sur les corps dont vous tenez les cœurs,
En est-il parmi vous de qui l'ame contente
Goûte plus de plaisirs que moi dans son attente?
En est-il parmi vous de qui l'heur à venir
D'un espoir mieux fondé se puisse entretenir?
Mon esprit, que captive un objet adorable,

---

[1] Var. Grace aux dieux! acquittés de la charge commise,
. . . .
Et je viens, monseigneur, prendre un ordre nouveau. (1632-47.)

ACTE V, SCÈNE II.

Ne l'éprouva jamais autre que favorable.
J'ignorerois encor ce que c'est que mépris,
Si le sort d'un rival ne me l'avoit appris[1].
Je te plains toutefois, Clitandre ; et la colère
D'un grand roi qui te perd me semble trop sévère.
Tes desseins par l'effet n'étoient que trop punis[2] ;
Nous voulant séparer, tu nous as réunis.
Il ne te falloit point de plus cruels supplices
Que de te voir toi-même auteur de nos délices,
Puisqu'il n'est pas à croire, après ce lâche tour[3],
Que le prince ose plus traverser notre amour.
Ton crime t'a rendu désormais trop infame
Pour tenir ton parti sans s'exposer au blâme :
On devient ton complice à te favoriser.
Mais hélas ! mes pensers, qui vous vient diviser ?
Quel plaisir de vengeance à présent vous engage ?
Faut-il qu'avec Caliste un rival vous partage ?
Retournez, retournez vers mon unique bien ;
Que seul dorénavant il soit votre entretien ;
Ne vous repaissez plus que de sa seule idée ;
Faites-moi voir la mienne en son ame gardée :
Ne vous arrêtez pas à peindre sa beauté,

---

[1] Vers supprimés :
    Les flammes de Caliste à mes flammes répondent ;
    Je ne fais point de vœux que les siens ne secondent ;
    Il n'est point de souhaits qui ne m'en soient permis,
    Ni de contentements qui ne m'en soient promis.
    Clitandre, qui jamais n'attira que sa haine,
    Ne peut plus m'opposer le prince, ni la reine :
    Si mon heur, de sa part, avoit quelque défaut,
    Avec sa tête on va l'ôter sur l'échafaud. (1632-47.)

[2] Var. Tes desseins du succès étoient assez punis. (1632-47.)

[3] Var. Vu qu'il n'est pas à croire, après ce lâche tour. (1632-47.)

C'est par où mon esprit est le moins enchanté;
Elle servit d'amorce à mes desirs avides,
Mais ils ont su trouver des objets plus solides [1].
Mon feu qu'elle alluma fût mort au premier jour,
S'il n'eût été nourri d'un réciproque amour.
Oui, Caliste, et je veux toujours qu'il m'en souvienne,
J'aperçus aussitôt ta flamme que la mienne;
L'amour apprit ensemble à nos cœurs à brûler;
L'amour apprit ensemble à nos yeux à parler;
Et sa timidité lui donna la prudence
De n'admettre que nous en notre confidence:
Ainsi nos passions se déroboient à tous;
Ainsi nos feux secrets n'ayant point de jaloux [2]....
Mais qui vient jusqu'ici troubler mes rêveries?

SCÈNE III.

ROSIDOR, CALISTE.

CALISTE.
Celle qui voudroit voir tes blessures guéries,
Celle. .

---

[1] Var. Mais il leur faut depuis des objets plus solides. (1632-47.)

[2] Var. Ainsi nos feux secrets n'avoient point de jaloux. (1632-47.)
Vers supprimés :
> Tant que leur sainte ardeur, plus forte devenue,
> Voulut un peu de mal à tant de retenue.
> Lors on nous vit quitter ces ridicules soins,
> Et nos petits larcins souffrirent ces témoins.
> Si je voulois baiser ou tes yeux ou ta bouche,
> Tu savois dextrement faire un peu la farouche,
> Et, me laissant toujours de quoi me prévaloir,
> Montrer également le craindre et le vouloir.
> Depuis, avec le temps, l'amour s'est fait le maître;

ROSIDOR.

Ah! mon heur, jamais je n'obtiendrois sur moi
De pardonner ce crime à toute autre qu'à toi.
De notre amour naissant la douceur et la gloire
De leur charmante idée occupoient ma mémoire;
Je flattois ton image, elle me reflattoit;
Je lui faisois des vœux, elle les acceptoit;
Je formois des desirs, elle en aimoit l'hommage.
La désavoueras-tu, cette flatteuse image?
Voudras-tu démentir notre entretien secret?
Seras-tu plus mauvaise enfin que ton portrait?

CALISTE.

Tu pourrois de sa part te faire tant promettre,
Que je ne voudrois pas tout-à-fait m'y remettre;

> Sans aucune contrainte il a voulu paroître :
> Si bien que plus nos cœurs perdoient leur liberté,
> Et plus on en voyoit en notre privauté.
> Ainsi, dorénavant, après la foi donnée,
> Nous ne respirons plus qu'un heureux hyménée,
> Et, ne touchant encor ses droits que du penser,
> Nos feux à tout le reste osent se dispenser :
> Hors ce point, tout est libre à l'ardeur qui nous presse. (1632.)
>   (Caliste entre, et s'assied sur son lit.)

SCÈNE III.

CALISTE, ROSIDOR.

CALISTE.

Que diras-tu, mon cœur, de voir que ta maîtresse
Te vient effrontément trouver jusques au lit?

ROSIDOR.

Que dirai-je? sinon que, pour un tel délit,
On ne m'échappe à moins de trois baisers d'amende.

CALISTE.

La gentille façon d'en faire la demande!

ROSIDOR.

Mon regret, dans ce lit qu'on m'oblige à garder,

Quoiqu'à dire le vrai je ne sais pas trop bien
En quoi je dédirois ce secret entretien,
Si ta pleine santé me donnoit lieu de dire
Quelle borne à tes vœux je puis et dois prescrire.
Prends soin de te guérir ; et les miens plus contents...
Mais je te le dirai quand il en sera temps.

ROSIDOR.

Cet énigme enjoué n'a point d'incertitude
Qui soit propre à donner beaucoup d'inquiétude ;
Et, si j'ose entrevoir dans son obscurité,
Ma guérison importe à plus qu'à ma santé.
Mais dis tout, ou du moins souffre que je devine,
Et te die à mon tour ce que je m'imagine.

CALISTE.

Tu dois, par complaisance au peu que j'ai d'appas,

C'est de ne pouvoir plus prendre sans demander ;
Autrement, mon souci, tu sais comme j'en use.

CALISTE.

En effet, il est vrai, de peur qu'on te refuse,
Sans rien dire souvent et par force tu prends....

ROSIDOR.

Ce que, forcée ou non, de bon cœur tu me rends.

CALISTE.

Tout beau, si quelquefois je souffre et je pardonne
Le trop de liberté que ta flamme se donne,
C'est sous condition de n'y plus revenir.

ROSIDOR.

Si tu me rencontrois d'humeur à la tenir,
Tu chercherois bientôt moyen de t'en dédire.
Ton sexe, qui défend ce que plus il desire,
Voit fort à contre-cœur....

CALISTE.

Qu'on lui désobéit,
Et que notre foiblesse, au plus fort, se trahit.

ROSIDOR.

Ne dissimulons point, est-il quelque avantage

ACTE V, SCÈNE III.

Feindre d'entendre mal ce que je ne dis pas,
Et ne point m'envier un moment de délices
Que fait goûter l'amour en ces petits supplices.
Doute donc, sois sans peine, et montre un cœur gêné
D'une amoureuse peur d'avoir mal deviné ;
Espère, mais hésite ; hésite, mais aspire :
Attends de ma bonté qu'il me plaise tout dire,
Et, sans en concevoir d'espoir trop affermi,
N'espère qu'à demi, quand je parle à demi.

ROSIDOR.
Tu parles à demi, mais un secret langage
Qu'avec nous, au baiser, ton sexe ne partage ?

CALISTE.
Vos importunités le font assez juger.

ROSIDOR.
Nous ne nous en servons que pour vous obliger :
C'est par où notre ardeur supplée à votre honte ;
Mais l'un et l'autre y trouve également son compte.
Et toutes vous dussiez prendre, en un jeu si doux,
Comme même plaisir, même intérêt que nous.

CALISTE.
Ne pouvant le gagner contre toi de paroles,
J'opposerai l'effet à tes raisons frivoles,
Et saurai désormais si bien te refuser,
Que tu verras le goût que je prends à baiser :
Aussi bien, ton orgueil en devient trop extrême.

ROSIDOR.
Simple, pour le punir, tu te punis toi-même ;
Ce dessein, mal conçu, te venge à tes dépens.
Déjà, n'est-il pas vrai, mon heur, tu t'en repens ?
Et déjà la rigueur d'une telle contrainte
Dans tes yeux languissants met une douce plainte.
L'amour, par tes regards murmure de ce tort,
Et semble m'avouer d'un agréable effort.

CALISTE.
Quoi qu'il en soit, Caliste au moins t'en désavoue.

ROSIDOR.
Ce vermillon nouveau qui colore ta joue

Qui va jusques au cœur m'en dit bien davantage,
Et tes yeux sont du tien de mauvais truchements,
Ou rien plus ne s'oppose à nos contentements.

CALISTE.

Je l'avois bien prévu que mon impatience
Porteroit ton espoir à trop de confiance,
Que, pour craindre trop peu, tu devinerois mal.

ROSIDOR.

Quoi! la reine ose encor soutenir mon rival?
Et sans avoir d'horreur d'une action si noire...

CALISTE.

Elle a l'ame trop haute et chérit trop la gloire
Pour ne pas s'accorder aux volontés du roi,

M'invite expressément à me licencier.

CALISTE.

Voilà le vrai chemin de te disgracier.

ROSIDOR.

Ces refus attrayants ne sont que des remises.

CALISTE.

Lorsque tu te verras ces privautés permises,
Tu pourras t'assurer que nos contentements
Ne redouteront plus aucuns empêchements.

ROSIDOR.

Vienne cet heureux jour! Mais jusque-là, mauvaise,
N'avoir point de baisers à rafraîchir ma braise!
Dussé-je être impudent* autant comme importun,
A tel prix que ce soit, sache qu'il m'en faut un.

(Il la baise sans résistance.)

Dégoûtée, ainsi donc ta menace s'exerce?

CALISTE.

Aussi n'est-il plus rien, mon cœur, qui nous traverse;
Aussi n'est-il plus rien qui s'oppose à nos vœux.
La reine, qui toujours fut contraire à nos feux,
Soit du piteux récit de nos hasards touchée,
Soit de trop de faveur vers un traître fâchée,
A la fin s'accommode aux volontés du roi,

* VAR. Dussé-je être insolent. (1647.)

ACTE V, SCÈNE III.

Qui d'un heureux hymen récompense ta foi...
ROSIDOR.
Si notre heureux malheur a produit ce miracle,
Qui peut à nos desirs mettre encor quelque obstacle?
CALISTE.
Tes blessures.
ROSIDOR.
Allons, je suis déja guéri.
CALISTE.
Ce n'est pas pour un jour que je veux un mari,
Et je ne puis souffrir que ton ardeur hasarde
Un bien que de ton roi la prudence retarde.

. . . .
ROSIDOR.
Qu'un hymen doive unir nos ardeurs mutuelles !
Ah, mon heur ! pour le port de si bonnes nouvelles,
C'est trop peu d'un baiser.
CALISTE.
Et pour moi, c'est assez !
ROSIDOR.
Ils n'en sont que plus doux, étant un peu forcés.
Je ne m'étonne plus de te voir si privée,
Te mettre sur mon lit aussitôt qu'arrivée.
Tu prends possession déja de la moitié
Comme étant tout acquise à ta chaste amitié.
Mais à quand ce beau jour qui nous doit tout permettre ?
CALISTE.
Jusqu'à ta guérison on l'a voulu remettre.
ROSIDOR.
Allons; allons, mon cœur, je suis déja guéri.
CALISTE.
. . . .
Tout beau, j'aurois regret, ta santé hasardée,
Si tu m'allois quitter sitôt que possédée.
Retiens un peu la bride à tes bouillants desirs,
Et pour les mieux goûter, assure nos plaisirs.
ROSIDOR.
Que le sort a pour moi de subtiles malices !

Prends soin de te guérir, mais guérir tout-à-fait,
Et crois que tes desirs...
ROSIDOR.
N'auront aucun effet.
CALISTE.
N'auront aucun effet! qui te le persuade?
ROSIDOR.
Un corps peut-il guérir, dont le cœur est malade?
CALISTE.
Tu m'as rendu mon change, et m'as fait quelque peur;
Mais je sais le remède aux blessures du cœur.
Les tiennes, attendant le jour que tu souhaites,

Ce lit doit être un jour le champ de mes délices,
Et recule lui seul ce qu'il doit terminer;
Lui seul il m'interdit ce qu'il me doit donner.
CALISTE.
L'attente n'est pas longue, et son peu de durée....
ROSIDOR.
N'augmente que la soif de mon ame altérée.
CALISTE.
Cette soif s'éteindra; ta prompte guérison,
Paravant qu'il soit peu, t'en fera la raison.
ROSIDOR.
A ce compte, tu veux que je me persuade
Qu'un corps puisse guérir dont le cœur est malade.
CALISTE.
N'use point avec moi de ce discours moqueur;
On sait bien ce que c'est des blessures du cœur.
Les tiennes, attendant l'heure que tu souhaites,
. . . .
. . . .
ROSIDOR.
. . . .
Que, sans plus différer, je m'en aille en personne
Remercier le roi du bonheur qu'il nous donne.
CALISTE.
. . . .
. . . .

ACTE V, SCÈNE III.

Auront pour médecins mes yeux qui les ont faites.
Je me rends désormais assidue à te voir.

ROSIDOR.

Cependant, ma chère ame, il est de mon devoir
Que sans perdre de temps j'aille rendre en personne
D'humbles graces au roi du bonheur qu'il nous donne.

CALISTE.

Je me charge pour toi de ce remerciement.
Toutefois, qui sauroit que pour ce compliment
Une heure hors d'ici ne pût beaucoup te nuire,
Je voudrois en ce cas moi-même t'y conduire ;
Et j'aimerois mieux être un peu plus tard à toi
Que tes justes devoirs manquassent vers ton roi.

ROSIDOR.

Mes blessures n'ont point dans leurs foibles atteintes
Sur quoi ton amitié puisse fonder ses craintes.

CALISTE.

Viens donc ; et puisqu'enfin nous faisons mêmes vœux,
En le remerciant parle au nom de tous deux.

> Une heure hors du lit ne peut beaucoup te nuire*.
> . . . .
> . . . .
> Que tes humbles devoirs manquassent vers ton roi.
> ROSIDOR.
> Mes blessures n'ont pas, en leurs foibles atteintes,
> . . . .
> CALISTE.
> Reprends donc tes habits.
> ROSIDOR.
>   Ne sors pas de ce lieu.
> CALISTE.
> Je rentre incontinent.
> ROSIDOR.
>   Adieu donc, sans adieu. (1632-47.)

* VAR. Une heure hors du lit ne te pût beaucoup nuire. (1647.)

SCÈNE IV.

ALCANDRE, FLORIDAN, CLITANDRE,
PYMANTE, DORISE, CLÉON; prevôt.
trois veneurs.

ALCANDRE.

Que souvent notre esprit, trompé par l'apparence [1],
Règle ses mouvements avec peu d'assurance!
Qu'il est peu de lumière en nos entendements!
Et que d'incertitude en nos raisonnements [2]!
Qui voudra désormais se fie aux impostures
Qu'en notre jugement forment les conjectures!
Tu suffis pour apprendre à la postérité
Combien la vraisemblance a peu de vérité.
Jamais jusqu'à ce jour la raison en déroute
N'a conçu tant d'erreur avec si peu de doute [3];
Jamais par des soupçons si faux et si pressants
On n'a jusqu'à ce jour convaincu d'innocents.
J'en suis honteux, Clitandre, et mon ame confuse
De trop de promptitude en soi-même s'accuse.
Un roi doit se donner, quand il est irrité,
Ou plus de retenue, ou moins d'autorité.
Perds-en le souvenir; et pour moi, je te jure
Qu'à force de bienfaits j'en répare l'injure.

CLITANDRE.

Que votre majesté, sire, n'estime pas
Qu'il faille m'attirer par de nouveaux appâts.

---

[1] Var. Que souvent notre esprit, trompé de l'apparence. (1632.)

[2] Var. Et que d'incertitude en mes raisonnements! (1632.)

[3] Var. N'a conçu tant d'erreur avecque moins de doute. (1632-47.)

ACTE V, SCÈNE IV.

L'honneur de vous servir m'apporte assez de gloire;
Et je perdrois le mien, si quelqu'un pouvoit croire
Que mon devoir penchât au refroidissement,
Sans le flatteur espoir d'un agrandissement.
Vous n'avez exercé qu'une juste colère;
On est trop criminel quand on peut vous déplaire;
Et, tout chargé de fers, ma plus forte douleur
Ne s'en osa jamais prendre qu'à mon malheur.

FLORIDAN.

Seigneur, moi qui connois le fond de son courage[1],
Et qui n'ai jamais vu de fard en son langage,
Je tiendrois à bonheur que votre majesté
M'acceptât pour garant de sa fidélité.

ALCANDRE.

Ne nous arrêtons plus sur la reconnoissance
Et de mon injustice, et de son innocence;
Passons aux criminels. Toi dont la trahison
A fait si lourdement trébucher ma raison[2],
Approche, scélérat! Un homme de courage
Se met avec honneur en un tel équipage?
Attaque le plus fort un rival plus heureux?
Et, présumant encor cet exploit dangereux,
A force de présents et d'infames pratiques,
D'un autre cavalier corrompt les domestiques?
Prend d'un autre le nom, et contrefait son seing,
Afin qu'exécutant son perfide dessein,
Sur un homme innocent tombent les conjectures?
Parle, parle, confesse, et préviens les tortures.

[1] VAR. Monsieur, moi qui connois le fond de son courage. (1632-47.)
[2] VAR. A fait si lourdement chopper notre raison,
. . . .
Se met souvent (non pas?) en un tel équipage. (1632-47.)

PYMANTE.

Sire, écoutez-en donc la pure vérité.
Votre seule faveur a fait ma lâcheté,
Vous dis-je, et cet objet dont l'amour me transporte[1].
L'honneur doit pouvoir tout sur les gens de ma sorte;
Mais recherchant la mort de qui vous est si cher,
Pour en avoir le fruit il me falloit cacher;
Reconnu pour l'auteur d'une telle surprise,
Le moyen d'approcher de vous ou de Dorise?

ALCANDRE.

Tu dois aller plus outre, et m'imputer encor[2]
L'attentat sur mon fils comme sur Rosidor :
Car je ne touche point à Dorise outragée;
Chacun, en te voyant, la voit assez vengée,
Et coupable elle-même, elle a bien mérité
L'affront qu'elle a reçu de ta témérité.

PYMANTE.

Un crime attire l'autre, et, de peur d'un supplice,
On tâche, en étouffant ce qu'on en voit d'indice,
De paroître innocent à force de forfaits.
Je ne suis criminel sinon manque d'effets,
Et, sans l'âpre rigueur du sort qui me tourmente,
Vous pleureriez le prince, et souffririez Pymante.
Mais que tardez-vous plus? j'ai tout dit : punissez.

ALCANDRE.

Est-ce là le regret de tes crimes passés?
Otez-le-moi d'ici; je ne puis voir sans honte

---

[1] Var. Vous dis-je, et cet objet* dont l'ardeur me consomme.
　　　Je sais ce que l'honneur vouloit d'un gentilhomme; (1632.)
　　　Mais, recherchant la mort de qui nous est si cher,
　　　Pour en avoir les fruits il me falloit cacher. (1632-47.)

[2] Var. Va plus outre, impudent, pousse, et m'impute encor. (1632-47.)

* Var. (montrant Dorise.) (1632.)

Que de tant de forfaits il tient si peu de compte :
Dites à mon conseil que, pour le châtiment,
J'en laisse à ses avis le libre jugement ;
Mais qu'après son arrêt je saurai reconnoître
L'amour que vers son prince il aura fait paroître.
   ¹ Viens çà, toi, maintenant, monstre de cruauté,
Qui joins l'assassinat à la déloyauté ²,
Détestable Alecton, que la reine déçue
Avoit naguère au rang de ses filles reçue,
Quel barbare, ou plutôt quelle peste d'enfer
Se rendit ton complice et te donna ce fer ³ ?

           · DORISE.
L'autre jour, dans ce bois trouvé par aventure,
Sire, il donna sujet à toute l'imposture ;
Mille jaloux serpents qui me rongeoient le sein
Sur cette occasion formèrent mon dessein :
Je le cachai dès-lors.

           FLORIDAN.
                  Il est tout manifeste
Que ce fer n'est enfin qu'un misérable reste ⁴
Du malheureux duel où le triste Arimant
Laissa son corps sans ame, et Daphné sans amant.
Mais, quant à son forfait, un ver de jalousie
Jette souvent notre ame en telle frénésie,
Que la raison, qu'aveugle un plein emportement ⁵,

---

¹ Var. A Dorise. (1647.)

² Var. Qui veux joindre le meurtre à la déloyauté. (1632-47.)

³ Var. Se rendit ton complice et te bailla ce fer ? (1632-47.)

⁴ Var. Que ce fer n'est sinon un misérable reste
        Du malheureux duel où le pauvre Arimant. (1632-47.)

⁵ Var. Que la raison, tombée en un aveuglement. (1632-47.)

Laisse notre conduite à son déréglement;
Lors tout ce qu'il produit mérite qu'on l'excuse.
ALCANDRE.
De si foibles raisons mon esprit ne s'abuse.
FLORIDAN.
Seigneur, quoi qu'il en soit, un fils qu'elle vous rend[1],
Sous votre bon plaisir, sa défense entreprend;
Innocente ou coupable, elle assura ma vie.
ALCANDRE.
Ma justice en ce cas la donne à ton envie;
Ta prière obtient même avant que demander
Ce qu'aucune raison ne pouvoit t'accorder.
Le pardon t'est acquis : relève-toi, Dorise,
Et va dire par-tout, en liberté remise,
Que le prince aujourd'hui te préserve à-la-fois
Des fureurs de Pymante et des rigueurs des lois.
DORISE.
Après une bonté tellement excessive,
Puisque votre clémence ordonne que je vive,
Permettez désormais, sire, que mes desseins
Prennent des mouvements plus réglés et plus sains :
Souffrez que, pour pleurer mes actions brutales.
Je fasse ma retraite avecque les vestales,
Et qu'une criminelle indigne d'être au jour[2]
Se puisse renfermer en leur sacré séjour.
FLORIDAN.
Te bannir de la cour après m'être obligée,
Ce seroit trop montrer ma faveur négligée.

---
[1] Var. Monsieur, quoi qu'il en soit, un fils qu'elle vous rend. (1632-47.)

[2] Var. Et qu'ainsi je renferme en leur sacré séjour
　　Une qui ne dut pas seulement voir le jour. (1632.)

DORISE.
N'arrêtez point au monde un objet odieux,
De qui chacun, d'horreur, détourneroit les yeux.
FLORIDAN.
Fusses-tu mille fois encor plus méprisable,
Ma faveur te va rendre assez considérable
Pour t'acquérir ici mille inclinations [1].
Outre l'attrait puissant de tes perfections,
Mon respect à l'amour tout le monde convie
Vers celle à qui je dois, et qui me doit la vie.
Fais-le voir, cher Clitandre, et tourne ton désir [2]
Du côté que ton prince a voulu te choisir;
Réunis mes faveurs t'unissant à Dorise.
CLITANDRE.
Mais par cette union mon esprit se divise,
Puisqu'il faut que je donne aux devoirs d'un époux
La moitié des pensers qui ne sont dus qu'à vous.
FLORIDAN.
Ce partage m'oblige, et je tiens tes pensées
Vers un si beau sujet d'autant mieux adressées,
Que je lui veux céder ce qui m'en appartient.
ALCANDRE.
Taisez-vous, j'aperçois notre blessé qui vient.

SCÈNE V.

ALCANDRE, FLORIDAN, CLÉON, CLITANDRE, ROSIDOR, CALISTE, DORISE.

ALCANDRE, à Rosidor.
Au comble de tes vœux, sûr de ton mariage,

[1] Var. Pour te faire l'objet de mille affections. (1632-47.)
[2] Var. Fais-le voir, mon Clitandre, et tourne ton désir. (1632-47.)

N'es-tu point satisfait? que veux-tu davantage?
ROSIDOR.
L'apprendre de vous, sire, et pour remerciements
Nous offrir l'un et l'autre à vos commandements [1].
ALCANDRE.
Si mon commandement peut sur toi quelque chose,
Et si ma volonté de la tienne dispose,
Embrasse un cavalier indigne des liens
Où l'a mis aujourd'hui la trahison des siens.
Le prince heureusement l'a sauvé du supplice;
Et ces deux que ton bras dérobe à ma justice,
Corrompus par Pymante, avoient juré ta mort:
Le suborneur depuis n'a pas eu meilleur sort:
Et, ce traître à présent tombé sous ma puissance,
Clitandre fait trop voir quelle est son innocence.
ROSIDOR.
Sire, vous le savez, le cœur me l'avoit dit;
Et si peu que j'avois envers vous de crédit,
Je l'employai dès-lors contre votre colère.
(à Clitandre.)
En moi dorénavant faites état d'un frère.
CLITANDRE, à Rosidor.
En moi, d'un serviteur dont l'amour éperdu
Ne vous conteste plus un prix qui vous est dû [2].
DORISE, à Caliste.
Si le pardon du roi me peut donner le vôtre,
Si mon crime...
CALISTE.
Ah! ma sœur, tu me prends pour une autre,

---

[1] Var. Offrir encor ma vie à vos commandements. (1632.)

[2] Var. Ne vous querelle plus un prix qui vous est dû. (1632-47.)

Si tu crois que je puisse encor m'en souvenir ¹.
ALCANDRE.
Tu ne veux plus songer qu'à ce jour à venir
Où Rosidor guéri termine un hyménée ².
Clitandre, en attendant cette heureuse journée,
Tâchera d'allumer en son ame des feux
Pour celle que mon fils desire, et que je veux,
A qui, pour réparer sa faute criminelle,
Je défends désormais de se montrer cruelle ;
Et nous verrons alors cueillir en même jour ³
A deux couples d'amants les fruits de leur amour ⁴.

¹ Var. Si tu crois que je veuille encor m'en souvenir. (1632.)

² Var. Que Rosidor guéri termine un hyménée. (1632-47.)

³ Var. Ainsi nous verrons lors cueillir en même jour. (1632-47.)

⁴ La pièce de *Clitandre* est entièrement dans le goût espagnol et dans le goût anglais : les personnages combattent sur le théâtre ; on y tue, on y assassine ; on y voit des héroïnes tirer l'épée ; des archers courent après les meurtriers ; des femmes se déguisent en hommes ; une Dorise crève un œil à un de ses amants avec une aiguille à tête. Il y a de quoi faire un roman de dix tomes, et cependant il n'y a rien de si froid et de si ennuyeux. La bienséance, la vraisemblance négligées, toutes les règles violées, ne sont qu'un léger défaut en comparaison de l'ennui. Les tragédies de *Shakespeare* étaient plus monstrueuses encore que *Clitandre* ; mais elles n'ennuyaient pas. (V.)

FIN.

EXAMEN DE CLITANDRE.

Un voyage que je fis à Paris pour voir le succès de *Mélite* m'apprit qu'elle n'étoit pas dans les vingt et quatre heures : c'étoit l'unique règle que l'on connût en ce temps-là. J'entendis que ceux du métier la blâmoient de peu d'effets, et de ce que le style en étoit trop familier. Pour la justifier contre cette censure par une espèce de bravade, et montrer que ce genre de pièces avoit les vraies beautés de théâtre, j'entrepris d'en faire une régulière (c'est-à-dire dans ces vingt et quatre heures), pleine d'incidents, et d'un style plus élevé, mais qui ne vaudroit rien du tout; en quoi je réussis parfaitement. Le style en est véritablement plus fort que celui de l'autre; mais c'est tout ce qu'on y peut trouver de supportable. Il est mêlé de pointes comme dans cette première; mais ce n'étoit pas alors un si grand vice dans le choix des pensées, que la scène en dût être entièrement purgée. Pour la constitution, elle est si désordonnée, que vous avez de la peine à deviner qui sont les premiers acteurs. Rosidor et Caliste sont ceux qui le paroissent le plus par l'avantage de leur caractère et de leur amour mutuel; mais leur action finit dès le premier acte avec leur péril; et ce qu'ils disent au troisième et au cinquième ne fait que montrer leurs visages, attendant que les autres achèvent. Pymante et Dorise y ont le plus grand emploi; mais ce ne sont que deux criminels qui cherchent à éviter la punition de leurs crimes, et dont même le premier en attente de plus grands pour mettre à couvert les autres. Clitandre, autour de qui semble tourner le nœud de la pièce, puisque les premières actions vont à le faire coupable, et les dernières à le justifier, n'en peut être qu'un héros bien ennuyeux, qui n'est introduit que pour déclamer en prison, et ne parle pas même à cette maîtresse, dont les dédains servent de couleur à le faire passer pour criminel. Tout le cinquième acte languit, comme celui de *Mélite*, après la conclusion des épisodes, et n'a rien de surprenant, puisque, dès le quatrième, on devine tout ce qui doit arriver, hormis le mariage de Clitandre avec Dorise, qui est encore plus étrange que celui d'Éraste, et dont on n'a garde de se défier.

Le roi et le prince son fils y paroissent dans un emploi fort au-dessous de leur dignité : l'un n'y est que comme juge, et l'autre comme confident de son favori. Ce défaut n'a pas accoutumé de passer pour défaut : aussi n'est-ce qu'un sentiment particulier dont je me fais une règle, qui peut-être ne semblera pas déraisonnable, bien que nouvelle.

Pour m'expliquer, je dis qu'un roi, un héritier de la couronne, un gouverneur de province, et généralement un homme d'autorité, peut paroître sur le théâtre en trois façons : comme roi, comme homme et comme juge ; quelquefois avec deux de ces qualités, quelquefois avec toutes les trois ensemble. Il paroît comme roi seulement quand il n'a intérêt qu'à la conservation de son trône ou de sa vie, qu'on attaque pour changer l'état, sans avoir l'esprit agité d'aucune passion particulière ; et c'est ainsi qu'Auguste agit dans *Cinna*, et Phocas dans *Héraclius*. Il paroît comme homme seulement quand il n'a que l'intérêt d'une passion à suivre ou à vaincre, sans aucun péril pour son état ; et tel est Grimoald dans les trois premiers actes de *Pertharite*, et les deux reines dans *Don Sanche*. Il ne paroît enfin que comme juge quand il est introduit sans aucun intérêt pour son état, ni pour sa personne, ni pour ses affections, mais seulement pour régler celui des autres, comme dans ce poëme et dans *le Cid* ; et on ne peut désavouer qu'en cette dernière posture il remplit assez mal la dignité d'un si grand titre, n'ayant aucune part en l'action que celle qu'il y veut prendre pour d'autres, et demeurant bien éloigné de l'éclat des deux autres manières. Aussi l'on ne le donne jamais à représenter aux meilleurs acteurs; mais il faut qu'il se contente de passer par la bouche de ceux du second et du troisième ordre. Il peut paroître comme roi et comme homme tout à-la-fois quand il a un grand intérêt d'état et une forte passion tout ensemble à soutenir, comme Antiochus dans *Rodogune*, et Nicomède dans la tragédie qui porte son nom; et c'est, à mon avis, la plus digne manière et la plus avantageuse de mettre sur la scène des gens de cette condition, parcequ'ils attirent alors toute l'action à eux, et ne manquent jamais d'être représentés par les premiers acteurs. Il ne me vient pas d'exemple en la mémoire où un roi paroisse comme homme et comme juge, avec un intérêt de passion pour lui, et un soin de régler ceux des autres sans aucun péril pour son état; mais pour voir les trois manières ensemble, on les peut aucunement remarquer dans les deux gouverneurs d'Arménie et de Syrie, que j'ai introduits, l'un dans *Polyeucte*, et l'autre dans *Théodore*. Je dis aucunement, parceque la tendresse que l'un a pour son gendre, et l'autre pour son fils, qui est ce qui les fait paroître comme hommes, agit si foiblement, qu'elle semble étouffée sous le soin qu'a l'un et l'autre de conserver sa dignité, dont ils font tous deux leur capital; et qu'ainsi on peut dire en rigueur qu'ils ne paroissent que comme gouverneurs qui craignent de se perdre, et comme juges qui, par cette crainte dominante, condamnent, ou plutôt s'immolent ce qu'ils voudroient conserver.

Les monologues sont trop longs et trop fréquents en cette pièce; c'étoit une beauté en ce temps-là : les comédiens les souhaitoient, et croyoient y paroître avec plus d'avantage. La mode a si bien changé, que la plupart de mes derniers ouvrages n'en ont aucun; et vous n'en trouverez point dans *Pompée, la Suite du Menteur, Théodore* et *Pertharite*, ni dans

Héraclius, Andromède, OEdipe, et *la Toison d'or,* à la réserve des stances.

Pour le lieu, il a encore plus d'étendue, ou, si vous voulez souffrir ce mot, plus de libertinage ici que dans *Mélite ;* il comprend un château d'un roi avec une forêt voisine, comme pourroit être celui de Saint-Germain, et est bien éloigné de l'exactitude que les sévères critiques y demandent.

LA VEUVE,

COMÉDIE.

1634.

A MADAME
DE LA MAISON-FORT.

Madame,

Le bon accueil qu'autrefois cette Veuve a reçu de vous l'oblige à vous en remercier, et l'enhardit à vous demander la faveur de votre protection. Étant exposée aux coups de l'envie et de la médisance, elle n'en peut trouver de plus assurée que celle d'une personne sur qui ces deux monstres n'ont jamais eu de prise. Elle espère que vous ne la méconnoîtrez pas, pour être dépouillée de tous autres ornements que les siens, et que vous la traiterez aussi bien qu'alors que la grace de la représentation la mettoit en son jour. Pourvu qu'elle vous puisse divertir encore une heure, elle est trop contente, et se bannira sans regret du théâtre pour avoir une place dans votre cabinet. Elle est honteuse de vous ressembler si peu, et a de grands sujets d'appréhender qu'on ne l'accuse de peu de jugement de se présenter devant vous, dont les perfections la feront paroître d'autant plus imparfaite ; mais quand elle considère qu'elles sont en un si haut point, qu'on n'en peut avoir de légères teintures sans des priviléges tout particuliers du ciel, elle se rassure entièrement, et n'ose plus craindre qu'il se rencontre des esprits assez injustes pour lui imputer à défaut le manque des choses qui sont au-dessus des forces de la nature : en effet, madame, quelque difficulté que vous fassiez de croire aux miracles, il faut que vous en reconnoissiez en vous-même, ou que vous ne vous connoissiez pas, puisqu'il est tout vrai que des vertus et des qualités si peu communes que les vôtres ne sauroient avoir d'autre nom. Ce n'est pas mon dessein d'en faire ici les éloges ; outre qu'il seroit superflu de particulariser ce que tout le monde sait, la bassesse de mon discours profaneroit des choses si relevées. Ma plume est trop foible pour entreprendre de voler si haut ; c'est assez pour elle de vous rendre mes devoirs, et de vous protester, avec plus de vérité que d'éloquence, que je serai toute ma vie,

Madame,

Votre très humble et très
obéissant serviteur,
CORNEILLE.

AU LECTEUR.

Si tu n'es homme à te contenter de la naïveté du style et de la subtilité de l'intrique, je ne t'invite point à la lecture de cette pièce : son ornement n'est pas dans l'éclat des vers. C'est une belle chose que de les faire puissants et majestueux : cette pompe ravit d'ordinaire les esprits, et pour le moins les éblouit; mais il faut que les sujets en fassent naître les occasions; autrement, c'est en faire parade mal-à-propos, et, pour gagner le nom de poëte, perdre celui de judicieux. La comédie n'est qu'un portrait de nos actions et de nos discours, et la perfection des portraits consiste en la ressemblance. Sur cette maxime, je tâche de ne mettre en la bouche de mes acteurs que ce que diroient vraisemblablement en leur place ceux qu'ils représentent, et de les faire discourir en honnêtes gens, et non pas en auteurs. Ce n'est qu'aux ouvrages où le poëte parle qu'il faut parler en poëte : Plaute n'a pas écrit comme Virgile, et ne laisse pas d'avoir bien écrit. Ici donc tu ne trouveras en beaucoup d'endroits qu'une prose rimée, peu de scènes toutefois sans quelque raisonnement assez véritable, et par tout une conduite assez industrieuse. Tu y reconnoîtras trois sortes d'amours, aussi extraordinaires au théâtre qu'ordinaires dans le monde; celle de Philiste et Clarice, d'Alcidon et Doris, et celle de la même Doris avec Florange, qui ne paroît point. Le plus beau de leurs entretiens est en équivoques, et en propositions dont ils te laissent les conséquences à tirer ; si tu en pénètres bien le sens, l'artifice ne t'en déplaira point. Pour l'ordre de la pièce, je ne l'ai mis ni dans la sévérité des règles, ni dans la liberté, qui n'est que trop ordinaire sur le théâtre françois : l'une est trop rarement capable de beaux effets, et on les trouve à trop bon marché dans l'autre, qui prend quelquefois tout un siècle pour la durée de son action, et toute la terre habitable pour le lieu de la scène. Cela sent un peu trop son abandon, messéant à toute sorte de poëme, et particulièrement aux dramatiques, qui ont toujours été les plus réguliers. J'ai donc cherché quelque milieu pour la règle du temps, et me suis persuadé que, la comédie étant disposée en cinq actes, cinq jours consécutifs n'y seroient point mal employés. Ce n'est pas que je méprise l'antiquité; mais, comme on épouse malaisément des beautés si vieilles, j'ai cru lui rendre assez de respect de lui partager mes ouvrages; et de six pièces de théâtre qui me sont échappées[1], en ayant réduit trois dans la contrainte qu'elle nous a prescrite, je n'ai point fait de conscience d'alonger un peu les vingt et quatre heures aux trois autres. Pour l'unité de lieu et d'action, ce sont deux règles que j'observe inviolablement; mais j'interprète la dernière à ma mode, et la première, tantôt je la resserre à la seule grandeur du théâtre, et tantôt je l'étends jusqu'à toute une ville, comme en cette pièce. Je l'ai poussée dans le *Clitandre* jusques aux lieux où l'on peut aller dans les vingt et quatre heures; mais, bien que j'en pusse trouver de bons garants et de grands exemples dans les vieux et nouveaux siècles, j'estime qu'il n'est que meilleur de se passer de leur imitation en ce point. Quelque jour je m'expliquerai davantage sur ces matières; mais il faut attendre l'occasion d'un plus grand volume : cette préface n'est déja que trop longue pour une comédie.

[1] En 1634, Corneille avoit déja composé *Mélite*, *Clitandre*, *la Veuve*, *la Galerie du Palais*, *la Suivante*, et *la Place royale*. Cette dernière comédie ne fut jouée qu'en 1635. (P<small>AR</small>.)

A M. CORNEILLE.

ÉLÉGIE [1].

Pour te rendre justice, autant que pour te plaire,
Je veux parler, Corneille, et ne me puis plus taire;
Juge de ton mérite, à qui rien n'est égal,
Par la confession de ton propre rival.
Pour un même sujet même desir nous presse;
Nous poursuivons tous deux une même maîtresse :
La gloire, cet objet des belles volontés,
Préside également dessus nos libertés.
Comme toi, je la sers, et personne ne doute
Des veilles et des soins que cette ardeur me coûte;
Mon espoir toutefois est décru chaque jour
Depuis que je t'ai vu prétendre à son amour.
Je n'ai point le trésor de ces douces paroles
Dont tu lui fais la cour, et dont tu la cajoles;
Je vois que ton esprit, unique de son art,
A des naïvetés plus belles que le fard;
Que tes inventions ont des charmes étranges,
Que leur moindre incident attire des louanges,
Que par toute la France on parle de ton nom,
Et qu'il n'est plus d'estime égale à ton renom.
Depuis, ma muse tremble et n'est plus si hardie :
Une jalouse peur l'a long-temps refroidie;
Et depuis, cher rival, je serois rebuté

[1] Cet hommage de Rotrou se trouve en tête de l'édition de 1634, où il est accompagné de vingt-cinq autres pièces de vers en l'honneur de Corneille, et qui lui furent toutes adressées par les poëtes du temps, à l'occasion de sa *Veuve*. (PAR.)

ÉLÉGIE.

De ce bruit spécieux dont Paris m'a flatté,
Si cet ange mortel, qui fait tant de miracles,
Et dont tous les discours passent pour des oracles,
Ce fameux cardinal, l'honneur de l'univers,
N'aimoit ce que je fais, et n'écoutoit mes vers.
Sa faveur m'a rendu mon humeur ordinaire;
La gloire où je prétends est l'honneur de lui plaire;
Et lui seul, réveillant mon génie endormi,
Est cause qu'il te reste un si foible ennemi.
Mais la gloire n'est pas de ces chastes maîtresses
Qui n'osent en deux lieux répandre leurs caresses.
Cet objet de nos vœux nous peut obliger tous,
Et faire mille amants, sans en faire un jaloux :
Tel je te sais connoître et te rendre justice;
Tel on me voit par-tout adorer ta Clarice.
Aussi rien n'est égal à ses moindres attraits;
Tout ce que j'ai produit cède à ses moindres traits.
Toute veuve qu'elle est, de quoi que tu l'habilles,
Elle ternit l'éclat de nos plus belles filles.
J'ai vu trembler Silvie, Amarante et Philis;
Célimène a changé, ses attraits sont pâlis;
Et tant d'autres beautés que l'on a tant vantées,
Sitôt qu'elle a paru, se sont épouvantées.
Adieu; fais-nous souvent des enfants si parfaits,
Et que ta bonne humeur ne se lasse jamais.

DE ROTROU.

ARGUMENT.

Alcidon, amoureux de Clarice, veuve d'Alcandre et maîtresse de Philiste, son particulier ami, de peur qu'il ne s'en aperçût, feint d'aimer sa sœur Doris, qui, ne s'abusant point par ses caresses, consent au mariage de Florange que sa mère lui propose. Ce faux ami, sous prétexte de se venger de l'affront que lui faisoit ce mariage, fait consentir Célidan à enlever Clarice en sa faveur, et ils la mènent ensemble à un château de Célidan. Philiste, abusé des faux ressentiments de son ami, fait rompre le mariage de Florange : sur quoi Célidan conjure Alcidon de reprendre Doris, et rendre Clarice à son amant. Ne l'y pouvant résoudre, il soupçonne quelque fourbe de sa part, et fait si bien, qu'il tire les vers du nez à la nourrice de Clarice, qui avoit toujours eu une intelligence avec Alcidon, et lui avoit même facilité l'enlèvement de sa maîtresse; ce qui le porte à quitter le parti de ce perfide : de sorte que, ramenant Clarice à Philiste, il obtient de lui en récompense sa sœur Doris.

ACTEURS.

PHILISTE, amant de Clarice.
ALCIDON, ami de Philiste, et amant de Doris.
CÉLIDAN, ami d'Alcidon, et amoureux de Doris.
CLARICE, veuve d'Alcandre, et maîtresse de Philiste.
CHRYSANTE, mère de Doris.
DORIS, sœur de Philiste.
La Nourrice de Clarice.
GÉRON, agent de Florange amoureux de Doris, qui ne paroît point.
LYCASTE, domestique de Philiste.
POLYMAS,
DORASTE, domestiques de Clarice.
LISTOR,

La scène est à Paris.

LA VEUVE[1].

ACTE PREMIER.

SCÈNE I.

PHILISTE, ALCIDON.

ALCIDON[2].
J'en demeure d'accord, chacun a sa méthode;
Mais la tienne pour moi seroit trop incommode;
Mon cœur ne pourroit pas conserver tant de feu,
S'il falloit que ma bouche en témoignât si peu.
Depuis près de deux ans, tu brûles pour Clarice;
Et plus ton amour croît, moins elle en a d'indice.
Il semble qu'à languir tes desirs sont contents,
Et que tu n'as pour but que de perdre ton temps.
Quel fruit espères-tu de ta persévérance
A la traiter toujours avec indifférence?
Auprès d'elle assidu, sans lui parler d'amour,

---

[1] Cette pièce parut, dans sa nouveauté, sous le double titre de *la Veuve, ou le Traître trahi.*

[2] VAR. PHILISTE.
Dis ce que tu voudras, chacun a sa méthode.
ALCIDON.
Mais la tienne pour moi seroit fort incommode. (1634-47.)

262 LA VEUVE.
Veux-tu qu'elle commence à te faire la cour?
PHILISTE.
Non, mais, à dire vrai, je veux qu'elle devine [1].
ALCIDON.
Ton espoir, qui te flatte, en vain se l'imagine.
Clarice avec raison prend pour stupidité
Ce ridicule effet de ta timidité.
PHILISTE.
Peut-être. Mais enfin vois-tu qu'elle me fuie?
Qu'indifférent qu'il est, mon entretien l'ennuie?
Que je lui sois à charge, et, lorsque je la voi,
Qu'elle use d'artifice à s'échapper de moi?
Sans te mettre en souci quelle en sera la suite [2],
Apprends comme l'amour doit régler sa conduite.
Aussitôt qu'une dame a charmé nos esprits,
Offrir notre service au hasard d'un mépris,
Et, nous abandonnant à nos brusques saillies,
Au lieu de notre ardeur lui montrer nos folies;
Nous attirer sur l'heure un dédain éclatant,
Il n'est si maladroit qui n'en fît bien autant.

---

[1] Var. Non pas; mais, pour le moins, je veux qu'elle devine.
####### ALCIDON.
C'en est trop présumer, cette beauté divine
Avec juste raison prend pour stupidité
Ce qui n'est qu'un effet de ta timidité.
####### PHILISTE.
Mais as-tu remarqué que Clarice me fuie? (1634-47.)

[2] Var. Sans te mettre en souci du feu qui me consomme,
Apprends comme l'amour se traite en honnête homme.
Aussitôt qu'une dame en ses rets nous a pris,
. . . .
Et, nous laissant conduire à nos brusques saillies,
Au lieu de notre amour lui montrer nos folies,
Qu'un superbe dédain punisse au même instant. (1634-47.)

Il faut s'en faire aimer avant qu'on se déclare.
Notre submission à l'orgueil la prépare.
Lui dire incontinent son pouvoir souverain,
C'est mettre à sa rigueur les armes à la main.
Usons, pour être aimés, d'un meilleur artifice,
Et, sans lui rien offrir, rendons-lui du service [1] ;
Réglons sur son humeur toutes nos actions,
Réglons tous nos desseins sur ses intentions,
Tant que, par la douceur d'une longue hantise,
Comme insensiblement elle se trouve prise ;
C'est par-là que l'on sème aux dames des appâts
Qu'elles n'évitent point, ne les prévoyant pas.
Leur haine envers l'amour pourroit être un prodige,
Que le seul nom les choque, et l'effet les oblige.

ALCIDON.

Suive qui le voudra ce procédé nouveau [2] :
Mon feu me déplairoit caché sous ce rideau.
Ne parler point d'amour ! Pour moi, je me défie
Des fantasques raisons de ta philosophie ;
Ce n'est pas là mon jeu. Le joli passe-temps
D'être auprès d'une dame, et causer du beau temps,
Lui jurer que Paris est toujours plein de fange,
Qu'un certain parfumeur vend de fort bonne eau d'ange,
Qu'un cavalier regarde un autre de travers,
Que dans la comédie on dit d'assez bons vers,
Qu'Aglante avec Philis dans un mois se marie [3] !

---

[1] Var. Sans en rien protester, rendons-lui du service ;
. . . .
Ajustons nos desseins à ses intentions. (1634-47.)

[2] Var. Suive qui le voudra ce nouveau procédé :
Mon feu me déplairoit d'être ainsi gourmandé. (1634-47.)

[3] Var. Qu'un tel, dedans le mois, d'une telle s'accorde !

Change, pauvre abusé, change de batterie,
Conte ce qui te mène, et ne t'amuse pas
A perdre innocemment tes discours et tes pas.

PHILISTE.

Je les aurois perdus auprès de ma maîtresse,
Si je n'eusse employé que la commune adresse,
Puisque inégal de biens et de condition,
Je ne pouvois prétendre à son affection.

ALCIDON.

Mais si tu ne les perds je le tiens à miracle,
Puisque ainsi ton amour rencontre un double obstacle [1],
Et que ton froid silence et l'inégalité
S'opposent tout ensemble à ta témérité.

PHILISTE.

Crois que de la façon dont j'ai su me conduire
Mon silence n'est pas en état de me nuire;
Mille petits devoirs ont tant parlé pour moi [2],

> Touche, pauvre abusé, touche la grosse corde, (1634.)
> . . . .
> A perdre sottement tes discours et tes pas. (1634-47.)

[1] VAR. Vu que par-là ton feu rencontre un double obstacle,
Et qu'ainsi ton silence et l'inégalité
S'opposent à-la-fois à ta témérité. (1634-47.)

[2] VAR. Mille petits devoirs ont trop parlé pour moi;
Ses regards chaque jour m'assurent de sa foi :
Ses soupirs et les miens font un secret langage
. . . .
Nos vœux, quoique muets, s'entendent aisément :
Et quand quelques baisers sont dus par compliment.... (1647.)

ALGIDON.
Je m'imagine alors qu'elle ne t'en dénie.
PHILISTE.
Mais ils tiennent bien peu de la cérémonie.
Parmi la bienséance, il m'est aisé de voir
Que l'amour me les donne autant que le devoir.
En cette occasion, c'est un plaisir extrême

Qu'il ne m'est plus permis de douter de sa foi :
Mes soupirs et les siens font un secret langage
Par où son cœur au mien à tous moments s'engage;
Des coups d'œil languissants, des souris ajustés,
Des penchements de tête à demi concertés,
Et mille autres douceurs, aux seuls amants connues,
Nous font voir chaque jour nos ames toutes nues,
Nous sont de bons garants d'un feu qui chaque jour...

ALCIDON.
Tout cela, cependant, sans lui parler d'amour?

PHILISTE.
Sans lui parler d'amour.

ALCIDON.
J'estime ta science;
Mais j'aurois à l'épreuve un peu d'impatience.

PHILISTE.
Le ciel, qui nous choisit lui-même des partis¹,
A tes feux et les miens prudemment assortis;
Et comme, à ces longueurs t'ayant fait indocile,
Il te donne en ma sœur un naturel facile,
Ainsi pour cette veuve il a su m'enflammer²,
Après m'avoir donné par où m'en faire aimer.

ALCIDON.
Mais il lui faut enfin découvrir ton courage.

Lorsque de part et d'autre un couple qui s'entr'aime
Abuse dextrement de cette liberté
Que permettent les lois de la civilité,
Et que le peu souvent que ce bonheur arrive,
Piquant notre appétit, rend sa pointe plus vive :
Notre flamme irritée en croît de jour en jour. (1634-47.)

¹ Var. Le ciel, qui bien souvent nous choisit des partis. (1634-47.)
² Var. Ainsi pour cette veuve il voulut m'enflammer. (1634-47.)

PHILISTE.

C'est ce qu'en ma faveur sa nourrice ménage :
Cette vieille subtile a mille inventions
Pour m'avancer au but de mes intentions;
Elle m'avertira du temps que je dois prendre;
Le reste une autre fois se pourra mieux apprendre :
Adieu.

ALCIDON.

La confidence avec un bon ami
Jamais, sans l'offenser, ne s'exerce à demi.

PHILISTE.

Un intérêt d'amour me prescrit ces limites.
Ma maîtresse m'attend pour faire des visites,
Où je lui promis hier de lui prêter la main.

ALCIDON.

Adieu donc, cher Philiste.

PHILISTE.

Adieu, jusqu'à demain.

SCÈNE II.

ALCIDON, LA NOURRICE.

ALCIDON, seul.

Vit-on jamais amant de pareille imprudence
Faire avec son rival entière confidence[1] ?
Simple, apprends que ta sœur n'aura jamais de quoi
Asservir sous ses lois des gens faits comme moi;
Qu'Alcidon feint pour elle, et brûle pour Clarice.
Ton agente est à moi ? N'est-il pas vrai, nourrice ?

---

[1] Var. Avecque son rival traiter de confidence? (1634.)

LA NOURRICE.

Tu le peux bien jurer [1].

ALCIDON.

Et notre ami rival?

LA NOURRICE.

Si jamais on m'en croit, son affaire ira mal.

ALCIDON.

Tu lui promets pourtant?

LA NOURRICE.

C'est par où je l'amuse,
Jusqu'à ce que l'effet lui découvre ma ruse.

ALCIDON.

Je viens de le quitter.

LA NOURRICE.

Eh bien, que t'a-t-il dit?

ALCIDON.

Que tu veux employer pour lui tout ton crédit,
Et que, rendant toujours quelque petit service,
Il s'est fait une entrée en l'ame de Clarice.

LA NOURRICE.

Moindre qu'il ne présume. Et toi?

---

[1] VAR. La belle question! quoi?

ALCIDON.

Que Philiste....

LA NOURRICE.

Eh bien?

ALCIDON.

C'est en toi qu'il espère.

LA NOURRICE.

Oui, mais il ne tient rien.
. . . .
Tant que tes bons succès lui découvrent ma ruse.

ALCIDON.

Je le viens de quitter. (1634-47.)

ALCIDON.

Je l'ai poussé
A s'enhardir un peu plus que par le passé,
Et découvrir son mal à celle qui le cause.

LA NOURRICE.

Pourquoi ?

ALCIDON.

Pour deux raisons : l'une, qu'il me propose
Ce qu'il a dans le cœur beaucoup plus librement [1] ;
L'autre, que ta maîtresse, après ce compliment,
Le chassera peut-être ainsi qu'un téméraire.

LA NOURRICE.

Ne l'enhardis pas tant ; j'aurois peur, au contraire [2],
Que, malgré tes raisons, quelque mal ne t'en prît :
Car enfin ce rival est bien dans son esprit,
Mais non pas tellement qu'avant que le mois passe
Notre adresse sous main ne le mette en disgrace.

ALCIDON.

Et lors ?

LA NOURRICE.

Je te réponds de ce que tu chéris.
Cependant continue à caresser Doris ;
Que son frère, ébloui par cette accorte feinte,
De nos prétentions n'ait ni soupçon ni crainte [3].

ALCIDON.

A m'en ouïr conter, l'amour de Céladon

[1] Var. Ce qu'il a sur le cœur beaucoup plus librement. (1634.)

[2] Var. Ne l'enhardis pas tant ; j'aurois peur du contraire,
. . . .
Ce rival, d'assurance, est bien dans son esprit,
. . . .
Nous ne le sachions mettre en sa mauvaise grace. (1634-47.)

[3] Var. De ce que nous brassons n'ait ni soupçon ni crainte. (1634.)

ACTE I, SCÈNE II.

N'eut jamais rien d'égal à celui d'Alcidon :
Tu rirois trop de voir comme je la cajole.

LA NOURRICE.

Et la dupe qu'elle est croit tout sur ta parole?

ALCIDON.

Cette jeune étourdie est si folle de moi,
Qu'elle prend chaque mot pour article de foi;
Et son frère, pipé du fard de mon langage,
Qui croit que je soupire après son mariage,
Pensant bien m'obliger, m'en parle tous les jours :
Mais quand il en vient là, je sais bien mes détours;
Tantôt, vu l'amitié qui tous deux nous assemble,
J'attendrai son hymen pour être heureux ensemble;
Tantôt il faut du temps pour le consentement
D'un oncle dont j'espère un haut avancement[1];
Tantôt je sais trouver quelque autre bagatelle.

LA NOURRICE.

Séparons-nous, de peur qu'il entrât en cervelle,
S'il avoit découvert un si long entretien.
Joue aussi bien ton jeu que je jouerai le mien.

ALCIDON.

Nourrice, ce n'est pas ainsi qu'on se sépare.

LA NOURRICE.

Monsieur, vous me jugez d'un naturel avare.

ALCIDON.

Tu veilleras pour moi d'un soin plus diligent.

LA NOURRICE.

Ce sera donc pour vous plus que pour votre argent.

---

[1] VAR. D'un oncle dont j'espère un bon avancement. (1634-47.)

SCÈNE III.

CHRYSANTE, DORIS.

CHRYSANTE.
C'est trop désavouer une si belle flamme,
Qui n'a rien de honteux, rien de sujet au blâme :
Confesse-le, ma fille, Alcidon a ton cœur;
Ses rares qualités l'en ont rendu vainqueur :
Ne vous entr'appeler que « mon ame et ma vie, »
C'est montrer que tous deux vous n'avez qu'une envie,
Et que d'un même trait vos esprits sont blessés.
DORIS.
Madame, il n'en va pas ainsi que vous pensez.
Mon frère aime Alcidon, et sa prière expresse
M'oblige à lui répondre en termes de maîtresse.
Je me fais, comme lui, souvent toute de feux;
Mais mon cœur se conserve au point où je le veux,
Toujours libre, et qui garde une amitié sincère
A celui que voudra me prescrire une mère.
CHRYSANTE.
Oui, pourvu qu'Alcidon te soit ainsi prescrit.
DORIS.
Madame, puissiez-vous lire dans mon esprit!
Vous verriez jusqu'où va ma pure obéissance.
CHRYSANTE.
Ne crains pas que je veuille user de ma puissance;
Je croirois en produire un trop cruel effet,
Si je te séparois d'un amant si parfait.
DORIS.
Vous le connoissez mal; son ame a deux visages,

ACTE I, SCÈNE III.

Et ce dissimulé n'est qu'un conteur à gages :
Il a beau m'accabler de protestations,
Je démêle aisément toutes ses fictions ;
Il ne me prête rien que je ne lui renvoie [1] :
Nous nous entre-payons d'une même monnoie ;
Et, malgré nos discours, mon vertueux desir
Attend toujours celui que vous voudrez choisir :
Votre vouloir du mien absolument dispose.

CHRYSANTE.
L'épreuve en fera foi : mais parlons d'autre chose.
  Nous vîmes hier au bal, entre autres nouveautés,
Tout plein d'honnêtes gens caresser les beautés.

DORIS.
Oui, madame : Alindor en vouloit à Célie ;
Lysandre, à Célidée ; Oronte, à Rosélie.

CHRYSANTE.
Et, nommant celles-ci, tu caches finement
Qu'un certain t'entretint assez paisiblement.

DORIS.
Ce visage inconnu qu'on appeloit Florange ?

CHRYSANTE.
Lui-même.

DORIS.
    Ah, Dieu ! que c'est un cajoleur étrange !
Ce fut paisiblement, de vrai, qu'il m'entretint.
Soit que quelque raison en secret le retint [2],
Soit que son bel esprit me jugeât incapable
De lui pouvoir fournir un entretien sortable,
Il m'épargna si bien, que ses plus longs propos

---

[1] Var. Ainsi qu'il me les baille, ainsi je les renvoie. (1634.)

[2] Var. Soit que quelque raison secrète le retînt. (1634-47.)

A peine en plus d'une heure étoient de quatre mots[1];
Il me mena danser deux fois sans me rien dire.
         CHRYSANTE.
Mais ensuite[2] ?
              DORIS.
      Le reste est digne qu'on l'admire.
Mon baladin muet se retranche en un coin,
Pour faire mieux jouer la prunelle de loin;
Après m'avoir de là long-temps considérée,
Après m'avoir des yeux mille fois mesurée,
Il m'aborde en tremblant, avec ce compliment :
« Vous m'attirez à vous ainsi que fait l'aimant. »
(Il pensoit m'avoir dit le meilleur mot du monde.)
Entendant ce haut style, aussitôt je seconde,
Et réponds brusquement, sans beaucoup m'émouvoir :
« Vous êtes donc de fer, à ce que je puis voir. »
Ce grand mot étouffa tout ce qu'il vouloit dire[3];
Et, pour toute réplique, il se mit à sourire.
Depuis il s'avisa de me serrer les doigts;
Et, retrouvant un peu l'usage de la voix,
Il prit un de mes gants : « La mode en est nouvelle,
« Me dit-il, et jamais je n'en vis de si belle;

---

[1] VAR. A grand'peine en une heure étoient de quatre mots. (1634-47.)

[2] VAR. Oui, mais après ?
DORIS.
           Après ? C'est bien le mot pour rire.
Mon baladin muet se retire en un coin,
Content de m'envoyer des œillades de loin.
Enfin, après m'avoir long-temps considérée,
Après m'avoir de l'œil mille fois mesurée. (1634-47.)

[3] VAR. Après cette réponse, il eut don de silence,
Surpris (comme je crois) par quelque défaillance. (1634-47.)

« Vous portez sur la gorge un mouchoir fort carré ¹ ;
« Votre éventail me plait d'être ainsi bigarré ;
« L'amour, je vous assure, est une belle chose ;
« Vraiment vous aimez fort cette couleur de rose ;
« La ville est en hiver tout autre que les champs ;
« Les charges à présent n'ont que trop de marchands,
« On n'en peut approcher. »

CHRYSANTE.
　　　　　　　　Mais enfin, que t'en semble ?

DORIS.
Je n'ai jamais connu d'homme qui lui ressemble,
Ni qui mêle en discours tant de diversités.

CHRYSANTE.
Il est nouveau venu des universités,
Mais après tout fort riche, et que la mort d'un père ²,
Sans deux successions que de plus il espère,
Comble de tant de biens, qu'il n'est fille aujourd'hui
Qui ne lui rie au nez, et n'ait dessein sur lui.

DORIS.
Aussi me contez-vous de beaux traits de visage.

CHRYSANTE.
Eh bien, avec ces traits est-il à ton usage ?

DORIS.
Je douterois plutôt si je serois au sien.

CHRYSANTE.
Je sais qu'assurément il te veut force bien ;
Mais il te le faudroit, en fille plus accorte ³,
Recevoir désormais un peu d'une autre sorte.

---

¹ VAR. Vous portez sur le sein un mouchoir fort carré. (1634-47.)

² VAR. Au demeurant fort riche, et que la mort d'un père,
　　　Sans deux successions encore qu'il espère. (1634-47.)

³ VAR. Mais il te le faudroit, plus sage et plus accorte. (1634-47.)

DORIS.

Commandez seulement, madame, et mon devoir
Ne négligera rien qui soit en mon pouvoir.

CHRYSANTE.

Ma fille, te voilà telle que je souhaite.
Pour ne te rien celer, c'est chose qui vaut faite.
Géron, qui depuis peu fait ici tant de tours,
Au déçu d'un chacun a traité ces amours;
Et puisqu'à mes desirs je te vois résolue,
Je veux qu'avant deux jours l'affaire soit conclue.
Au regard d'Alcidon tu dois continuer,
Et de ton beau semblant ne rien diminuer.
Il faut jouer au fin contre un esprit si double[1].

DORIS.

Mon frère en sa faveur vous donnera du trouble.

CHRYSANTE.

Il n'est pas si mauvais que l'on n'en vienne à bout.

DORIS.

Madame, avisez-y; je vous remets le tout.

CHRYSANTE.

Rentre; voici Géron, de qui la conférence
Doit rompre, ou nous donner une entière assurance.

SCÈNE IV.

CHRYSANTE, GÉRON.

CHRYSANTE.

Ils se sont vus enfin.

---

[1] Var.   DORIS.
Mon frère, qui croira sa poursuite abusée,
Sans doute en sa faveur brouillera la fusée. (1634.)

GÉRON.
Je l'avois déja su,
Madame; et les effets ne m'en ont point déçu¹,
Du moins quant à Florange.
CHRYSANTE.
Eh bien, mais qu'est-ce encore?
Que dit-il de ma fille?
GÉRON.
Ah! madame, il l'adore
Il n'a point encor vu de miracles pareils :
Ses yeux à son avis sont autant de soleils,
L'enflure de son sein un double petit monde;
C'est le seul ornement de la machine ronde.
L'amour à ses regards allume son flambeau,
Et souvent, pour la voir, il ôte son bandeau;
Diane n'eut jamais une si belle taille;
Auprès d'elle Vénus ne seroit rien qui vaille;
Ce ne sont rien que lis et roses que son teint;
Enfin de ses beautés il est si fort atteint....
CHRYSANTE.
Atteint! Ah! mon ami, tant de badinerie²
Ne témoigne que trop qu'il en fait raillerie.
GÉRON.
Madame, je vous jure, il pèche innocemment,
Et, s'il savoit mieux dire, il diroit autrement.
C'est un homme tout neuf : que voulez-vous qu'il fasse?
Il dit ce qu'il a lu. Daignez juger, de grace³,

¹ Var. Madame, et les effets ne m'ont pas déçu,
   Au moins quant à Florange. (1634-47.)
² Var. Atteint! Ah! mon ami, ce sont des rêveries;
   Il s'en moque en disant de telles niaiseries. (1634-47.)
³ Var. Il dit ce qu'il a lu. Jugez, pour dieu, de grace. (1634-47.)

Plus favorablement de son intention ;
Et, pour mieux vous montrer où va sa passion,
Vous savez les deux points (mais aussi, je vous prie,
Vous ne lui direz pas cette supercherie).

CHRYSANTE.

Non, non.

GÉRON.

Vous savez donc les deux difficultés
Qui jusqu'à maintenant vous tiennent arrêtés [1] ?

CHRYSANTE.

Il veut son avantage, et nous cherchons le nôtre.

GÉRON.

« Va, Géron, m'a-t-il dit ; et pour l'une et pour l'autre,
« Si par dextérité tu n'en peux rien tirer,
« Accorde tout plutôt que de plus différer.
« Doris est à mes yeux de tant d'attraits pourvue,
« Qu'il faut bien qu'il m'en coûte un peu pour l'avoir vue. »
Mais qu'en dit votre fille ?

CHRYSANTE.

Elle suivra mon choix [2],
Et montre une ame prête à recevoir mes lois ;
Non qu'elle en fasse état plus que de bonne sorte,
Il suffit qu'elle voit ce que le bien apporte,
Et qu'elle s'accommode aux solides raisons
Qui forment à présent les meilleures maisons.

GÉRON.

A ce compte, c'est fait. Quand vous plaît-il qu'il vienne [3]
Dégager ma parole, et vous donner la sienne ?

---

[1] Var. Qui jusqu'à maintenant nous tiennent arrêtés ? (1634.)

[2] Var.   Ainsi que je voulois,
    Elle se montre prête à recevoir mes lois. (1634-47.)

[3] Var. A ce compte, c'est fait. Quand voulez-vous qu'il vienne. (1634-47.)

CHRYSANTE.
Deux jours me suffiront, ménagés dextrement,
Pour disposer mon fils à son contentement.
Durant ce peu de temps, si son ardeur le presse,
Il peut hors du logis rencontrer sa maîtresse.
Assez d'occasions s'offrent aux amoureux.
GÉRON.
Madame, que d'un mot je vais le rendre heureux !

SCÈNE V.

PHILISTE, CLARICE.

PHILISTE.
Le bonheur aujourd'hui conduisoit vos visites [1],
Et sembloit rendre hommage à vos rares mérites.
Vous avez rencontré tout ce que vous cherchiez.
CLARICE.
Oui ; mais n'estimez pas qu'ainsi vous m'empêchiez
De vous dire, à présent que nous faisons retraite,
Combien de chez Daphnis je sors mal satisfaite.
PHILISTE.
Madame, toutefois elle a fait son pouvoir,
Du moins en apparence, à vous bien recevoir [2].
CLARICE.
Ne pensez pas aussi que je me plaigne d'elle.
PHILISTE.
Sa compagnie étoit, ce me semble, assez belle.

---

[1] Var. Le bonheur conduisoit aujourd'hui nos visites. (1634-47.)

[2] Var. Au moins en apparence, à vous bien recevoir. (1634.)
CLARICE.
Aussi ne pensez pas que je me plaigne d'elle. (1647.)

CLARICE.

Que trop belle à mon goût, et, que je pense, au tien!
Deux filles possédoient seules ton entretien;
Et leur orgueil, enflé par cette préférence[1],
De ce qu'elles valoient tiroit pleine assurance.

PHILISTE.

Ce reproche obligeant me laisse tout surpris :
Avec tant de beautés, et tant de bons esprits,
Je ne valus jamais qu'on me trouvât à dire.

CLARICE.

Avec ces bons esprits je n'étois qu'en martyre;
Leur discours m'assassine, et n'a qu'un certain jeu,
Qui m'étourdit beaucoup, et qui me plaît fort peu.

PHILISTE.

Celui que nous tenions me plaisoit à merveilles.

CLARICE.

Tes yeux s'y plaisoient bien autant que tes oreilles?

PHILISTE.

Je ne le puis nier, puisqu'en parlant de vous[2],
Sur les vôtres mes yeux se portoient à tous coups,
Et s'en alloient chercher sur un si beau visage
Mille et mille raisons d'un éternel hommage.

CLARICE.

O la subtile ruse, et l'excellent détour!

---

[1] VAR. Et ce que nous étions de femmes méprisées,
　　Nous servons cependant d'objet à vos risées.
PHILISTE.
C'est maintenant, madame, aux vôtres que j'en sers
Avec tant de beautés et tant d'esprits divers. (1634-47.)

[2] VAR. Je ne le peux nier, puisqu'en parlant de vous, (1634.)
. . . .
　　Et s'en alloient chercher sur ce visage d'ange
　　Mille sujets nouveaux d'éternelle louange. (1634-47.)

ACTE I, SCÈNE V.

Sans doute une des deux te donne de l'amour;
Mais tu le veux cacher.

PHILISTE.

Que dites-vous, madame[1]?
Un de ces deux objets captiveroit mon ame!
Jugez-en mieux, de grace; et croyez que mon cœur
Choisiroit pour se rendre un plus puissant vainqueur.

CLARICE.

Tu tranches du fâcheux. Belinde et Chrysolite
Manquent donc, à ton gré, d'attraits et de mérite?
Elles dont les beautés captivent mille amants?

PHILISTE.

Tout autre trouveroit leurs visages charmants[2],
Et j'en ferois état, si le ciel m'eût fait naître
D'un malheur assez grand pour ne vous pas connoître;
Mais l'honneur de vous voir, que vous me permettez,
Fait que je n'y remarque aucunes raretés;
Et, plein de votre idée, il ne m'est pas possible[3]
Ni d'admirer ailleurs, ni d'être ailleurs sensible.

CLARICE.

On ne m'éblouit pas à force de flatter :
Revenons au propos que tu veux éviter.
Je veux savoir des deux laquelle est ta maîtresse;
Ne dissimule plus, Philiste, et me confesse...

PHILISTE.

Que Chrysolite et l'autre, égales toutes deux,

[1] Var. De l'amour! moi, madame?
Que pour une des deux l'amour m'entrât dans l'ame?
Croyez-moi, s'il vous plaît, que mon affection
Voudroit pour s'enflammer plus de perfection.

[2] Var. Quelque autre trouveroit leurs visages charmants. (1634-47.)

[3] Var. Vu que ce qui seroit de soi-même admirable
A peine auprès de vous demeure supportable. (1634-47.)

N'ont rien d'assez puissant pour attirer mes vœux.
Si, blessé des regards de quelque beau visage,
Mon cœur de sa franchise avoit perdu l'usage...

CLARICE.

Tu serois assez fin pour bien cacher ton jeu.

PHILISTE.

C'est ce qui ne se peut : l'amour est tout de feu,
Il éclaire en brûlant, et se trahit soi-même.
Un esprit amoureux, absent de ce qu'il aime [1],
Par sa mauvaise humeur fait trop voir ce qu'il est ;
Toujours morne, rêveur, triste, tout lui déplaît ;
A tout autre propos qu'à celui de sa flamme,
Le silence à la bouche, et le chagrin en l'ame,
Son œil semble à regret nous donner ses regards,
Et les jette à-la-fois souvent de toutes parts,
Qu'ainsi sa fonction confuse ou mal guidée
Se ramène en soi-même, et ne voit qu'une idée ;
Mais auprès de l'objet qui possède son cœur,
Ses esprits ranimés reprennent leur vigueur :
Gai, complaisant, actif...

CLARICE.

            Enfin que veux-tu dire ?

PHILISTE.

Que, par ces actions que je viens de décrire,
Vous, de qui j'ai l'honneur chaque jour d'approcher,
Jugiez pour quel objet l'amour m'a su toucher.

CLARICE.

Pour faire un jugement d'une telle importance,
Il faudroit plus de temps. Adieu ; la nuit s'avance.
Te verra-t-on demain ?

---

[1] Var. L'esprit d'un amoureux, absent de ce qu'il aime. (1634-47.)

ACTE J, SCÈNE VI. 281
PHILISTE.
Madame, en doutez-vous?
Jamais commandements ne me furent si doux :
Loin de vous, je n'ai rien qu'avec plaisir je voie ¹ ;
Tout me devient fâcheux, tout s'oppose à ma joie ;
Un chagrin invincible accable tous mes sens.
CLARICE.
Si, comme tu le dis, dans le cœur des absents
C'est l'amour qui fait naître une telle tristesse,
Ce compliment n'est bon qu'auprès d'une maîtresse.
PHILISTE.
Souffrez-le d'un respect qui produit chaque jour
Pour un sujet si haut les effets de l'amour.

SCÈNE VI.

CLARICE.

Las! il m'en dit assez, si je l'osois entendre ;
Et ses desirs aux miens se font assez comprendre ;
Mais pour nous déclarer une si belle ardeur,
L'un est muet de crainte, et l'autre de pudeur.
Que mon rang me déplaît! que mon trop de fortune,
Au lieu de m'obliger, me choque et m'importune!
Égale à mon Philiste, il m'offriroit ses vœux,
Je m'entendrois nommer le sujet de ses feux,

---

¹ VAR. Puisque loin de vos yeux je n'ai rien qui me plaise,
　　　　Tout me devient fâcheux, tout s'oppose à mon aise.
　　　　Un chagrin éternel triomphe de mes sens.
　　　　　　　　CLARICE.
　　　　Si, comme tu disois, dans le cœur des absents
. . . .
　　　　Ce compliment n'est bon que vers une maîtresse. (1634-47.)

Et ses discours pourroient forcer ma modestie
A l'assurer bientôt de notre sympathie;
Mais le peu de rapport de nos conditions
Ote le nom d'amour à ses soumissions;
Et, sous l'injuste loi de cette retenue,
Le remède me manque, et mon mal continue.
Il me sert en esclave, et non pas en amant,
Tant son respect s'oppose à mon contentement[1]!
Ah! que ne devient-il un peu plus téméraire!
Que ne s'expose-t-il au hasard de me plaire!
Amour, gagne à la fin ce respect ennuyeux,
Et rends-le moins timide, ou l'ôte de mes yeux.

[1] Var. Tant mon grade s'oppose à mon contentement. (1634-47.)

FIN DU PREMIER ACTE.

ACTE SECOND.

SCÈNE I.

PHILISTE.

Secrets tyrans de ma pensée,
Respect, amour, de qui les lois
D'un juste et fâcheux contre-poids
La tiennent toujours balancée ;
Que vos mouvements opposés [1],
Vos traits, l'un par l'autre brisés,
Sont puissants à s'entre-détruire !
Que l'un m'offre d'espoir ! que l'autre a de rigueur !
Et, tandis que tous deux tâchent à me séduire,
Que leur combat est rude au milieu de mon cœur !

Moi-même je fais mon supplice
A force de leur obéir [2] ;

---

[1] Var.   Vos mouvements irrésolus
             Ont trop de flux et de reflux :
             L'un m'élève, et l'autre m'atterre ;
         L'un nourrit mon espoir, et l'autre ma langueur.
         N'avez-vous point ailleurs où vous faire la guerre,
         Sans ainsi vous combattre aux dépens de mon cœur ? (1634.)

[2] Var.   A force de vous obéir ;
             Mais le moyen de vous haïr ?
             Vous venez tous deux de Clarice.
             Vous m'entretenez toutes deux.

Mais le moyen de les haïr?
Ils viennent tous deux de Clarice;
Ils m'en entretiennent tous deux,
Et forment ma crainte et mes vœux
Pour ce bel œil qui les fait naître;
Et de deux flots divers mon esprit agité [1],
Plein de glace, et d'un feu qui n'oseroit paroître,
Blâme sa retenue et sa témérité.

Mon ame, dans cet esclavage,
Fait des vœux qu'elle n'ose offrir;
J'aime seulement pour souffrir;
J'ai trop et trop peu de courage :
Je vois bien que je suis aimé,
Et que l'objet qui m'a charmé
Vit en de pareilles contraintes.
Mon silence à ses feux fait tant de trahison,
Qu'impertinent captif de mes frivoles craintes,
Pour accroître son mal, je fuis ma guérison.

Elle brûle, et, par quelque signe
Que son cœur s'explique avec moi [2],
Je doute de ce que je voi,

    Et formez ma crainte et mes vœux
    Pour ce bel œil qui vous fait naître. (1634.)

[1] VAR. De deux contraires flots mon esprit agité. (1647.)

[2] VAR.   Qu'elle me découvre son cœur,
    Je le prends pour un trait moqueur,
    D'autant que je m'en trouve indigne.
    . . . .
    . . . .
    Avouât des flammes si basses;
Et, par le soin exact qu'elle a de les cacher,
Apprends que si Philiste est en ses bonnes graces. (1634-47.)

ACTE II, SCÈNE I.

Parceque je m'en trouve indigne.
Espoir, adieu ; c'est trop flatté ;
Ne crois pas que cette beauté
Daigne avouer de telles flammes ;
Et, dans le juste soin qu'elle a de les cacher,
Vois que, si même ardeur embrase nos deux ames,
Sa bouche à son esprit n'ose le reprocher.

Pauvre amant, vois par son silence
Qu'elle t'en commande un égal,
Et que le récit de ton mal
Te convaincroit d'une insolence.
Quel fantasque raisonnement !
Et qu'au milieu de mon tourment
Je deviens subtil à ma peine !
Pourquoi m'imaginer qu'un discours amoureux
Par un contraire effet change l'amour en haine[1],
Et, malgré mon bonheur, me rendre malheureux ?

Mais j'aperçois Clarice. O dieux ! si cette belle
Parloit autant de moi que je m'entretiens d'elle !
Du moins si sa nourrice a soin de nos amours,
C'est de moi qu'à présent doit être leur discours.
Une humeur curieuse avec chaleur m'emporte[2]

---

[1] VAR. Par un certain effet change un amour en haine. (1634-47.)

[2] VAR. Je ne sais quelle humeur curieuse m'emporte
    A me couler sans bruit dans la prochaine porte,
    . . . .
    . . . .
    Suivrons-nous cette ardeur ? Suivons à la bonne heure :
    . . . .
    Celle que notre amour cherche à se déclarer. (1643-47.)

A me couler sans bruit derrière cette porte,
Pour écouter de là, sans en être aperçu,
En quoi mon fol espoir me peut avoir déçu.
Allons. Souvent l'amour ne veut qu'une bonne heure :
Jamais l'occasion ne s'offrira meilleure,
Et peut-être qu'enfin nous en pourrons tirer
Celle que nous cherchons pour nous mieux déclarer.

SCÈNE II.

CLARICE, LA NOURRICE.

CLARICE.

Tu me veux détourner d'une seconde flamme
Dont je ne pense pas qu'autre que toi me blâme.
Être veuve à mon âge, et toujours déplorer [1]
La perte d'un mari que je puis réparer !
Refuser d'un amant ce doux nom de maîtresse !
N'avoir que des mépris pour les vœux qu'il m'adresse !
Le voir toujours languir dessous ma dure loi :
Cette vertu, nourrice, est trop haute pour moi.

LA NOURRICE.

Madame, mon avis au vôtre ne résiste
Qu'alors que votre ardeur se porte vers Philiste [2].
Aimez, aimez quelqu'un ; mais comme à l'autre fois
Qu'un lieu digne de vous arrête votre choix.

CLARICE.

Brise là ce discours dont mon amour s'irrite ;
Philiste n'en voit point qui le passe en mérite.

---

[1] Var. Être veuve à mon âge, et toujours soupirer
    La perte d'un mari que je peux réparer ! (1634-47.)

[2] Var. Qu'en tant que votre ardeur se porte vers Philiste. (1634-47.)

ACTE II, SCÈNE II.

LA NOURRICE.

Je ne remarque en lui rien que de fort commun,
Sinon que plus qu'un autre il se rend importun[1].

CLARICE.

Que ton aveuglement en ce point est extrême!
Et que tu connois mal et Philiste et moi-même,
Si tu crois que l'excès de sa civilité
Passe jamais chez moi pour importunité!

LA NOURRICE.

Ce cajoleur rusé, qui toujours vous assiége,
A tant fait qu'à la fin vous tombez dans son piége.

CLARICE.

Ce cavalier parfait, de qui je tiens le cœur,
A tant fait que du mien il s'est rendu vainqueur.

LA NOURRICE.

Il aime votre bien, et non votre personne.

CLARICE.

Son vertueux amour l'un et l'autre lui donne :
Ce m'est trop d'heur encor, dans le peu que je vaux,
Qu'un peu de bien que j'ai supplée à mes défauts.

LA NOURRICE.

La mémoire d'Alcandre, et le rang qu'il vous laisse,
Voudroient un successeur de plus haute noblesse.

CLARICE.

S'il précéda Philiste en vaines dignités[2],
Philiste le devance en rares qualités;
Il est né gentilhomme, et sa vertu répare
Tout ce dont la fortune envers lui fut avare :

---

[1] Var. Sinon qu'il est un peu plus qu'un autre importun. (1634-47.)

[2] Var. Il précéda Philiste en vaines dignités,
   Et Philiste le passe en rares qualités. (1634-47.)

Nous avons, elle et moi, trop de quoi l'agrandir[1].
LA NOURRICE.
Si vous pouviez, madame, un peu vous refroidir
Pour le considérer avec indifférence,
Sans prendre pour mérite une fausse apparence,
La raison feroit voir à vos yeux insensés
Que Philiste n'est pas tout ce que vous pensez.
Croyez-m'en plus que vous; j'ai vieilli dans le monde[2],
J'ai de l'expérience, et c'est où je me fonde;
Éloignez quelque temps ce dangereux charmeur[3],
Faites en son absence essai d'une autre humeur;
Pratiquez-en quelque autre, et, désintéressée,
Comparez-lui l'objet dont vous êtes blessée;
Comparez-en l'esprit, la façon, l'entretien,
Et lors vous trouverez qu'un autre le vaut bien.
CLARICE.
Exercer contre moi de si noirs artifices!
Donner à mon amour de si cruels supplices!
Trahir tous mes desirs! éteindre un feu si beau[4]!
Qu'on m'enferme plutôt toute vive au tombeau.
Fais venir cet amant : dussé-je la première
Lui faire de mon cœur une ouverture entière,
Je ne permettrai point qu'il sorte d'avec moi

---

[1] Var. Elle et moi nous avons trop de quoi l'agrandir.
LA NOURRICE.
Hélas! si vous pouviez un peu vous refroidir. (1634-47.)

[2] Var. Madame, croyez-moi; j'ai vieilli dans le monde. (1634-47.)

[3] Var. Éloignez, s'il vous plaît, quelque temps ce charmeur. (1634-47.)

[4] Var. Trahir ainsi mon aise! éteindre un feu si beau!
. . . .
Va querir mon amant : dussé-je la première
. . . .
Je ne permettrai pas qu'il sorte d'avec moi. (1634-47.)

Sans avoir l'un à l'autre engagé notre foi.
LA NOURRICE.
Ne précipitez point ce que le temps ménage ;
Vous pourrez à loisir éprouver son courage.
CLARICE.
Ne m'importune plus de tes conseils maudits,
Et, sans me répliquer, fais ce que je te dis.

SCÈNE III.

PHILISTE, LA NOURRICE.

PHILISTE.
Je te ferai cracher cette langue traîtresse.
Est-ce ainsi qu'on me sert auprès de ma maîtresse,
Détestable sorcière ?
LA NOURRICE.
Hé bien ! quoi ? qu'ai-je fait ?
PHILISTE.
Et tu doutes encor si j'ai vu ton forfait [1] ?
LA NOURRICE.
Quel forfait ?

---

[1] VAR. Monstre de trahison, horreur de la nature,
Viens çà, que je t'étrangle.
LA NOURRICE.
Ah, ah !
PHILISTE.
Crache, parjure,
Ton ame abominable, et que l'enfer attend.
LA NOURRICE.
De grace, quatre mots, et tu seras content.
PHILISTE.
Et je serai content ! Qui te fait si hardie
D'ajouter l'impudence à tant de perfidie ? (1634.)

PHILISTE.
Peut-on voir lâcheté plus hardie?
Joindre encor l'impudence à tant de perfidie!
LA NOURRICE.
Tenir ce qu'on promet, est-ce une trahison [1]?
PHILISTE.
Est-ce ainsi qu'on le tient?
LA NOURRICE.
Parlons avec raison;
Que t'avois-je promis?
PHILISTE.
Que de tout ton possible
Tu rendrois ta maîtresse à mes desirs sensible,
Et la disposerois à recevoir mes vœux.
LA NOURRICE.
Et ne la vois-tu pas au point où tu la veux [2]?
PHILISTE.
Malgré toi mon bonheur à ce point l'a réduite.
LA NOURRICE.
Mais tu dois ce bonheur à ma sage conduite,
Jeune et simple novice en matière d'amour,
Qui ne saurois comprendre encore un si beau tour.
Flatter de nos discours les passions des dames,
C'est aider lâchement à leurs naissantes flammes;
C'est traiter lourdement un délicat effet;
C'est n'y savoir enfin que ce que chacun sait:
Moi, qui de ce métier ai la haute science,
Et qui, pour te servir, brûle d'impatience,

---

[1] Cette nourrice se défend très adroitement, et une pareille scène plairait encore. (V.)

[2] VAR. Eh quoi! n'est-elle pas au point où tu la veux? (1634-47.)

Par un chemin plus court qu'un propos complaisant,
J'ai su croitre sa flamme en la contredisant ;
J'ai su faire éclater, mais avec violence ¹,
Un amour étouffé sous un honteux silence ;
Et n'ai pas tant choqué que piqué ses desirs,
Dont la soif irritée avance tes plaisirs.

PHILISTE.

A croire ton babil, la ruse est merveilleuse ² ;
Mais l'épreuve, à mon goût, en est fort périlleuse.

LA NOURRICE.

Jamais il ne s'est vu de tours plus assurés.
La raison et l'amour sont ennemis jurés ;
Et lorsque ce dernier dans un esprit commande,
Il ne peut endurer que l'autre le gourmande :
Plus la raison l'attaque, et plus il se roidit ;
Plus elle l'intimide, et plus il s'enhardit.
Je dis sans besoin, vos yeux et vos oreilles ³
Sont de trop bons témoins de toutes ces merveilles ;
Vous-même avez tout vu, que voulez-vous de plus ?
Entrez, on vous attend ; ces discours superflus
Reculent votre bien, et font languir Clarice.
Allez, allez cueillir les fruits de mon service.
Usez bien de votre heur et de l'occasion.

PHILISTE.

Soit une vérité, soit une illusion
Que ton esprit adroit emploie à ta défense ⁴,
Le mien de tes discours plus outre ne s'offense ;

---

¹ Var. J'ai su faire éclater avecque violence. (1634-47.)

² Var. Qui croira ton babil, la ruse est périlleuse. (1634-47.)

³ Var. Mais je vous parle en vain, vos yeux et vos oreilles
   Vous sont de bons témoins de toutes ces merveilles. (1634-47.)

⁴ Var. Que ton subtil esprit emploie à ta défense. (1634-47.)

Et j'en estimerai mon bonheur plus parfait,
Si d'un mauvais dessein je tire un bon effet.
LA NOURRICE.
Que de propos perdus! Voyez l'impatiente
Qui ne peut plus souffrir une si longue attente.

SCÈNE IV.
CLARICE, PHILISTE, LA NOURRICE.
CLARICE.
Paresseux, qui tardez si long-temps à venir,
Devinez la façon dont je veux vous punir.
PHILISTE.
M'interdiriez-vous bien l'honneur de votre vue?
CLARICE.
Vraiment, vous me jugez de sens fort dépourvue :
Vous bannir de mes yeux! une si dure loi
Feroit trop retomber le châtiment sur moi;
Et je n'ai pas failli, pour me punir moi-même.
PHILISTE.
L'absence ne fait mal que de ceux que l'on aime
CLARICE.
Aussi, que savez-vous si vos perfections
Ne vous ont rien acquis sur mes affections?
PHILISTE.
Madame, excusez-moi, je sais mieux reconnoître
Mes défauts, et le peu que le ciel m'a fait naître.
CLARICE.
N'oublierez-vous jamais ces termes ravalés,
Pour vous priser de bouche autant que vous valez?
Seriez-vous bien content qu'on crût ce que vous dites?

ACTE II, SCÈNE IV.

Demeurez avec moi d'accord de vos mérites;
Laissez-moi me flatter de cette vanité
Que j'ai quelque pouvoir sur votre liberté,
Et qu'une humeur si froide, à toute autre invincible,
Ne perd qu'auprès de moi le titre d'insensible :
Une si douce erreur tâche à s'autoriser;
Quel plaisir prenez-vous à m'en désabuser?

PHILISTE.

Ce n'est point une erreur; pardonnez-moi, madame,
Ce sont les mouvements les plus sains de mon ame.
Il est vrai, je vous aime, et mes feux indiscrets
Se donnent leur supplice en demeurant secrets.
Je reçois sans contrainte une ardeur téméraire [1];
Mais si j'ose brûler, je sais aussi me taire;
Et près de votre objet, mon unique vainqueur,
Je puis tout sur ma langue, et rien dessus mon cœur.
En vain j'avois appris que la seule espérance
Entretenoit l'amour dans la persévérance;
J'aime sans espérer; et mon cœur enflammé [2]
A pour but de vous plaire, et non pas d'être aimé.
L'amour devient servile, alors qu'il se dispense
A n'allumer ses feux que pour la récompense.
Ma flamme est toute pure, et, sans rien présumer,
Je ne cherche en aimant que le seul bien d'aimer.

CLARICE.

Et celui d'être aimé, sans que tu le prétendes,
Préviendra tes desirs et tes justes demandes.

---

[1] VAR. Je reçois sans contrainte un amour téméraire;
    Mais si j'ose brûler, aussi sais-je me taire. (1634-47.)

[2] VAR. J'aime sans espérer, et je ne me promets
    Aucun loyer du feu qu'on n'éteindra jamais.
    L'amour devient servile, alors qu'il se propose
    Le seul espoir d'un prix pour son but et sa cause. (1634.)

Ne déguisons plus rien, cher Philiste; il est temps[1]
Qu'un aveu mutuel rende nos vœux contents :
Donnons-leur, je te prie, une entière assurance;
Vengeons-nous à loisir de notre indifférence;
Vengeons-nous à loisir de toutes ces langueurs
Où sa fausse couleur avoit réduit nos cœurs.

PHILISTE.

Vous me jouez, madame, et cette accorte feinte
Ne donne à mes amours qu'une railleuse atteinte[2].

CLARICE.

Quelle façon étrange! En me voyant brûler,
Tu t'obstines encore à le dissimuler;
Tu veux qu'encore un coup je me donne la honte[3]
De te dire à quel point l'amour pour toi me dompte :
Tu le vois cependant avec pleine clarté
Et veux douter encor de cette vérité?

PHILISTE.

Oui, j'en doute, et l'excès du bonheur qui m'accable
Me surprend, me confond, me paroît incroyable.
Madame, est-il possible? et me puis-je assurer
D'un bien à quoi mes vœux n'oseroient aspirer?

---

[1] Var. Ne déguisons plus rien, mon Philiste; il est temps
  Qu'un aveu mutuel rende nos feux contents. (1634-47.)

[2] Var. Ne donne à mes amours qu'une moqueuse atteinte. (1634-47.)

[3] Var. Tu veux qu'encore un coup je devienne effrontée,
  Pour te dire à quel point mon ardeur est montée :
  Tu la vois cependant avec pleine clarté,
  Et tu doutes encor de cette vérité?
      PHILISTE.
  Oui, j'en doute, et l'excès de ma béatitude
  Est le seul fondement de mon incertitude.
  Ma reine, est-il possible? et me puis-je assurer. (1634-47.)

ACTE II, SCÈNE IV.

CLARICE.

Cesse de me tuer par cette défiance.
Qui pourroit des mortels troubler notre alliance?
Quelqu'un a-t-il à voir dessus mes actions,
Dont j'aie à prendre l'ordre en mes affections[1]?
Veuve, et qui ne dois plus de respect à personne,
Ne puis-je disposer de ce que je te donne?

PHILISTE.

N'ayant jamais été digne d'un tel honneur,
J'ai de la peine encore à croire mon bonheur.

CLARICE.

Pour t'obliger enfin à changer de langage,
Si ma foi ne suffit que je te donne en gage,
Un bracelet, exprès tissu de mes cheveux,
T'attend pour enchaîner et ton bras et tes vœux;
Viens le querir, et prendre avec moi la journée
Qui termine bientôt notre heureux hyménée.

PHILISTE.

C'est dont vos seuls avis se doivent consulter :
Trop heureux, quant à moi, de les exécuter!

LA NOURRICE, seule.

Vous comptez sans votre hôte, et vous pourrez apprendre
Que ce n'est pas sans moi que ce jour se doit prendre.
De vos prétentions Alcidon averti[2]
Vous fera, s'il m'en croit, un dangereux parti.
Je lui vais bien donner de plus sûres adresses
Que d'amuser Doris par de fausses caresses;

---

[1] Var. Qui prescrive une règle à mes affections?
. . . .
Puis-je pas disposer de ce que je te donne? (1634-47.)

[2] Var. Alcidon, averti de ce que vous brassez,
Va rendre en un moment vos desseins renversés. (1634-47.)

Aussi bien, m'a-t-on dit, à beau jeu beau retour.
Au lieu de la duper avec ce feint amour,
Elle-même le dupe, et, lui rendant son change ¹,
Lui promet un amour qu'elle garde à Florange :
Ainsi, de tous côtés primé par un rival,
Ses affaires sans moi se porteroient fort mal.

SCÈNE V ².

ALCIDON, DORIS.

ALCIDON.

Adieu, mon cher souci ; sois sûre que mon ame
Jusqu'au dernier soupir conservera sa flamme.

DORIS.

Alcidon, cet adieu me prend au dépourvu,
Tu ne fais que d'entrer ; à peine t'ai-je vu :
C'est m'envier trop tôt le bien de ta présence.
De grace, oblige-moi d'un peu de complaisance ³ ;
Et, puisque je te tiens, souffre qu'avec loisir
Je puisse m'en donner un peu plus de plaisir.

---

¹ Var. Elle-même le dupe, et, par un contre-échange,
  En écoutant ses vœux, reçoit ceux de Florange. (1634-47.)

² Scène d'un très bon comique. (V.)

³ Var. Hé, de grace, ma vie, un peu de complaisance ;
  Tandis que je te tiens, souffre qu'avec loisir
  . . . .
              ALCIDON.
  En peux-tu recevoir de l'entretien d'un homme
  Qui t'explique si mal le feu qui le consomme,
  Dont le discours est plat, et pour tout compliment
  N'a jamais que ce mot : Je t'aime infiniment ?
  J'ai honte auprès de toi que ma langue grossière
  Manque d'expression, et non pas de matière. (1634-47.)

ACTE II, SCÈNE V.

ALCIDON.

Je t'explique si mal le feu qui me consume,
Qu'il me force à rougir d'autant plus qu'il s'allume.
Mon discours s'en confond, j'en demeure interdit;
Ce que je ne puis dire est plus que je n'ai dit :
J'en hais les vains efforts de ma langue grossière,
Qui manquent de justesse en si belle matière,
Et ne répondant point aux mouvements du cœur,
Te découvrent si peu le fond de ma langueur.
Doris, si tu pouvois lire dans ma pensée,
Et voir jusqu'au milieu de mon ame blessée [1],
Tu verrois un brasier bien autre et bien plus grand
Qu'en ces foibles devoirs que ma bouche te rend.

DORIS.

Si tu pouvois aussi pénétrer mon courage,
Et voir jusqu'à quel point ma passion m'engage [2],
Ce que dans mes discours tu prends pour des ardeurs
Ne te sembleroit plus que de tristes froideurs.
Ton amour et le mien ont faute de paroles.
Par un malheur égal ainsi tu me consoles;
Et de mille défauts me sentant accabler,
Ce m'est trop d'heur qu'un d'eux me fait te ressembler.

ALCIDON.

Mais, quelque ressemblance entre nous qui survienne,
Ta passion n'a rien qui ressemble à la mienne,
Et tu ne m'aimes pas de la même façon.

DORIS.

Si tu m'aimes encor, quitte un si faux soupçon [3];

---

[1] Var. Et voir tous les ressorts de mon ame blessée,
   Que tu verrois un feu bien autre et bien plus grand ! (1634-47.)

[2] Var. Pour y voir comme quoi ma passion m'engage. (1634-47.)

[3] Var. Quitte, mon cher souci, quitte ce faux soupçon;

Tu douterois à tort d'une chose trop claire :
L'épreuve fera foi comme j'aime à te plaire.
Je meurs d'impatience attendant l'heureux jour
Qui te montre quel est envers toi mon amour ;
Ma mère en ma faveur brûle de même envie.

ALCIDON.

Hélas! ma volonté sous un autre asservie,
Dont je ne puis encore à mon gré disposer,
Fait que d'un tel bonheur je ne saurois user.
Je dépends d'un vieil oncle, et, s'il ne m'autorise,
Je ne te fais qu'en vain le don de ma franchise[1] ;
Tu sais que tout son bien ne regarde que moi,
Et qu'attendant sa mort je vis dessous sa loi.
Mais nous le gagnerons, et mon humeur accorte
Sait comme il faut avoir les hommes de sa sorte :
Un peu de temps fait tout.

DORIS.

            Ne précipite rien.
Je connois ce qu'au monde aujourd'hui vaut le bien.
Conserve ce vieillard ; pourquoi te mettre en peine,
A force de m'aimer, de t'acquérir sa haine?
Ce qui te plait m'agrée ; et ce retardement,
Parcequ'il vient de toi, m'oblige infiniment.

ALCIDON.

De moi! C'est offenser une pure innocence,
Si l'effet de mes vœux n'est pas en ma puissance[2] ;
Leur obstacle me gêne autant ou plus que toi.

Tu douterois à tort d'une chose si claire. (1634-47.)

[1] VAR. Je te fais vainement un don de ma franchise ;
Tu sais que ses grands biens ne regardent que moi. (1634-47.)

[2] VAR. Si l'effet de mes vœux est hors de ma puissance. (1634-47.)

DORIS.
C'est prendre mal mon sens; je sais quelle est ta foi.
ALCIDON.
En veux-tu par écrit une entière assurance[1]?
DORIS.
Elle m'assure assez de ta persévérance;
Et je lui ferois tort d'en recevoir d'ailleurs
Une preuve plus ample, ou des garants meilleurs.
ALCIDON.
Je l'apporte demain, pour mieux faire connoître[2]....
DORIS.
J'en crois si fortement ce que j'en vois paroître,
Que c'est perdre du temps que de plus en parler.
Adieu. Va désormais où tu voulois aller.
Si pour te retenir j'ai trop peu de mérite,
Souviens-toi pour le moins que c'est moi qui te quitte.
ALCIDON.
Ce brusque adieu m'étonne, et je n'entends pas bien....

SCÈNE VI.
ALCIDON, LA NOURRICE.

LA NOURRICE.
Je te prends au sortir d'un plaisant entretien.

---

[1] Var. Qu'un baiser de nouveau t'en donne l'assurance. (1634.)

[2] Var. Que cette feinte est belle, et qu'elle a d'industrie!
DORIS.
On a les yeux sur nous; laisse-moi, je te prie.
ALCIDON.
Crains-tu que cette vieille en ose babiller?
DORIS.
Adieu. Va maintenant où tu voulois aller.

ALCIDON.

Plaisant de vérité, vu que mon artifice
Lui raconte les vœux que j'envoie à Clarice ;
Et de tous mes soupirs, qui se portent plus loin,
Elle se croit l'objet, et n'en est que témoin.

LA NOURRICE.

Ainsi ton feu se joue?

ALCIDON.

Ainsi, quand je soupire,
Je la prends pour une autre, et lui dis mon martyre ;
Et sa réponse, au point que je puis souhaiter[1],
Dans cette illusion a droit de me flatter.

LA NOURRICE.

Elle t'aime?

ALCIDON.

Et de plus, un discours équivoque
Lui fait aisément croire un amour réciproque.
Elle se pense belle, et cette vanité
L'assure imprudemment de ma captivité ;
Et, comme si j'étois des amants ordinaires,
Elle prend sur mon cœur des droits imaginaires,
Cependant que le sien sent tout ce que je feins[2],
Et vit dans les langueurs dont à faux je me plains.

LA NOURRICE.

Je te réponds que non. Si tu n'y mets remède,
Avant qu'il soit trois jours Florange la possède[3].

. . . .
Qu'il te souvienne au moins que c'est moi qui te quitte.
ALCIDON.
Quoi donc, sans un baiser ? Je m'en passerai bien. (1634-47.)

[1] Var. Et sa réponse, au point que je peux souhaiter. (1634.)

[2] Var. Cependant que le sien ressent ce que je feins. (1634-47.)

[3] Var. Paravant qu'il soit peu, Florange la possède. (1634-47.)

ACTE II, SCÈNE VI.

ALCIDON.

Et qui t'en a tant dit?

LA NOURRICE.

Géron m'a tout conté;
C'est lui qui sourdement a conduit ce traité.

ALCIDON.

C'est ce qu'en mots obscurs son adieu vouloit dire[1].
Elle a cru me braver, mais je n'en fais que rire;
Et, comme j'étois las de me contraindre tant,
La coquette qu'elle est m'oblige en me quittant.
Ne m'apprendras-tu point ce que fait ta maîtresse?

LA NOURRICE.

Elle met ton agente au bout de sa finesse.
Philiste assurément tient son esprit charmé:
Je n'aurois jamais cru qu'elle l'eût tant aimé.

ALCIDON.

C'est à faire à du temps.

LA NOURRICE.

Quitte cette espérance :
Ils ont pris l'un de l'autre une entière assurance,
Jusqu'à s'entre-donner la parole et la foi.

ALCIDON.

Que tu demeures froide en te moquant de moi!

---

[1] Var. Ce n'est pas grand dommage; aussi bien tant de feintes
M'alloient bientôt donner d'ennuyeuses contraintes.
Ils peuvent achever quand ils trouveront bon :
Rien ne les troublera du côté d'Alcidon.
Cependant apprends-moi ce que fait ta maîtresse.
LA NOURRICE.
Elle met la nourrice au bout de sa finesse.
. . . .
Je n'eusse jamais cru qu'elle l'eût tant aimé. (1634-47.)

LA NOURRICE.
Il n'est rien de si vrai ; ce n'est point raillerie.
ALCIDON.
C'est donc fait d'Alcidon ? Nourrice, je te prie....
LA NOURRICE.
Rien ne sert de prier; mon esprit épuisé [1]
Pour divertir ce coup n'est point assez rusé.
Je n'en sais qu'un moyen, mais je ne l'ose dire.
ALCIDON.
Dépêche, ta longueur m'est un second martyre.
LA NOURRICE.
Clarice, tous les soirs, rêvant à ses amours,
Seule dans son jardin fait trois ou quatre tours....
ALCIDON.
Et qu'a cela de propre à reculer ma perte ?
LA NOURRICE.
Je te puis en tenir la fausse porte ouverte [2] :
Aurois-tu du courage assez pour l'enlever ?
ALCIDON.
Oui, mais il faut retraite après où me sauver [3] ;
Et je n'ai point d'ami si peu jaloux de gloire
Que d'être partisan d'une action si noire.
Si j'avois un prétexte, alors je ne dis pas
Que quelqu'un abusé n'accompagnât mes pas.
LA NOURRICE.
On te vole Doris, et ta feinte colère [4]

---

[1] VAR. Tu m'as beau supplier; mon esprit épuisé
. . . .
  Je ne sais qu'un moyen, mais je ne l'ose dire. (1634-47.)

[2] VAR. Je te peux en tenir la fausse porte ouverte. (1634.)

[3] VAR. Que trop, mais je ne sache après où me sauver. (1634-47.)

[4] VAR. Tu n'en saurois manquer. Aveugle, considère

ACTE II, SCÈNE VI.

Manqueroit de prétexte à quereller son frère!
Fais-en sonner par-tout un faux ressentiment :
Tu verras trop d'amis s'offrir aveuglément,
Se prendre à ces dehors, et, sans voir dans ton ame,
Vouloir venger l'affront qu'aura reçu ta flamme.
Sers-toi de leur erreur, et dupe-les si bien....

ALCIDON.

Ce prétexte est si beau que je ne crains plus rien.

LA NOURRICE.

Pour ôter tout soupçon de notre intelligence,
Ne faisons plus ensemble aucune conférence,
Et viens quand tu pourras; je t'attends dès demain.

ALCIDON.

Adieu, je tiens le coup, autant vaut, dans ma main.

> Qu'on t'enlève Doris; va quereller son frère,
> Fais éclater par-tout un faux ressentiment :
> Trop d'amis s'offriront à venger promptement
> L'affront qu'en apparence aura reçu ta flamme;
> Et lors, mais sans ouvrir les secrets de ton ame,
> Tâche à te servir d'eux.
>
> ALCIDON.
> Ainsi tout ira bien.
> Ce prétexte est si beau, que je ne crains plus rien. (1634.)

FIN DU SECOND ACTE.

ACTE TROISIÈME.

SCÈNE I.

CÉLIDAN, ALCIDON.

CÉLIDAN.
Ce n'est pas que j'excuse ou la sœur, ou le frère,
Dont l'infidélité fait naître ta colère;
Mais, à ne point mentir, ton dessein à l'abord
N'a gagné mon esprit qu'avec un peu d'effort.
Lorsque tu m'as parlé d'enlever sa maîtresse,
L'honneur a quelque temps combattu ma promesse :
Ce mot d'enlèvement me faisoit de l'horreur;
Mes sens, embarrassés dans cette vaine erreur,
N'avoient plus la raison de leur intelligence;
En plaignant ton malheur je blâmois ta vengeance;
Et l'ombre d'un forfait, amusant ma pitié,
Retardoit les effets dus à notre amitié.
Pardonne un vain scrupule à mon ame inquiète [1];

---

[1] Vers supprimés :

ALCIDON.
Voilà grossièrement chercher à te dédire;
Avec leurs trahisons ta lâcheté conspire,
Puisque tu sais leur crime et consens leur bonheur.
Mais c'est trop désormais survivre à mon honneur;
C'est trop porter en vain, par leur perfide trame,
La rougeur sur le front, et la fureur en l'ame.
Va, va, n'empêche plus mon désespoir d'agir;
Souffre qu'après mon front ce flanc puisse en rougir,

Prends mon bras pour second, mon château pour retraite.
Le déloyal Philiste, en te volant ton bien,
N'a que trop mérité qu'on le prive du sien :
Après son action la tienne est légitime;
Et l'on venge sans honte un crime par un crime.

ALCIDON.

Tu vois comme il me trompe, et me promet sa sœur,
Pour en faire sous main Florange possesseur [1].
Ah ciel! fut-il jamais un si noir artifice?
Il lui fait recevoir mes offres de service;
Cette belle m'accepte, et, fier de son aveu [2],
Je me vante par-tout du bonheur de mon feu :
Cependant il me l'ôte, et, par cette pratique,
Plus mon amour est su, plus ma honte est publique.

CÉLIDAN.

Après sa trahison vois ma fidélité;
Il t'enlève un objet que je t'avois quitté.
Ta Doris fut toujours la reine de mon ame;
J'ai toujours eu pour elle une secrète flamme,
Sans jamais témoigner que j'en étois épris,
Tant que tes feux ont pu te promettre ce prix :

> Et qu'un bras, impuissant à venger cet outrage,
> Reporte dans mon cœur les effets de ma rage. (1634.)
> CÉLIDAN.
> Bien loin de révoquer ce que je t'ai promis,
> Je t'offre avec mon bras celui de cent amis.
> Prends, puisque tu le veux, ma maison pour retraite;
> Dispose absolument d'une amitié parfaite.
> Je vois trop que Philiste, en te volant ton bien,
> . . . .
> . . . .
> On venge honnêtement un crime par un crime. (1634-47.)

[1] Var. Dont il fait sourdement Florange possesseur. (1634-47.)
[2] Var. Cette belle m'accepte, et dessous cet aveu. (1634-47.)

Mais je te l'ai quittée, et non pas à Florange.
Quand je t'aurai vengé, contre lui je me venge,
Et je lui fais savoir que, jusqu'à mon trépas[1],
Tout autre qu'Alcidon ne l'emportera pas.

ALCIDON.

Pour moi donc à ce point ta contrainte est venue !
Que je te veux du mal de cette retenue !
Est-ce ainsi qu'entre amis on vit à cœur ouvert ?

CÉLIDAN.

Mon feu, qui t'offensoit, est demeuré couvert ;
Et si cette beauté malgré moi l'a fait naître,
J'ai su pour ton respect l'empêcher de paroître.

ALCIDON.

Hélas ! tu m'as perdu, me voulant obliger ;
Notre vieille amitié m'en eût fait dégager[2].
Je souffre maintenant la honte de sa perte,
Et j'aurois eu l'honneur de te l'avoir offerte,
De te l'avoir cédée, et réduit mes desirs
Au glorieux dessein d'avancer tes plaisirs.
Faites, dieux tout-puissants, que Philiste se change[3] !
Et, l'inspirant bientôt de rompre avec Florange,
Donnez-moi le moyen de montrer qu'à mon tour
Je sais pour un ami contraindre mon amour.

CÉLIDAN.

Tes souhaits arrivés, nous t'en verrions dédire ;
Doris sur ton esprit reprendroit son empire :

---

[1] Var. Et je lui fais savoir que devant mon trépas. (1634-47.)

[2] Var. Vu que notre amitié m'en eût fait dégager. (1634-47.)

[3] Var. Mais faites que l'humeur de Philiste se change,
    Grands dieux ! et l'inspirant de rompre avec Florange,
    . . . .
    Pour un ami je sais étouffer mon amour. (1634-47.)

ACTE III, SCÈNE I.

Nous donnons aisément ce qui n'est plus à nous.
ALCIDON.
Si j'y manquois, grands dieux! je vous conjure tous
D'armer contre Alcidon vos dextres vengeresses.
CÉLIDAN.
Un ami tel que toi m'est plus que cent maîtresses;
Il n'y va pas de tant; résolvons seulement
Du jour et des moyens de cet enlèvement.
ALCIDON.
Mon secret n'a besoin que de ton assistance.
Je n'ai point lieu de craindre aucune résistance [1] :
La beauté dont mon traître adore les attraits
Chaque soir au jardin va prendre un peu de frais;
J'en ai su de lui-même ouvrir la fausse porte;
Étant seule, et de nuit, le moindre effort l'emporte.
Allons-y dès ce soir; le plus tôt vaut le mieux :
Et sur-tout déguisés, dérobons à ses yeux,
Et de nous, et du coup, l'entière connoissance.
CÉLIDAN.
Si Clarice une fois est en notre puissance,
Crois que c'est un bon gage à moyenner l'accord,
Et rendre, en le faisant, ton parti le plus fort [2].
Mais, pour la sûreté d'une telle surprise,
Aussitôt que chez moi nous pourrons l'avoir mise,
Retournons sur nos pas, et soudain effaçons
Ce que pourroit l'absence engendrer de soupçons.
ALCIDON.
Ton salutaire avis est la même prudence;

---

[1] VAR. Vu que je ne puis craindre aucune résistance :
   La belle dont mon traître adore les attraits. (1634-47.)

[2] VAR. Et rendre, en ce faisant, ton parti le plus fort. (1634.)
   Mais, pour la sûreté d'une telle entreprise. (1634-47.)

Et déja je prépare une froide impudence
A m'informer demain, avec étonnement,
De l'heure et de l'auteur de cet enlèvement.
CÉLIDAN.
Adieu ; j'y vais mettre ordre.
ALCIDON.
　　　　　　　　Estime qu'en revanche
Je n'ai goutte de sang que pour toi je n'épanche.

SCÈNE II.

ALCIDON

Bons dieux! que d'innocence et de simplicité!
Ou, pour la mieux nommer, que de stupidité,
Dont le manque de sens se cache et se déguise
Sous le front spécieux d'une sotte franchise!
Que Célidan est bon! que j'aime sa candeur!
Et que son peu d'adresse oblige mon ardeur!
Oh! qu'il n'est pas de ceux dont l'esprit à la mode
A l'humeur d'un ami jamais ne s'accommode,
Et qui nous font souvent cent protestations,
Et contre les effets ont mille inventions!
Lui, quand il a promis, il meurt qu'il n'effectue,
Et l'attente déja de me servir le tue.
J'admire cependant par quel secret ressort
Sa fortune et la mienne ont cela de rapport,
Que celle qu'un ami nomme ou tient sa maîtresse
Est l'objet qui tous deux au fond du cœur nous blesse,
Et qu'ayant comme moi caché sa passion,
Nous n'avons différé que de l'intention,

Puisqu'il met pour autrui son bonheur en arrière [1],
Et pour moi...

SCÈNE III.

PHILISTE, ALCIDON.

PHILISTE.
Je t'y prends, rêveur.
ALCIDON.
Oui, par derrière ;
C'est d'ordinaire ainsi que les traîtres en font.
PHILISTE.
Je te vois accablé d'un chagrin si profond,
Que j'excuse aisément ta réponse un peu crue :
Mais que fais-tu si triste au milieu d'une rue ?
Quelque penser fâcheux te servoit d'entretien ?
ALCIDON.
Je rêvois que le monde en l'ame ne vaut rien,
Du moins pour la plupart ; que le siècle où nous sommes [2]
A bien dissimuler met la vertu des hommes ;
Qu'à peine quatre mots se peuvent échapper [3]
Sans quelque double sens afin de nous tromper ;
Et que souvent de bouche un dessein se propose
Cependant que l'esprit songe à toute autre chose.
PHILISTE.
Et cela t'affligeoit ? Laissons courir le temps,
Et, malgré ses abus, vivons toujours contents.

---

[1] Var. Vu qu'il met pour autrui son bonheur en arrière. (1634-47.)

[2] Var. Au moins pour la plupart ; que le siècle où nous sommes. (1634-47.)

[3] Var. Qu'à grand'peine deux mots se peuvent échapper.

Le monde est un chaos, et son désordre excède
Tout ce qu'on y voudroit apporter de remède.
N'ayons l'œil, cher ami, que sur nos actions;
Aussi bien, s'offenser de ses corruptions,
A des gens comme nous ce n'est qu'une folie.
Mais, pour te retirer de ta mélancolie[1],
Je te veux faire part de mes contentements.
 Si l'on peut en amour s'assurer aux serments,
Dans trois jours au plus tard, par un bonheur étrange,
Clarice est à Philiste.

ALCIDON.

    Et Doris, à Florange.

PHILISTE.

Quelque soupçon frivole en ce point te déçoit[2];
J'aurai perdu la vie avant que cela soit.

ALCIDON.

Voilà faire le fin de fort mauvaise grace :
Philiste, vois-tu bien, je sais ce qui se passe.

PHILISTE.

Ma mère en a reçu, de vrai, quelque propos,
Et voulut hier au soir m'en toucher quelques mots :
Les femmes de son âge ont ce mal ordinaire
De régler sur les biens une pareille affaire[3];
Un si honteux motif leur fait tout décider,
Et l'or qui les aveugle a droit de les guider :
Mais comme son éclat n'éblouit point mon ame[4],
Que je vois d'un autre œil ton mérite et ta flamme,

---

[1] Var. Or, pour te retirer de ta mélancolie. (1634-47.)

[2] Var. Quelque soupçon frivole en ce cas te déçoit. (1634.)

[3] Var. De ne régler qu'aux biens une pareille affaire. (1634.)

[4] Var. Moi, dont ce faux éclat n'éblouit jamais l'ame,
  Qui connois ton mérite autant comme ta flamme. (1634-47.)

ACTE III, SCÈNE III.

Je lui fis bien savoir que mon consentement
Ne dépendroit jamais de son aveuglement,
Et que, jusqu'au tombeau, quant à cet hyménée,
Je maintiendrois la foi que je t'avois donnée.
Ma sœur accortement feignoit de l'écouter ;
Non pas que son amour n'osât lui résister,
Mais elle vouloit bien qu'un peu de jalousie¹
Sur quelque bruit léger piquât ta fantaisie ;
Ce petit aiguillon quelquefois, en passant,
Réveille puissamment un amour languissant.

ALCIDON.

Fais à qui tu voudras ce conte ridicule.
Soit que ta sœur l'accepte, ou qu'elle dissimule,
Le peu que j'y perdrai ne vaut pas m'en fâcher.
Rien de mes sentiments ne sauroit approcher.
Comme, alors qu'au théâtre on nous fait voir Mélite,
Le discours de Cloris, quand Philandre la quitte,
Ce qu'elle dit de lui, je le dis de ta sœur,
Et je la veux traiter avec même douceur.
Pourquoi m'aigrir contre elle ? En cet indigne change,
Le beau choix qu'elle fait la punit, et me venge² ;
Et ce sexe imparfait, de soi-même ennemi,
Ne posséda jamais la raison qu'à demi.
J'aurois tort de vouloir qu'elle en eût davantage,
Sa foiblesse la force à devenir volage.
Je n'ai que pitié d'elle en ce manque de foi ;
Et mon courroux entier se réserve pour toi,
Toi, qui trahis ma flamme après l'avoir fait naître,
Toi, qui ne m'es ami qu'afin d'être plus traître,

---

¹ Var. Mais, fine, elle vouloit qu'un ver de jalousie. (1634-47.)

² Var. Le choix de ce lourdaud la punit, et me venge ;
  Et ce sexe imparfait, de son mieux ennemi. (1634-47.)

Et que tes lâchetés tirent de leur excès,
Par ce damnable appât, un facile succès.
Déloyal! ainsi donc de ta vaine promesse
Je reçois mille affronts au lieu d'une maîtresse ;
Et ton perfide cœur, masqué jusqu'à ce jour,
Pour assouvir ta haine alluma mon amour!

PHILISTE.

Ces soupçons dissipés par des effets contraires,
Nous renouerons bientôt une amitié de frères.
Puisse dessus ma tête éclater à tes yeux
Ce qu'a de plus mortel la colère des cieux,
Si jamais ton rival a ma sœur sans ma vie!
A cause de son bien ma mère en meurt d'envie¹ ;
Mais malgré...

ALCIDON.

Laisse là ces propos superflus :
Ces protestations ne m'éblouissent plus ;
Et ma simplicité, lasse d'être dupée,
N'admet plus de raisons qu'au bout de mon épée.

PHILISTE.

Étrange impression d'une jalouse erreur,
Dont ton esprit atteint ne suit que sa fureur!
Eh bien! tu veux ma vie, et je te l'abandonne ;
Ce courroux insensé qui dans ton cœur bouillonne,
Contente-le par-là, pousse ; mais n'attends pas
Que, par le tien, je veuille éviter mon trépas.
Trop heureux que mon sang puisse te satisfaire,
Je le veux tout donner au seul bien de te plaire ;
Toujours à ces défis j'ai couru sans effroi² ;

---

¹ VAR. A cause de ses biens, ma mère en meurt d'envie. (1634-47.)

² VAR. Toujours pour les duels on m'a vu sans effroi ;
    Mais je n'ai point de lame à trancher contre toi. (1634-47.)

Mais je n'ai point d'épée à tirer contre toi.
ALCIDON.
Voilà bien déguiser un manque de courage.
PHILISTE.
C'est presser un peu trop qu'aller jusqu'à l'outrage [1].
On n'a point encor vu que ce manque de cœur
M'ait rendu le dernier où vont les gens d'honneur.
Je te veux bien ôter tout sujet de colère;
Et quoi que de ma sœur ait résolu ma mère,
Dût mon peu de respect irriter tous les dieux,
J'affronterai Géron et Florange à ses yeux.
Mais, après les efforts de cette déférence,
Si tu gardes encor la même violence,
Peut-être saurons-nous apaiser autrement
Les obstinations de ton emportement.
ALCIDON, seul.
Je crains son amitié plus que cette menace.
Sans doute il va chasser Florange de ma place.
Mon prétexte est perdu, s'il ne quitte ces soins.
Dieux! qu'il m'obligeroit de m'aimer un peu moins!

[1] Var. Si jamais quelque part ton intérêt m'engage,
   Tu pourras voir alors si je suis un moqueur,
   Et si pour te servir j'aurai manqué de cœur.
   Mais pour te mieux ôter tout sujet de colère,
   Sitôt que j'aurai pu me rendre chez ma mère,
   Dût mon peu de respect offenser tous les dieux,
   . . . .
   Je souffre jusque-là ton humeur violente.
   Mais, ces devoirs rendus, si rien ne te contente,
   Sache alors que voici de quoi nous apaisons
   Quiconque ne veut pas se payer de raisons. (1634-47.)

SCÈNE IV.

CHRYSANTE, DORIS.

CHRYSANTE.

Je meure, mon enfant, si tu n'es admirable!
Et ta dextérité me semble incomparable :
Tu mérites de vivre après un si bon tour.

DORIS.

Croyez-moi, qu'Alcidon n'en sait guère en amour;
Vous n'eussiez pu m'entendre, et vous garder de rire[1].
Je me tuois moi-même à tous coups de lui dire
Que mon ame pour lui n'a que de la froideur,
Et que je lui ressemble, en ce que notre ardeur
Ne s'explique à tous deux point du tout par la bouche[2];
Enfin que je le quitte.

CHRYSANTE.

      Il est donc une souche,
S'il ne peut rien comprendre en ces naïvetés.
Peut-être y mêlois-tu quelques obscurités?

DORIS.

Pas une; en mots exprès je lui rendois son change,
Et n'ai couvert mon jeu qu'au regard de Florange.

CHRYSANTE.

De Florange! et comment en osois-tu parler?

DORIS.

Je ne me trouvois pas d'humeur à rien celer;
Mais nous nous sûmes lors jeter sur l'équivoque.

---

[1] Var. Vous n'eussiez pu m'entendre, et vous tenir de rire. (1634-47.)
[2] Var. Ne s'explique à tous deux nullement par la bouche. (1634-47.)

CHRYSANTE.

Tu vaux trop. C'est ainsi qu'il faut, quand on se moque,
Que le moqué toujours sorte fort satisfait ;
Ce n'est plus autrement qu'un plaisir imparfait,
Qui souvent malgré nous se termine en querelle.

DORIS.

Je lui prépare encore une ruse nouvelle [1]
Pour la première fois qu'il m'en viendra conter.

CHRYSANTE.

Mais, pour en dire trop, tu pourras tout gâter.

DORIS.

N'en ayez pas de peur.

CHRYSANTE.

   Quoi que l'on se propose,
Assez souvent l'issue...

DORIS.

   On vous veut quelque chose,
Madame, je vous laisse.

CHRYSANTE.

   Oui, va-t'en ; il vaut mieux
Que l'on ne traite point cette affaire à tes yeux.

SCÈNE V.

CHRYSANTE, GÉRON.

CHRYSANTE.

Je devine à-peu-près le sujet qui t'amène ;
Mais, sans mentir, mon fils me donne un peu de peine,
Et s'emporte si fort en faveur d'un ami,

---

[1] Var. Je lui présente encore une ruse nouvelle. (1634.)

Que je n'ai su gagner son esprit qu'à demi.
Encore une remise; et que, tandis, Florange
Ne craigne aucunement qu'on lui donne le change;
Moi-même j'ai tant fait, que ma fille aujourd'hui
(Le croirois-tu, Géron?) a de l'amour pour lui.

GÉRON.

Florange, impatient de n'avoir pas encore
L'entier et libre accès vers l'objet qu'il adore,
Ne pourra consentir à ce retardement.

CHRYSANTE.

Le tout en ira mieux pour son contentement.
Quel plaisir aura-t-il auprès de sa maîtresse,
Si mon fils ne l'y voit que d'un œil de rudesse,
Si sa mauvaise humeur ne daigne lui parler[1],
Ou ne lui parle enfin que pour le quereller?

GÉRON.

Madame, il ne faut point tant de discours frivoles.
Je ne fus jamais homme à porter des paroles,
Depuis que j'ai connu qu'on ne les peut tenir.
Si monsieur votre fils....

CHRYSANTE.

Je l'aperçois venir.

GÉRON.

Tant mieux. Nous allons voir s'il dédira sa mère.

CHRYSANTE.

Sauve-toi; ses regards ne sont que de colère.

---

[1] Var. Si sa mauvaise humeur refuse à lui parler. (1634-47.)

SCÈNE VI.

PHILISTE, CHRYSANTE, LYCAS, GÉRON.

PHILISTE.
Te voilà donc ici, peste du bien public,
Qui réduis les amours en un sale trafic.
Va pratiquer ailleurs tes commerces infames.
Ce n'est pas où je suis que l'on surprend des femmes.
GÉRON.
Vous me prenez à tort pour quelque suborneur [1];
Je ne sortis jamais des termes de l'honneur;
Et madame elle-même a choisi cette voie.

PHILISTE, lui donnant des coups de plat d'épée
Tiens, porte ce revers à celui qui t'envoie;
Ceux-ci seront pour toi.

SCÈNE VII.

CHRYSANTE, PHILISTE, LYCAS.

CHRYSANTE.
  Mon fils, qu'avez-vous fait?
PHILISTE.
J'ai mis, graces aux dieux, ma promesse en effet.
CHRYSANTE.
Ainsi vous m'empêchez d'exécuter la mienne.

---

[1] VAR. Monsieur, vous m'offensez : loin d'être un suborneur,
. . . .
Madame a trouvé bon de prendre cette voie. (1634-47.)

PHILISTE.
Je ne puis empêcher que la vôtre ne tienne;
Mais si jamais je trouve ici ce courratier,
Je lui saurai, madame, apprendre son métier.
CHRYSANTE.
Il vient sous mon aveu.
PHILISTE.
Votre aveu ne m'importe;
C'est un fou s'il me voit sans regagner la porte [1] :
Autrement, il saura ce que pèsent mes coups.
CHRYSANTE.
Est-ce là le respect que j'attendois de vous?
PHILISTE.
Commandez que le cœur à vos yeux je m'arrache,
Pourvu que mon honneur ne souffre aucune tache :
Je suis prêt d'expier avec mille tourments
Ce que je mets d'obstacle à vos contentements.
CHRYSANTE.
Souffrez que la raison règle votre courage;
Considérez, mon fils, quel heur, quel avantage,
L'affaire qui se traite apporte à votre sœur.
Le bien est en ce siècle une grande douceur :
Étant riche, on est tout; ajoutez qu'elle-même
N'aime point Alcidon, et ne croit pas qu'il l'aime.
Quoi! voulez-vous forcer son inclination?
PHILISTE.
Vous la forcez vous même à cette élection.
Je suis de ses amours le témoin oculaire.
CHRYSANTE.
Elle se contraignoit seulement pour vous plaire.

---

[1] Var. C'est un fou, me voyant, s'il ne gagne la porte. (1634-47.)

PHILISTE.
Elle doit donc encor se contraindre pour moi.
CHRYSANTE.
Et pourquoi lui prescrire une si dure loi?
PHILISTE.
Puisqu'elle m'a trompé, qu'elle en porte la peine.
CHRYSANTE.
Voulez-vous l'attacher à l'objet de sa haine?
PHILISTE.
Je veux tenir parole à mes meilleurs amis,
Et qu'elle tienne aussi ce qu'elle m'a promis.
CHRYSANTE.
Mais elle ne vous doit aucune obéissance.
PHILISTE.
Sa promesse me donne une entière puissance.
CHRYSANTE.
Sa promesse, sans moi, ne la peut obliger.
PHILISTE.
Que deviendra ma foi, qu'elle a fait engager?
CHRYSANTE.
Il la faut révoquer, comme elle sa promesse.
PHILISTE.
Il faudroit donc, comme elle, avoir l'ame traîtresse.
Lycas, cours chez Florange, et dis-lui de ma part [1]....
CHRYSANTE.
Quel violent esprit!

---

[1] VAR. N'en parlons plus. Lycas?
LYCAS.
Monsieur.
PHILISTE.
Sus, de ma part,
Va Florange avertir que, s'il ne se départ. (1634.)

PHILISTE.
Que, s'il ne se départ
D'une place chez nous par surprise occupée,
Je ne le trouve point sans une bonne épée.
CHRYSANTE.
Attends un peu. Mon fils....
PHILISTE, à Lycas.
Marche, mais promptement.
CHRYSANTE, seule.
Dieux! que cet emporté me donne de tourment[1]!
Que je te plains, ma fille! Hélas! pour ta misère
Les destins ennemis t'ont fait naître ce frère;
Déplorable! le ciel te veut favoriser
D'une bonne fortune, et tu n'en peux user.
Rejoignons toutes deux ce naturel sauvage,
Et tâchons par nos pleurs d'amollir son courage.

SCÈNE VIII.

CLARICE, dans son jardin[2].

Chers confidents de mes desirs,
Beaux lieux, secrets témoins de mon inquiétude,
Ce n'est plus avec des soupirs
Que je viens abuser de votre solitude;
Mes tourments sont passés,
Mes vœux sont exaucés,
La joie aux maux succède[3] :

---

[1] VAR. Dieux! que cet obstiné me donne de tourment! (1634-47.)

[2] VAR.　　　CLARICE, dans son jardin.
　　　　　　STANCES (1634.)

[3] VAR.　　　L'aise à mes maux succède. (1634.)

ACTE III, SCÈNE IX.

Mon sort en ma faveur change sa dure loi,
Et, pour dire en un mot le bien que je possède,
　　Mon Philiste est à moi.

　　En vain nos inégalités
M'avoient avantagée à mon désavantage.
　　L'amour confond nos qualités,
Et nous réduit tous deux sous un même esclavage.
　　　　L'aveugle outrecuidé
　　　　Se croiroit mal guidé
　　　　Par l'aveugle fortune;
Et son aveuglement par miracle fait voir
Que, quand il nous saisit, l'autre nous importune,
　　　　Et n'a plus de pouvoir.

　　Cher Philiste, à présent tes yeux,
Que j'entendois si bien sans les vouloir entendre,
　　Et tes propos mystérieux,
Par leurs rusés détours n'ont plus rien à m'apprendre.
　　　　Notre libre entretien
　　　　Ne dissimule rien;
　　　　Et ces respects farouches
N'exerçant plus sur nous de secrètes rigueurs,
L'amour est maintenant le maître de nos bouches
　　　　Ainsi que de nos cœurs.

　　Qu'il fait bon avoir enduré !
Que le plaisir se goûte au sortir des supplices !
　　Et qu'après avoir tant duré,
La peine qui n'est plus augmente nos délices !
　　　　Qu'un si doux souvenir

M'apprête à l'avenir
D'amoureuses tendresses!
Que mes malheurs finis auront de volupté!
Et que j'estimerai chèrement ces caresses
Qui m'auront tant coûté!

Mon heur me semble sans pareil[1];
Depuis qu'en liberté notre amour m'en assure,
Je ne crois pas que le soleil....

SCÈNE IX.

CÉLIDAN, ALCIDON, CLARICE, LA NOURRICE.

CÉLIDAN dit ces mots derrière le théâtre.

Cocher, attends-nous là.

CLARICE.

D'où provient ce murmure?

ALCIDON.

Il est temps d'avancer; baissons le tapabord :
Moins nous ferons de bruit, moins il faudra d'effort.

CLARICE.

Aux voleurs! au secours!

LA NOURRICE.

Quoi! des voleurs, madame?

CLARICE.

Oui, des voleurs, nourrice.

LA NOURRICE embrasse les genoux de Clarice,
et l'empêche de fuir.

Ah! de frayeur je pâme.

---

[1] VAR.   Mon heur me semble nonpareil; (1634.)
Depuis que notre amour déclaré m'en assure. (1634-47.)

ACTE III, SCÈNE X.

CLARICE.

Laisse-moi, misérable.

CÉLIDAN.

Allons, il faut marcher,
Madame; vous viendrez.

CLARICE.

(Célidan lui met la main sur la bouche.)

Aux vo....

CÉLIDAN.

(Il dit ces mots derrière le théâtre.)

Touche, cocher.

SCÈNE X.

LA NOURRICE, DORASTE, POLYMAS, LISTOR.

LA NOURRICE, seule.

Sortons de pâmoison, reprenons la parole;
Il nous faut à grands cris jouer un autre rôle.
Ou je n'y connois rien, ou j'ai bien pris mon temps:
Ils n'en seront pas tous également contents[1];
Et Philiste demain, cette nouvelle sue,
Sera de belle humeur, ou je suis fort déçue.
Mais par où vont nos gens? Voyons, qu'en sûreté
Je fasse aller après par un autre côté.
A présent il est temps que ma voix s'évertue:
Aux armes! aux voleurs! on m'égorge, on me tue,
On enlève madame; amis, secourez-nous;
A la force! aux brigands! au meurtre! accourez tous.

---

[1] Var. Tous n'en resteront pas également contents. (1634.)

Doraste, Polymas, Listor.

POLYMAS.

Qu'as-tu, nourrice ?

LA NOURRICE.

Des voleurs....

POLYMAS.

Qu'ont-ils fait ?

LA NOURRICE.

Ils ont ravi Clarice.

POLYMAS.

Comment! ravi Clarice?

LA NOURRICE.

Oui. Suivez promptement.
Bons dieux! que j'ai reçu de coups en un moment!

DORASTE.

Suivons-les : mais dis-nous la route qu'ils ont prise.

LA NOURRICE.

Ils vont tout droit par-là. Le ciel vous favorise!

(Elle est seule.)

Oh, qu'ils en vont abattre! ils sont morts, c'en est fait;
Et leur sang, autant vaut, a lavé leur forfait :
Pourvu que le bonheur à leurs souhaits réponde,
Ils les rencontreront s'ils font le tour du monde.
Quant à nous, cependant, subornons[1] quelques pleurs
Qui servent de témoins à nos fausses douleurs.

---

[1] *Suborner*, susciter quelqu'un pour nuire. (Richelet, édit. de 1680.)

FIN DU TROISIÈME ACTE

ACTE QUATRIÈME.

SCÈNE I.

PHILISTE, LYCAS.

PHILISTE.

Des voleurs cette nuit ont enlevé Clarice !
Quelle preuve en as-tu ? quel témoin ? quel indice ?
Ton rapport n'est fondé que sur quelque faux bruit.

LYCAS.

Je n'en suis par mes yeux, hélas ! que trop instruit [1] ;
Les cris de sa nourrice en sa maison déserte
M'ont trop suffisamment assuré de sa perte ;
Seule en ce grand logis, elle court haut et bas,
Elle renverse tout ce qui s'offre à ses pas,
Et sur ceux qu'elle voit frappe sans reconnoître ;
A peine devant elle oseroit-on paroître :
De furie elle écume, et fait sans cesse un bruit [2]
Que le désespoir forme, et que la rage suit ;
Et, parmi ses transports, son hurlement farouche
Ne laisse distinguer que Clarice en sa bouche.

PHILISTE.

Ne t'a-t-elle rien dit ?

LYCAS.

Soudain qu'elle m'a vu,

---

[1] VAR. Je n'en suis par les yeux, hélas ! que trop instruit. (1634-47.)

[2] VAR. De furie elle écume, et fait toujours un bruit. (1634-47.)

Ces mots ont éclaté d'un transport imprévu [1] :
« Va lui dire qu'il perd sa maîtresse et la nôtre; »
Et puis incontinent, me prenant pour un autre,
Elle m'alloit traiter en auteur du forfait;
Mais ma fuite a rendu sa fureur sans effet.

PHILISTE.

Elle nomme du moins celui qu'elle en soupçonne?

LYCAS.

Ses confuses clameurs n'en accusent personne,
Et même les voisins n'en savent que juger.

PHILISTE.

Tu m'apprends seulement ce qui peut m'affliger,
Traître, sans que je sache où, pour mon allégeance,
Adresser ma poursuite, et porter ma vengeance.
Tu fais bien d'échapper; dessus toi ma douleur,
Faute d'un autre objet, eût vengé ce malheur.
Malheur d'autant plus grand que sa source ignorée
Ne laisse aucun espoir à mon ame éplorée;
Ne laisse à ma douleur, qui va finir mes jours,
Qu'une plainte inutile au lieu d'un prompt secours :
Foible soulagement en un coup si funeste[2];
Mais il s'en faut servir, puisque seul il nous reste.
Plains, Philiste, plains-toi, mais avec des accents
Plus remplis de fureur qu'ils ne sont impuissants;
Fais qu'à force de cris poussés jusqu'en la nue,
Ton mal soit plus connu que sa cause inconnue;
Fais que chacun le sache, et que, par tes clameurs,
Clarice, où qu'elle soit, apprenne que tu meurs.

Clarice, unique objet qui me tiens en servage,

---

[1] Var. Ces mots ont éclaté d'un transport impourvu. (1634.)

[2] Var. Vain et foible soulas en un coup si funeste. (1634-47.)

ACTE IV, SCÈNE I.

Reçois de mon ardeur ce dernier témoignage¹ ;
Vois comme en te perdant je vais perdre le jour,
Et par mon désespoir juge de mon amour.
Hélas! pour en juger, peut-être est-ce ta feinte²
Qui me porte à dessein cette cruelle atteinte ;
Et ton amour, qui doute encor de mes serments,
Cherche à s'en assurer par mes ressentiments.
Soupçonneuse beauté, contente ton envie,
Et prends cette assurance aux dépens de ma vie.
Si ton feu dure encor, par mes derniers soupirs
Reçois ensemble et perds l'effet de tes desirs ;
Alors ta flamme en vain pour Philiste allumée,
Tu lui voudras du mal de t'avoir trop aimée ;
Et sûre d'une foi que tu crains d'accepter³,
Tu pleureras en vain le bonheur d'en douter.
Que ce penser flatteur me dérobe à moi-même !
Quel charme à mon trépas de penser qu'elle m'aime !
Et dans mon désespoir qu'il m'est doux d'espérer
Que ma mort, à son tour, la fera soupirer !
　　Simple, qu'espères-tu ? Sa perte volontaire
Ne veut que te punir d'un amour téméraire ;

---

¹ Var. Reçois donc de mes feux ce dernier témoignage. (1634-47.)

² Var. Aussi, pour en juger, peut-être est-ce ta feinte. (1634-47.)

³ Var. Et sûre de sa foi, tu viendras regretter
　　Sur sa tombe le temps et le bien d'en douter.
. . . .
　　Qu'il m'est doux en mourant de penser qu'elle m'aime !
　　Et dans ce désespoir que causent mes malheurs,
　　Espérer que ma mort lui causera des pleurs !
　　Simple, qu'espères-tu ? Sa perte est volontaire ;
　　Et pour mieux te punir d'un amour téméraire,
　　Elle veut tes regrets : tous autres châtiments
　　Ne lui semblent pour toi que de légers tourments.
　　Elle se pâme d'aise au récit de ta peine. (1634-47.)

Ton déplaisir lui plaît, et tous autres tourments
Lui sembleroient pour toi de légers châtiments.
Elle en rit maintenant, cette belle inhumaine ;
Elle pâme de joie au récit de ta peine,
Et choisit pour objet de son affection
Un amant plus sortable à sa condition.
　Pauvre désespéré, que ta raison s'égare !
Et que tu traites mal une amitié si rare !
Après tant de serments de n'aimer rien que toi,
Tu la veux faire heureuse aux dépens de sa foi ;
Tu veux seul avoir part à la douleur commune ;
Tu veux seul te charger de toute l'infortune,
Comme si tu pouvois en croissant tes malheurs
Diminuer les siens, et l'ôter aux voleurs.
N'en doute plus, Philiste, un ravisseur infame
A mis en son pouvoir la reine de ton ame,
Et peut-être déja ce corsaire effronté
Triomphe insolemment de sa fidélité[1].
Qu'à ce triste penser ma vigueur diminue !

SCÈNE II.

PHILISTE, DORASTE, POLYMAS, LISTOR.

PHILISTE.

Mais voici de ses gens. Qu'est-elle devenue ?
Amis, le savez-vous ? N'avez-vous rien trouvé
Qui nous puisse éclaircir du malheur arrivé ?

DORASTE.

Nous avons fait, monsieur, une vaine poursuite.

---

[1] Var. Triomphe insolemment de sa pudicité.
　　Hélas ! qu'à ce penser ma vigueur diminue ! (1634-47.)

PHILISTE.
Du moins vous avez vu des marques de leur fuite.
DORASTE.
Si nous avions pu voir les traces de leurs pas,
Des brigands ou de nous vous sauriez le trépas;
Mais, hélas! quelque soin et quelque diligence....
PHILISTE.
Ce sont là des effets de votre intelligence,
Traîtres; ces feints hélas ne sauroient m'abuser.
POLYMAS.
Vous n'avez point, monsieur, de quoi nous accuser[1].
PHILISTE.
Perfides, vous prêtez épaule à leur retraite,
Et c'est ce qui vous fait me la tenir secrète.
Mais voici.... Vous fuyez! vous avez beau courir,
Il faut me ramener ma maîtresse, ou mourir.

DORASTE, rentrant avec ses compagnons, cependant que Philiste les cherche derrière le théâtre.

Cédons à sa fureur, évitons-en l'orage.
POLYMAS.
Ne nous présentons plus aux transports de sa rage;
Mais plutôt derechef allons si bien chercher,
Qu'il n'ait plus au retour sujet de se fâcher.

LISTOR, voyant revenir Philiste, et s'enfuyant avec ses compagnons.

Le voilà.

PHILISTE, l'épée à la main, et seul.

Qui les ôte à ma juste colère?
Venez de vos forfaits recevoir le salaire,

[1] Var. Vous ne devez, monsieur, en rien nous accuser. (1634.)
PHILISTE.
Perfides, vous prêtez l'épaule à leur retraite. (1634.)

Infames scélérats, venez, qu'espérez-vous ?
Votre fuite ne peut vous sauver de mes coups.

SCÈNE III.

ALCIDON, CÉLIDAN, PHILISTE.

ALCIDON met l'épée à la main.

Philiste, à la bonne heure, un miracle visible
T'a rendu maintenant à l'honneur plus sensible,
Puisque ainsi tu m'attends les armes à la main.
J'admire avec plaisir ce changement soudain [1],
Et vais....

CÉLIDAN.

Ne pense pas ainsi....

ALCIDON.

Laisse-nous faire ;
C'est en homme de cœur qu'il me va satisfaire.
Crains-tu d'être témoin d'une bonne action ?

PHILISTE.

Dieux ! ce comble manquoit à mon affliction.
Que j'éprouve en mon sort une rigueur cruelle !
Ma maîtresse perdue, un ami me querelle.

ALCIDON.

Ta maîtresse perdue !

PHILISTE.

Hélas ! hier, des voleurs....

---

[1] Var. Quoi ! ta poltronnerie a changé bien soudain ?
CÉLIDAN.
Modère cette ardeur, tout beau.
ALCIDON.
. . . .
. . . .
Veux tu rompre le coup d'une bonne action ? (1634-17.)

ACTE IV, SCÈNE III.

ALCIDON.
Je n'en veux rien savoir, va le conter ailleurs;
Je ne prends point de part aux intérêts d'un traître [1];
Et puisqu'il est ainsi, le ciel fait bien connoître
Que son juste courroux a soin de me venger.

PHILISTE.
Quel plaisir, Alcidon, prends-tu de m'outrager?
Mon amitié se lasse, et ma fureur m'emporte;
Mon ame pour sortir ne cherche qu'une porte :
Ne me presse donc plus dans un tel désespoir [2].
J'ai déja fait pour toi par-delà mon devoir.
Te peux-tu plaindre encor de ta place usurpée?
J'ai renvoyé Géron à coups de plat d'épée;
J'ai menacé Florange, et rompu les accords [3]
Qui t'avoient su causer ces violents transports.

ALCIDON.
Entre des cavaliers une offense reçue
Ne se contente point d'une si lâche issue;
Va m'attendre....

CÉLIDAN.
Arrêtez, je ne permettrai pas
Qu'un si funeste mot termine vos débats.

PHILISTE.
Faire ici du fendant tandis qu'on nous sépare,
C'est montrer un esprit lâche autant que barbare.
Adieu, mauvais, adieu : nous nous pourrons trouver;

---

[1] Var. Je ne prends plus de part aux intérêts d'un traître;
　　　Et puisqu'il est ainsi, le ciel fait bien paroître
　　　Que son juste courroux a voulu me venger. (1634-47.)

[2] Var. Ne me presse donc plus dedans mon désespoir. (1634-47.)

[3] Var. J'ai menacé Florange, et rompu des accords
　　　Qui te causoient jadis ces violents transports. (1634-47.)

Et, si le cœur t'en dit, au lieu de tant braver,
J'apprendrai seul à seul, dans peu, de tes nouvelles.
Mon honneur souffriroit des taches éternelles
A craindre encor de perdre une telle amitié.

SCÈNE IV.

CÉLIDAN, ALCIDON.

CELIDAN.
Mon cœur à ses douleurs s'attendrit de pitié [1],
Il montre une franchise ici trop naturelle,
Pour ne te pas ôter tout sujet de querelle.
L'affaire se traitoit sans doute à son insu,
Et quelque faux soupçon en ce point t'a déçu.
Va retrouver Doris, et rendons-lui Clarice.

ALCIDON.
Tu te laisses donc prendre à ce lourd artifice,
A ce piége, qu'il dresse afin de me duper [2] ?

CÉLIDAN.
Romproit-il ces accords à dessein de tromper ?
Que vois-tu là qui sente une supercherie ?

ALCIDON.
Je n'y vois qu'un effet de sa poltronnerie,
Qu'un lâche désaveu de cette trahison,
De peur d'être obligé de m'en faire raison.
Je l'en pressai dès hier; mais son peu de courage
Aima mieux pratiquer ce rusé témoignage,
Par où, m'éblouissant, il pût un de ces jours

---

[1] VAR. Le cœur, à ses douleurs, me saigne de pitié. (1634-47.)

[2] VAR. A ce piége, qu'il dresse afin de m'attraper ? (1634-47.)

ACTE IV, SCÈNE IV.

Renouer sourdement ces muettes amours.
Il en donne en secret des avis à Florange :
Tu ne le connois pas; c'est un esprit étrange.

CÉLIDAN.

Quelque étrange qu'il soit, si tu prends bien ton temps,
Malgré lui tes desirs se trouveront contents.
Ses offres acceptés, que rien ne se diffère;
Après un prompt hymen, tu le mets à pis faire.

ALCIDON.

Cet ordre est infaillible à procurer mon bien;
Mais ton contentement m'est plus cher que le mien.
Long-temps à mon sujet tes passions contraintes
Ont souffert et caché leurs plus vives atteintes;
Il me faut à mon tour en faire autant pour toi :
Hier devant tous les dieux je t'en donnai ma foi,
Et, pour la maintenir, tout me sera possible [1].

CÉLIDAN.

Ta perte en mon bonheur me seroit trop sensible;
Et je m'en haïrois, si j'avois consenti
Que mon hymen laissât Alcidon sans parti.

ALCIDON.

Eh bien, pour t'arracher ce scrupule de l'ame
(Quoique je n'eus jamais pour elle aucune flamme),
J'épouserai Clarice. Ainsi, puisque mon sort
Veut qu'à mes amitiés je fasse un tel effort,
Que d'un de mes amis j'épouse la maîtresse,

---

[1] Var. Et, pour la maintenir, j'éteindrai bien ma braise.
CÉLIDAN.
Mais je ne veux point d'heur aux dépens de ton aise,
Et j'aurois un regret trop sensible de voir *
Que mon hymen laissât Alcidon à pourvoir.

* Var. Et moi-même j'aurois trop de regret de voir. (1647.)

C'est là que par devoir il faut que je m'adresse.
Philiste est un parjure ; et moi, ton obligé [1] :
Il m'a fait un affront, et tu m'en as vengé.
Balancer un tel choix avec inquiétude,
Ce seroit me noircir de trop d'ingratitude.
CÉLIDAN.
Mais te priver pour moi de ce que tu chéris !
ALCIDON.
C'est faire mon devoir, te quittant ma Doris,
Et me venger d'un traître épousant sa Clarice.
Mes discours ni mon cœur n'ont aucun artifice.
Je vais, pour confirmer tout ce que je t'ai dit,
Employer vers Doris mon reste de crédit ;
Si je la puis gagner, je te réponds du frère ;
Trop heureux à ce prix d'apaiser ma colère !
CÉLIDAN.
C'est ainsi que tu veux m'obliger doublement.
Vois ce que je pourrai pour ton contentement.
ALCIDON.
L'affaire, à mon avis, deviendroit plus aisée,
Si Clarice apprenoit une mort supposée....
CÉLIDAN.
De qui ? de son amant ? Va, tiens pour assuré
Qu'elle croira dans peu ce perfide expiré.
ALCIDON.
Quand elle en aura su la nouvelle funeste,
Nous aurons moins de peine à la résoudre au reste.
On a beau nous aimer, des pleurs sont tôt séchés,
Et les morts soudain mis au rang des vieux péchés.

---

[1] Var. Philiste m'est parjure ; et moi, ton obligé :
. . . .
Ma raison en ce choix n'a point d'incertitude,
Puisque l'un est justice, et l'autre ingratitude. (1634-47.)

SCÈNE V.

CÉLIDAN.

Il me cède à mon gré Doris de bon courage ;
Et ce nouveau dessein d'un autre mariage,
Pour être fait sur l'heure, et tout nonchalamment,
Est conduit, ce me semble, assez accortement [1].
Qu'il en sait de moyens ! qu'il a ses raisons prêtes !
Et qu'il trouve à l'instant de prétextes honnêtes
Pour ne point t'approcher de son premier amour !
Plus j'y porte la vue, et moins j'y vois de jour [2].
M'auroit-il bien caché le fond de sa pensée?
Oui, sans doute, Clarice a son ame blessée ;
Il se venge en parole, et s'oblige en effet.
On ne le voit que trop, rien ne le satisfait [3] :
Quand on lui rend Doris, il s'aigrit davantage.
Je jouerois, à ce compte, un joli personnage !
Il s'en faut éclaircir. Alcidon ruse en vain,
Tandis que le succès est encore en ma main.
Si mon soupçon est vrai, je lui ferai connoître
Que je ne suis pas homme à seconder un traître [4].
Ce n'est point avec moi qu'il faut faire le fin,
Et qui veut me duper en doit craindre la fin.
Il ne vouloit que moi pour lui servir d'escorte,
Et, si je ne me trompe, il n'ouvrit point la porte ;

---

[1] Var. Ne me semble conduit que trop accortement. (1634-47.)

[2] Var. Quant à moi, plus j'y songe, et moins j'y vois de jour. (1634-47.)

[3] Var. Cela se juge à l'œil, rien ne le satisfait. (1634-47.)

[4] Var. Que je ne fus jamais homme à servir un traître.
  Ce n'est pas avec moi qu'il faut faire le fin. (1634-47.)

Nous étions attendus, on secondoit nos coups :
La nourrice parut en même temps que nous,
Et se pâma soudain avec tant de justesse,
Que cette pâmoison nous livra sa maîtresse.
Qui lui pourroit un peu tirer les vers du nez,
Que nous verrions demain des gens bien étonnés !

SCÈNE VI.

CÉLIDAN, LA NOURRICE.

LA NOURRICE.

Ah !

CÉLIDAN.

J'entends des soupirs.

LA NOURRICE.
Destins !

CÉLIDAN.
C'est la nourrice ;
Qu'elle vient à propos !

LA NOURRICE.
Ou rendez-moi Clarice...

CÉLIDAN.

Il la faut aborder.

LA NOURRICE.
Ou me donnez la mort.

CÉLIDAN.

Qu'est-ce ? qu'as-tu, nourrice, à t'affliger si fort ?
Quel funeste accident ? quelle perte arrivée ?

LA NOURRICE.

Perfide ! c'est donc toi qui me l'as enlevée ?

ACTE IV, SCÈNE VI.

En quel lieu la tiens-tu? dis-moi, qu'en as-tu fait?

CÉLIDAN.

Ta douleur sans raison m'impute ce forfait [1] ;
Car enfin je t'entends, tu cherches ta maîtresse?

LA NOURRICE.

Oui, je te la demande, ame double et traîtresse.

CÉLIDAN.

Je n'ai point eu de part en cet enlèvement [2] ;
Mais je t'en dirai bien l'heureux événement.
Il ne faut plus avoir un visage si triste,
Elle est en bonne main.

LA NOURRICE.

De qui?

CÉLIDAN.

De son Philiste.

LA NOURRICE.

Le cœur me le disoit, que ce rusé flatteur
Devoit être du coup le véritable auteur.

CÉLIDAN.

Je ne dis pas cela, nourrice; du contraire,
Sa rencontre à Clarice étoit fort nécessaire.

LA NOURRICE.

Quoi! l'a-t-il délivrée?

CÉLIDAN.

Oui.

LA NOURRICE.

Bons dieux!

---

[1] Var. C'est à tort que tu veux m'imputer un forfait.
   LA NOURRICE.
Où l'as-tu mise enfin?
   CÉLIDAN.
            Tu cherches ta maîtresse? (1634-47.)

[2] Var. Je ne trempai jamais en cet enlèvement. (1634-47.)

CÉLIDAN.

        Sa valeur
Ote ensemble la vie et Clarice au voleur.

LA NOURRICE.

Vous ne parlez que d'un.

CÉLIDAN.

      L'autre ayant pris la fuite,
Philiste a négligé d'en faire la poursuite.

LA NOURRICE.

Leur carrosse roulant, comme est-il avenu...?

CÉLIDAN.

Tu m'en veux informer en vain par le menu.
Peut-être un mauvais pas, une branche, une pierre,
Fit verser leur carrosse, et les jeta par terre;
Et Philiste eut tant d'heur que de les rencontrer
Comme eux et ta maîtresse étoient prêts d'y rentrer.

LA NOURRICE.

Cette heureuse nouvelle a mon ame ravie.
Mais le nom de celui qu'il a privé de vie?

CÉLIDAN.

C'est... je l'aurois nommé mille fois en un jour :
Que ma mémoire ici me fait un mauvais tour!
C'est un des bons amis que Philiste eût au monde.
Rêve un peu, comme moi, nourrice, et me seconde.

LA NOURRICE.

Donnez-m'en quelque adresse.

CÉLIDAN.

      Il se termine en don.
C'est... j'y suis, peu s'en faut : attends, c'est...

LA NOURRICE.

        Alcidon?

CÉLIDAN.

T'y voilà justement.

ACTE IV, SCÈNE VI.

LA NOURRICE.
Est-ce lui ? Quel dommage
Qu'un brave gentilhomme à la fleur de son âge...
Toutefois il n'a rien qu'il n'ait bien mérité,
Et, graces aux bons dieux, son dessein avorté...
Mais du moins, en mourant, il nomma son complice ?

CÉLIDAN.
C'est là le pis pour toi.

LA NOURRICE.
Pour moi !

CÉLIDAN.
Pour toi, nourrice.

LA NOURRICE.
Ah, le traître !

CÉLIDAN.
Sans doute il te vouloit du mal.

LA NOURRICE.
Et m'en pourroit-il faire ?

CÉLIDAN.
Oui, son rapport fatal...

LA NOURRICE.
Ne peut rien contenir que je ne le dénie.

CÉLIDAN.
En effet, ce rapport n'est qu'une calomnie.
Écoute cependant : il a dit qu'à ton su
Ce malheureux dessein avoit été conçu ;
Et que, pour empêcher la fuite de Clarice,
Ta feinte pâmoison lui fit un bon office,
Qu'il trouva le jardin, par ton moyen, ouvert.

LA NOURRICE.
De quels damnables tours cet imposteur se sert !
Non, monsieur ; à présent il faut que je le die,

Le ciel ne vit jamais de telle perfidie.
Ce traître aimoit Clarice, et, brûlant de ce feu,
Il n'amusoit Doris que pour couvrir son jeu ¹;
Depuis près de six mois il a tâché sans cesse
D'acheter ma faveur auprès de ma maîtresse :
Il n'a rien épargné qui fût en son pouvoir;
Mais, me voyant toujours ferme dans le devoir,
Et que pour moi ses dons n'avoient aucune amorce,
Enfin il a voulu recourir à la force.
Vous savez le surplus, vous voyez son effort
A se venger de moi pour le moins en sa mort :
Piqué de mes refus, il me fait criminelle,
Et mon crime ne vient que d'être trop fidèle.
Mais, monsieur, le croit-on ?

CÉLIDAN.

N'en doute aucunement.
Le bruit est qu'on t'apprête un rude châtiment.

LA NOURRICE.

Las ! que me dites-vous ?

CÉLIDAN.

Ta maîtresse en colère
Jure que tes forfaits recevront leur salaire;
Sur-tout elle s'aigrit contre ta pâmoison.
Si tu veux éviter une infame prison,
N'attends pas son retour.

LA NOURRICE.

Où me vois-je réduite,
Si mon salut dépend d'une soudaine fuite ² !
Et mon esprit confus ne sait où l'adresser !

¹ Var. Ne caressoit Doris que pour couvrir son jeu. (1634-47.)
² Var. Mon salut dépend donc d'une soudaine fuite,
   Et mon esprit confus ne peut où l'adresser ? (1634.)

ACTE IV, SCÈNE VII.   341

CÉLIDAN.

J'ai pitié des malheurs qui te viennent presser :
Nourrice, fais chez moi, si tu veux, ta retraite[1] ;
Autant qu'en lieu du monde elle y sera secrète.

LA NOURRICE.

Oserois-je espérer que la compassion...

CÉLIDAN.

Je prends ton innocence en ma protection.
Va, ne perds point de temps ; être ici davantage
Ne pourroit à la fin tourner qu'à ton dommage.
Je te suivrai de l'œil, et ne dis encor rien
Comme après je saurai m'employer pour ton bien :
Durant l'éloignement ta paix se pourra faire.

LA NOURRICE.

Vous me serez, monsieur, comme un dieu tutélaire.

CÉLIDAN.

Trève, pour le présent, de ces remerciements ;
Va, tu n'as pas loisir de tant de compliments.

SCÈNE VII.

CÉLIDAN.

Voilà mon homme pris, et ma vieille attrapée.
Vraiment un mauvais conte aisément l'a dupée :
Je la croyois plus fine, et n'eusse pas pensé
Qu'un discours sur-le-champ par hasard commencé,
Dont la suite non plus n'alloit qu'à l'aventure,
Pût donner à son ame une telle torture,
La jeter en désordre, et brouiller ses ressorts ;

---

[1] VAR. Nourrice, j'ai chez moi, si tu veux, ta retraite. (1634.)

Mais la raison le veut, c'est l'effet des remords.
Le cuisant souvenir d'une action méchante
Soudain au moindre mot nous donne l'épouvante.
Mettons-la cependant en lieu de sûreté,
D'où nous ne craignions rien de sa subtilité;
Après, nous ferons voir qu'il me faut d'une affaire
Ou du tout ne rien dire, ou du tout ne rien taire,
Et que, depuis qu'on joue à surprendre un ami,
Un trompeur en moi trouve un trompeur et demi.

SCÈNE VIII.

ALCIDON, DORIS.

DORIS.
C'est donc pour un ami que tu veux que mon ame
Allume à ta prière une nouvelle flamme?
ALCIDON.
Oui, de tout mon pouvoir je t'en viens conjurer.
DORIS.
A ce coup, Alcidon, voilà te déclarer;
Ce compliment, fort beau pour des ames glacées,
M'est un aveu bien clair de tes feintes passées.
ALCIDON.
Ne parle point de feinte; il n'appartient qu'à toi
D'être dissimulée, et de manquer de foi;
L'effet l'a trop montré.
DORIS.
    L'effet a dû t'apprendre,
Quand on feint avec moi, que je sais bien le rendre.
Mais je reviens à toi. Tu fais donc tant de bruit
Afin qu'après un autre en recueille le fruit;

ACTE IV, SCÈNE VIII.

Et c'est à ce dessein que ta fausse colère
Abuse insolemment de l'esprit de mon frère ?
ALCIDON.
Ce qu'il a pris de part en mes ressentiments
Apporte seul du trouble à tes contentements¹ ;
Et pour moi, qui vois trop ta haine par ce change
Qui t'a fait sans raison me préférer Florange,
Je n'ose plus t'offrir un service odieux.
DORIS.
Tu ne fais pas tant mal. Mais, pour faire encor mieux,
Puisque tu reconnois ma véritable haine,
De moi, ni de mon choix ne te mets point en peine.
C'est trop manquer de sens ; je te prie, est-ce à toi,
A l'objet de ma haine, à disposer de moi ?
ALCIDON.
Non ; mais puisque je vois à mon peu de mérite
De ta possession l'espérance interdite,
Je sentirois mon mal puissamment soulagé²,
Si du moins un ami m'en étoit obligé.
Ce cavalier, au reste, a tous les avantages
Que l'on peut remarquer aux plus braves courages,
Beau de corps et d'esprit, riche, adroit, valeureux,
Et sur-tout de Doris à l'extrême amoureux.
DORIS.
Toutes ces qualités n'ont rien qui me déplaise ;
Mais il en a de plus une autre fort mauvaise,
C'est qu'il est ton ami ; cette seule raison
Me le feroit haïr, si j'en savois le nom.

¹ Var. Seul apporte du trouble à tes contentements ;
. . . .
Où tu m'as préféré ce lourdaud de Florange. (1634-47.)

² Var. Je sentirois mon mal de beaucoup soulagé. (1634-47.)

ALCIDON.

Donc, pour le bien servir, il faut ici le taire[1] !

DORIS.

Et de plus lui donner cet avis salutaire,
Que, s'il est vrai qu'il m'aime, et qu'il veuille être aimé,
Quand il m'entretiendra, tu ne sois point nommé;
Qu'il n'espère autrement de réponse que triste.
J'ai dépit que le sang me lie avec Philiste,
Et qu'ainsi, malgré moi, j'aime un de tes amis.

ALCIDON.

Tu seras quelque jour d'un esprit plus remis.
Adieu : quoi qu'il en soit, souviens-toi, dédaigneuse[2],
Que tu hais Alcidon qui te veut rendre heureuse.

DORIS.

Va, je ne veux point d'heur qui parte de ta main.

SCÈNE IX.

DORIS.

Qu'aux filles comme moi le sort est inhumain !
Que leur condition se trouve déplorable[3] !
Une mère aveuglée, un frère inexorable,
Chacun de son côté, prennent sur mon devoir
Et sur mes volontés un absolu pouvoir :
Chacun me veut forcer à suivre son caprice;

---

[1] Var. Donc, pour le bien servir, il me le faudroit taire[*] ! (1634.)

[2] Var. Je m'en vais ; cependant souviens-toi, rigoureuse. (1634.)

[3] Var. Que leur condition me semble déplorable !
. . . .
Chacun de leur côté, prennent sur mon devoir. (1634-47.)

[*] Var. Donc, pour le bien servir, il me faut vous le taire ? (1647.)

L'un a ses amitiés, l'autre a son avarice.
Ma mère veut Florange, et mon frère Alcidon.
Dans leurs divisions mon cœur à l'abandon
N'attend que leur accord pour souffrir et pour feindre.
Je n'ose qu'espérer, et je ne sais que craindre;
Ou plutôt je crains tout, et je n'espère rien.
Je n'ose fuir mon mal, ni rechercher mon bien.
Dure sujétion! étrange tyrannie!
Toute liberté donc à mon choix se dénie!
On ne laisse à mes yeux rien à dire à mon cœur,
Et par force un amant n'a de moi que rigueur.
Cependant il y va du reste de ma vie [1],
Et je n'ose écouter tant soit peu mon envie.
Il faut que mes desirs, toujours indifférents,
Aillent sans résistance au gré de mes parents,
Qui m'apprêtent peut-être un brutal, un sauvage :
Et puis cela s'appelle une fille bien sage!
  Ciel, qui vois ma misère, et qui fais les heureux [2],
Prends pitié d'un devoir qui m'est si rigoureux!

[1] Var. Il y va cependant du reste de ma vie. (1634-47.)
[2] Var.   Ciel, qui vois ma misère, et qui sais mon besoin,
      Pour le moins, par pitié, prends de moi quelque soin! (1634-47.)

FIN DU QUATRIÈME ACTE.

ACTE CINQUIÈME.

SCÈNE I.
CÉLIDAN, CLARICE.

CÉLIDAN.
N'espérez pas, madame, avec cet artifice,
Apprendre du forfait l'auteur ni le complice :
Je chéris l'un et l'autre, et crois qu'il m'est permis
De conserver l'honneur de mes plus chers amis [1].
L'un, aveuglé d'amour, ne jugea point de blâme
A ravir la beauté qui lui ravissoit l'ame;
Et l'autre l'assista par importunité :
C'est ce que vous saurez de leur témérité.

CLARICE.
Puisque vous le voulez, monsieur, je suis contente
De voir qu'un bon succès a trompé leur attente [2];
Et me résolvant même à perdre à l'avenir
De toute ma douleur l'odieux souvenir [3],
J'estime que la perte en sera plus aisée,
Si j'ignore les noms de ceux qui l'ont causée.
C'est assez que je sais qu'à votre heureux secours
Je dois tout le bonheur du reste de mes jours [4].

---

[1] Var. De conserver l'honneur de mes meilleurs amis. (1634-47.)

[2] Var. De voir qu'un bon succès ait trompé leur attente. (1634-47.)

[3] Var. De toute ma douleur * le triste souvenir. (1634.)

[4] Var. Je dois ma liberté, mon honneur, mes amours. (1634-47.)

* Var. De mon affliction. (1647.)

Philiste autant que moi vous en est redevable :
S'il a su mon malheur, il est inconsolable ;
Et, dans son désespoir, sans doute qu'aujourd'hui
Vous lui rendez la vie en me rendant à lui.
Disposez du pouvoir et de l'un et de l'autre [1] ;
Ce que vous y verrez tenez-le comme au vôtre ;
Et souffrez cependant qu'on le puisse avertir
Que nos maux en plaisirs se doivent convertir.
La douleur trop long-temps règne sur son courage.

CÉLIDAN.

C'est à moi qu'appartient l'honneur de ce message ;
Mon secours, sans cela, comme de nul effet,
Ne vous auroit rendu qu'un service imparfait.

CLARICE.

Après avoir rompu les fers d'une captive,
C'est tout de nouveau prendre une peine excessive ;
Et l'obligation que j'en vais vous avoir
Met la revanche hors de mon peu de pouvoir.
Ainsi dorénavant, quelque espoir qui me flatte [2],
Il faudra malgré moi que j'en demeure ingrate.

CÉLIDAN.

En quoi que mon service oblige votre amour,
Vos seuls remerciements me mettent à retour.

---

[1] Var. Disposez de tous deux ; et ce que l'un et l'autre
   Auront en leur pouvoir, tenez-le comme au vôtre :
   Tandis, permettez-moi de le faire avertir
   Qu'il lui faut en plaisirs ses douleurs convertir.
        CÉLIDAN.
   C'est à moi qu'appartient l'honneur de ce message,
   Trop heureux en ce point de vous servir de page. (1634-47.)

[2] Var. Si bien que désormais, quelque espoir qui me flatte. (1634-47.)

SCÈNE II.

CÉLIDAN.

Qu'Alcidon maintenant soit de feu pour Clarice,
Qu'il ait de son parti sa traîtresse nourrice,
Que d'un ami trop simple il fasse un ravisseur,
Qu'il querelle Philiste, et néglige sa sœur,
Enfin qu'il aime, dupe, enlève, feigne, abuse,
Je trouve mieux que lui mon compte dans sa ruse :
Son artifice m'aide, et succède si bien,
Qu'il me donne Doris, et ne lui laisse rien.
Il semble n'enlever qu'à dessein que je rende,
Et que Philiste, après une faveur si grande,
N'ose me refuser celle dont ses transports
Et ses faux mouvements font rompre les accords.
 Ne m'offre plus Doris, elle m'est toute acquise;
Je ne la veux devoir, traître, qu'à ma franchise;
Il suffit que ta ruse ait dégagé sa foi :
Cesse tes compliments, je l'aurai bien sans toi.
Mais, pour voir ces effets, allons trouver le frère :
Notre heur s'accorde mal avecque sa misère [1],
Et ne peut s'avancer qu'en lui disant le sien.

---

[1] Var. Notre heur, incompatible avecque sa misère,
　　　Ne se peut avancer qu'en lui disant le sien. (1634-47.)

SCÈNE III.

ALCIDON, CÉLIDAN.

CÉLIDAN.
Ah! je cherchois une heure avec toi d'entretien;
Ta rencontre jamais ne fut plus opportune.
ALCIDON.
En quel point as-tu mis l'état de ma fortune?
CÉLIDAN.
Tout va le mieux du monde. Il ne se pouvoit pas
Avec plus de succès supposer un trépas;
Clarice au désespoir croit Philiste sans vie.
ALCIDON.
Et l'auteur de ce coup?
CÉLIDAN.
Celui qui l'a ravie,
Un amant inconnu dont je lui fais parler.
ALCIDON.
Elle a donc bien jeté des injures en l'air?
CÉLIDAN.
Cela s'en va sans dire [1].
ALCIDON.
Ainsi rien ne l'apaise?
CÉLIDAN.
Si je te disois tout, tu mourrois de trop d'aise.
ALCIDON.
Je n'en veux point qui porte une si dure loi.

---

[1] Var. Mais dedans sa fureur, quoique rien ne l'apaise,
  Si je t'avois tout dit, c'est pour en mourir d'aise. (1634-47.)

CÉLIDAN.
Dans ce grand désespoir elle parle de toi [1].
ALCIDON.
Elle parle de moi!
CÉLIDAN.
« J'ai perdu ce que j'aime,
« Dit-elle ; mais du moins si cet autre lui-même,
« Son fidèle Alcidon m'en consoloit ici ! »
ALCIDON [2].
Tout de bon ?
CÉLIDAN.
Son esprit en paroît adouci.
ALCIDON.
Je ne me pensois pas si fort dans sa mémoire [3].
Mais non, cela n'est point, tu m'en donnes à croire.
CÉLIDAN.
Tu peux, dans ce jour même, en voir la vérité [4].
ALCIDON.
J'accepte le parti par curiosité.

---

[1] Var. Dedans son désespoir, elle a parlé de toi. (1634-47.)

[2] Var. « Qu'en le voyant, mon mal deviendroit adouci ! » (1634-47.)

[3] Var. Je ne me pensois pas si fort en sa mémoire. (1634.)

[4] Var. Il ne tiendra qu'à toi d'en voir la vérité.
ALCIDON.
Quand ?
CÉLIDAN.
Même avant demain.
ALCIDON.
Ma curiosité
Accepte ce parti ; ce soir, si bon te semble,
Nous nous déroberons pour l'aller voir ensemble,
Et comme, sans dessein, de loin la disposer,
Puisque Philiste est mort....
CÉLIDAN.
J'entends, à t'épouser. (1634-47.)

ACTE V, SCÈNE III.

Dérobons-nous ce soir pour lui rendre visite.
CÉLIDAN.
Tu verras à quel point elle met ton mérite.
ALCIDON.
Si l'occasion s'offre, on peut la disposer,
Mais comme sans dessein....
CÉLIDAN.
J'entends, à t'épouser.
ALCIDON.
Nous pourrons feindre alors que par ma diligence
Le concierge rendu de mon intelligence
Me donne un accès libre aux lieux de sa prison,
Que déja quelque argent m'en a fait la raison,
Et que, s'il en faut croire une juste espérance,
Les pistoles dans peu feront sa délivrance,
Pourvu qu'un prompt hymen succède à mes desirs.
CÉLIDAN.
Que cette invention t'assure de plaisirs !
Une subtilité si dextrement tissue
Ne peut jamais avoir qu'une admirable issue.
ALCIDON.
Mais l'exécution ne s'en doit pas surseoir.
CÉLIDAN.
Ne diffère donc point. Je t'attends vers le soir ;
N'y manque pas. Adieu. J'ai quelque affaire en ville ¹.
ALCIDON, seul.
O l'excellent ami ! qu'il a l'esprit docile !
Pouvois-je faire un choix plus commode pour moi ?
Je trompe tout le monde avec sa bonne foi ;
Et, quant à sa Doris, si sa poursuite est vaine,

---

¹ Var. Adieu ; pour le présent, j'ai quelque affaire en ville. (1634-47.)

C'est de quoi maintenant je ne suis guère en peine :
Puisque j'aurai mon compte, il m'importe fort peu
Si la coquette agrée ou néglige son feu.
Mais je ne songe pas que ma joie imprudente [1]
Laisse en perplexité ma chère confidente ;
Avant que de partir, il faudra sur le tard
De nos heureux succès lui faire quelque part [2].

SCÈNE IV.

CHRYSANTE, PHILISTE, DORIS.

CHRYSANTE.

Je ne le puis celer, bien que j'y compatisse,
Je trouve en ton malheur quelque peu de justice :
Le ciel venge ta sœur ; ton fol emportement
A rompu sa fortune, et chassé son amant [3],
Et tu vois aussitôt la tienne renversée,
Ta maîtresse par force en d'autres mains passée :
Cependant Alcidon, que tu crois rappeler,
Toujours de plus en plus s'obstine à quereller.

PHILISTE.

Madame, c'est à vous que nous devons nous prendre

---

[1] Var. Mais je ne songe pas que mon aise imprudente. (1634-47.)

[2] Var. De mes contentements lui faire quelque part. (1634-47.)

[3] Var. Le ciel venge ta sœur ; ton brusque aveuglement
. . . .
   Ta maîtresse ravie, et peut-être forcée.
   Cependant Alcidon te querelle toujours,
   Au lieu de renouer ses premières amours.
PHILISTE.
Madame, c'est sur vous qu'en tombe le reproche.
Le moyen que jamais Alcidon en rapproche !

ACTE V, SCÈNE V.

De tous les déplaisirs qu'il nous en faut attendre.
D'un si honteux affront le cuisant souvenir
Éteint toute autre ardeur que celle de punir.
Ainsi mon mauvais sort m'a bien ôté Clarice;
Mais du reste accusez votre seule avarice.
Madame, nous perdons, par votre aveuglement,
Votre fils, un ami; votre fille, un amant.

DORIS.

Otez ce nom d'amant : le fard de son langage
Ne m'empêcha jamais de voir dans son courage;
Et nous étions tous deux semblables en ce point,
Que nous feignions d'aimer ce que nous n'aimions point.

PHILISTE.

Ce que vous n'aimiez point! jeune dissimulée [1],
Falloit-il donc souffrir d'en être cajolée?

DORIS.

Il le falloit souffrir, ou vous désobliger.

PHILISTE.

Dites qu'il vous falloit un esprit moins léger [2].

CHRYSANTE.

Célidan vient d'entrer : fais un peu de silence,
Et du moins à ses yeux cache ta violence.

SCÈNE V.

PHILISTE, CHRYSANTE, CÉLIDAN, DORIS.

PHILISTE, à Célidan.

Eh bien! que dit, que fait notre amant irrité?

L'affront qu'il a reçu ne lui peut plus laisser
De souvenir de nous que pour nous offenser. (1634-47.)

[1] Var. Ce que vous n'aimiez point! petite écervelée. (1634-47.)
[2] Var. Mais dis qu'il te falloit un esprit moins léger. (1634-47.)

CORNEILLE. — T. I.

Persiste-t-il encor dans sa brutalité?
CÉLIDAN.
Quitte pour aujourd'hui le soin de tes querelles :
J'ai bien à te conter de meilleures nouvelles.
Les ravisseurs n'ont plus Clarice en leur pouvoir.
PHILISTE.
Ami, que me dis-tu?
CÉLIDAN.
Ce que je viens de voir.
PHILISTE.
Et, de grace, où voit-on le sujet que j'adore?
Dis-moi le lieu.
CÉLIDAN.
Le lieu ne se dit pas encore.
Celui qui te la rend te veut faire une loi....
PHILISTE.
Après cette faveur, qu'il dispose de moi ;
Mon possible est à lui.
CÉLIDAN.
Donc sous cette promesse
Tu peux dans son logis aller voir ta maîtresse :
Ambassadeur exprès....

SCÈNE VI.

CHRYSANTE, CÉLIDAN, DORIS.

CHRYSANTE.
Son feu précipité
Lui fait faire envers vous une incivilité;
Vous la pardonnerez à cette ardeur trop forte [1],

---

[1] Var. Excusez, s'il vous plaît, sa passion trop forte. (1634-47.)

ACTE V, SCÈNE VI.

Qui, sans vous dire adieu, vers son objet l'emporte.
CÉLIDAN.
C'est comme doit agir un véritable amour.
Un feu moindre eût souffert quelque plus long séjour ;
Et nous voyons assez par cette expérience
Que le sien est égal à son impatience.
Mais puisque ainsi le ciel rejoint ces deux amants,
Et que tout se dispose à vos contentements,
Pour m'avancer aux miens, oserois-je, madame,
Offrir à tant d'appas un cœur qui n'est que flamme [1],
Un cœur sur qui ses yeux de tout temps absolus
Ont imprimé des traits qui ne s'effacent plus ?
J'ai cru par le passé qu'une ardeur mutuelle
Unissoit les esprits et d'Alcidon et d'elle,
Et qu'en ce cavalier son desir arrêté
Prendroit tous autres vœux pour importunité.
Cette seule raison m'obligeant à me taire,
Je trahissois mon feu de peur de lui déplaire ;
Mais aujourd'hui qu'un autre en sa place reçu [2]
Me fait voir clairement combien j'étois déçu,
Je ne condamne plus mon amour au silence,
Et viens faire éclater toute sa violence.

---

[1] VAR. Offrir à cette belle un cœur qui n'est que flamme. (1634-47.)

[2] VAR. Mais à présent qu'un autre en sa place reçu
. . . .
Et que ce malheureux l'a si peu conservée,
Mon ame, que ses yeux ont toujours captivée,
Dans le malheur d'autrui vient chercher son bonheur.
####### CHRYSANTE.
Votre offre avantageux me fait beaucoup d'honneur ;
. . . .
Et comme sa boutade à mes souhaits résiste.
Trop chaud ami qu'il est, il s'emporte aujourd'hui
Pour un qui nous méprise et se moque de lui. (1634-47.)

Souffrez que mes desirs, si long-temps retenus,
Rendent à sa beauté des vœux qui lui sont dus;
Et du moins, par pitié d'un si cruel martyre,
Permettez quelque espoir à ce cœur qui soupire.
CHRYSANTE.
Votre amour pour Doris est un si grand bonheur,
Que je voudrois sur l'heure en accepter l'honneur :
Mais vous voyez le point où me réduit Philiste,
Et comme son caprice à mes souhaits résiste.
Trop chaud ami qu'il est, il s'emporte à tous coups
Pour un fourbe insolent qui se moque de nous.
Honteuse qu'il me force à manquer de promesse,
Je n'ose vous donner une réponse expresse,
Tant je crains de sa part un désordre nouveau.
CÉLIDAN.
Vous me tuez, madame, et cachez le couteau :
Sous ce détour discret un refus se colore.
CHRYSANTE.
Non, monsieur; croyez-moi, votre offre nous honore :
Aussi dans le refus j'aurois peu de raison;
Je connois votre bien, je sais votre maison.
Votre père jadis (hélas! que cette histoire
Encor sur mes vieux ans m'est douce en la mémoire!),
Votre feu père, dis-je, eut de l'amour pour moi;
J'étois son cher objet; et maintenant je voi
Que, comme par un droit successif de famille,
L'amour qu'il eut pour moi, vous l'avez pour ma fille.
S'il m'aimoit, je l'aimois; et les seules rigueurs
De ses cruels parents divisèrent nos cœurs :
On l'éloigna de moi par ce maudit usage[1]

[1] Var. On l'éloigna de moi, vu le peu d'avantage
    Qui se trouva pour lui dedans mon mariage ;

ACTE V, SCÈNE VI.

Qui n'a d'égard qu'aux biens pour faire un mariage ;
Et son père jamais ne souffrit son retour
Que ma foi n'eût ailleurs engagé mon amour :
En vain à cet hymen j'opposai ma constance ;
La volonté des miens vainquit ma résistance.
Mais je reviens à vous, en qui je vois portraits
De ses perfections les plus aimables traits.
Afin de vous ôter désormais toute crainte
Que dessous mes discours se cache aucune feinte,
Allons trouver Philiste, et vous verrez alors
Comme en votre faveur je ferai mes efforts.

CÉLIDAN.

Si de ce cher objet j'avois même assurance [1],
Rien ne pourroit jamais troubler mon espérance.

DORIS.

Je ne sais qu'obéir, et n'ai point de vouloir.

CÉLIDAN.

Employer contre vous un absolu pouvoir !
Ma flamme d'y penser se tiendroit criminelle.

CHRYSANTE.

Je connois bien ma fille, et je vous réponds d'elle.
Dépêchons seulement d'aller vers ces amants.

CÉLIDAN.

Allons : mon heur dépend de vos commandements.

Et jamais le retour ne lui fut accordé
Qu'ils ne vissent mon lit d'Acaste possédé. (1634-47.)

[1] Var. Il faudroit de ma belle une même assurance,
Et rien ne pourroit plus troubler mon espérance.
    DORIS.
Monsieur, où madame est, je n'ai point de vouloir.
    CÉLIDAN.
Employer contre vous son absolu pouvoir !
Ma flamme d'y penser deviendroit criminelle. (1634-47.)

SCÈNE VII.

PHILISTE, CLARICE.

PHILISTE.
Ma douleur, qui s'obstine à combattre ma joie,
Pousse encor des soupirs, bien que je vous revoie;
Et l'excès des plaisirs qui me viennent charmer
Mêle dans ces douceurs je ne sais quoi d'amer.
Mon ame en est ensemble et ravie et confuse.
D'un peu de lâcheté votre retour m'accuse,
Et votre liberté me reproche aujourd'hui
Que mon amour la doit à la pitié d'autrui.
Elle me comble d'aise et m'accable de honte;
Celui qui vous la rend, en m'obligeant, m'affronte;
Un coup si glorieux n'appartenoit qu'à moi.

CLARICE.
Vois-tu dans mon esprit des doutes de ta foi?
Y vois-tu des soupçons qui blessent ton courage,
Et disposent ta bouche à ce fâcheux langage?
Ton amour et tes soins trompés par mon malheur,
Ma prison inconnue a bravé ta valeur.
Que t'importe à présent qu'un autre m'en délivre,
Puisque c'est pour toi seul que Clarice veut vivre,
Et que d'un tel orage en bonace réduit
Célidan a la peine, et Philiste le fruit?

PHILISTE.
Mais vous ne dites pas que le point qui m'afflige
C'est la reconnoissance où l'honneur vous oblige :
Il vous faut être ingrate, ou bien à l'avenir

ACTE V, SCÈNE VII. 359

Lui garder en votre ame un peu de souvenir¹.
La mienne en est jalouse, et trouve ce partage,
Quelque inégal qu'il soit, à son désavantage ;
Je ne puis le souffrir. Nos pensers à tous deux
Ne devroient, à mon gré, parler que de nos feux.
Tout autre objet que moi dans votre esprit me pique.

CLARICE.

Ton humeur, à ce compte, est un peu tyrannique.
Penses-tu que je veuille un amant si jaloux ?

PHILISTE.

Je tâche d'imiter ce que je vois en vous ;
Mon esprit amoureux, qui vous tient pour sa reine,
Fait de vos actions sa règle souveraine.

CLARICE.

Je ne puis endurer ces propos outrageux :
Où me vois-tu jalouse, afin d'être ombrageux ?

PHILISTE.

Quoi! ne l'étiez-vous point l'autre jour qu'en visite²
J'entretins quelque temps Belinde et Chrysolite ?

CLARICE.

Ne me reproche point l'excès de mon amour.

PHILISTE.

Mais permettez-moi donc cet excès à mon tour ;
Est-il rien de plus juste, ou de plus équitable ?

CLARICE.

Encor pour un jaloux tu seras fort traitable,
Et n'es pas maladroit en ces doux entretiens³,
D'accuser mes défauts pour excuser les tiens ;

---

¹ Var. Lui garder en votre ame un petit souvenir. (1634-47.)

² Var. Ce fut, vous le savez, l'autre jour qu'en visite. (1634-47.)

³ Var. Et tu sais dextrement, dedans nos entretiens,
   Accuser mes défauts en excusant les tiens. (1634-47.)

Par cette liberté tu me fais bien paroître
Que tu crois que l'hymen t'ait déja rendu maître,
Puisque, laissant les vœux et les soumissions,
Tu me dis seulement mes imperfections.
Philiste, c'est douter trop peu de ta puissance,
Et prendre avant le temps un peu trop de licence.
Nous avions notre hymen à demain arrêté;
Mais, pour te bien punir de cette liberté,
De plus de quatre jours ne crois pas qu'il s'achève [1].

PHILISTE.
Mais si durant ce temps quelque autre vous enlève,
Avez-vous sûreté que, pour votre secours [2],
Le même Célidan se rencontre toujours?

CLARICE.
Il faut savoir de lui s'il prendroit cette peine.
Vois ta mère et ta sœur que vers nous il amène.
Sa réponse rendra nos débats terminés.

PHILISTE.
Ah! mère, sœur, ami, que vous m'importunez!

SCÈNE VIII.

CHRYSANTE, DORIS, CÉLIDAN, CLARICE, PHILISTE.

CHRYSANTE, à Clarice.
Je viens, après mon fils, vous rendre une assurance
De la part que je prends en votre délivrance;
Et mon cœur tout à vous ne sauroit endurer [3]

---

[1] Var. Tu peux compter huit jours paravant qu'il s'achève. (1634-47.)

[2] Var. Pensez-vous, mon souci, que, pour votre secours. (1634-47.)

[3] Var. L'aise que j'en reçois ne sauroit endurer
    Que mes humbles devoirs se pussent différer. (1634-47.)

Que mes humbles devoirs osent se différer.
             CLARICE, à Chrysante.
N'usez point de ce mot vers celle dont l'envie
Est de vous obéir le reste de sa vie,
Que son retour rend moins à soi-même qu'à vous.
Ce brave cavalier accepté pour époux,
C'est à moi désormais, entrant dans sa famille,
A vous rendre un devoir de servante et de fille ;
Heureuse mille fois, si le peu que je vaux [1]
Ne vous empêche point d'excuser mes défauts,
Et si votre bonté d'un tel choix se contente !
             CHRYSANTE, à Clarice.
Dans ce bien excessif qui passe mon attente,
Je soupçonne mes sens d'une infidélité,
Tant ma raison s'oppose à ma crédulité [2].
Surprise que je suis d'une telle merveille,
Mon esprit tout confus doute encor si je veille ;
Mon ame en est ravie, et ces ravissements
M'ôtent la liberté de tous remerciements.
             DORIS, à Clarice.
Souffrez qu'en ce bonheur mon zèle m'enhardisse [3]
A vous offrir, madame, un fidèle service.
             CLARICE, à Doris.
Et moi, sans compliment qui vous farde mon cœur,
Je vous offre et demande une amitié de sœur.

---

[1] VAR. Pourvu qu'en mes défauts j'aye tant de bonheur
         Que vous me réputiez digne d'un tel honneur,
         Et que sa passion en ce choix vous contente. (1634-47.)

[2] VAR. Tant la raison s'oppose à ma crédulité.
. . . .
         Mon esprit tout confus fait doute si je veille. (1634.)

[3] VAR. Souffrez qu'en ce bonheur mon aise m'enhardisse. (1634-47.)

PHILISTE, à Célidan.

Toi, sans qui mon malheur étoit inconsolable,
Ma douleur sans espoir, ma perte irréparable,
Qui m'as seul obligé plus que tous mes amis,
Puisque je te dois tout, que je t'ai tout promis,
Cesse de me tenir dedans l'incertitude;
Dis-moi par où je puis sortir d'ingratitude;
Donne-moi le moyen, après un tel bienfait,
De réduire pour toi ma parole en effet.

CÉLIDAN, à Philiste.

S'il est vrai que ta flamme et celle de Clarice
Doivent leur bonne issue à mon peu de service,
Qu'un bon succès par moi réponde à tous vos vœux;
J'ose t'en demander un pareil à mes feux.

(montrant Chrysante.)

J'ose te demander, sous l'aveu de madame,
Ce digne et seul objet de ma secrète flamme [1],
Cette sœur que j'adore, et qui pour faire un choix
Attend de ton vouloir les favorables lois.

PHILISTE, à Célidan.

Ta demande m'étonne ensemble et m'embarrasse :
Sur ton meilleur ami tu brigues cette place;
Et tu sais que ma foi la réserve pour lui.

CHRYSANTE, à Philiste.

Si tu n'as entrepris de m'accabler d'ennui,
Ne te fais point ingrat pour une ame si double

PHILISTE, à Célidan.

Mon esprit divisé de plus en plus se trouble;
Dispense-moi, de grace, et songe qu'avant toi

[1] Var. Celle qui de tout temps a possédé mon ame,
Une sœur qui, reçue en mon lit pour moitié,
D'un lien plus étroit serre notre amitié. (1634-47.)

ACTE V, SCÈNE IX.

Ce bizarre Alcidon tient en gage ma foi [1].
Si ton amour est grand, l'excuse t'est sensible;
Mais je ne t'ai promis que ce qui m'est possible;
Et cette foi donnée ôte de mon pouvoir
Ce qu'à notre amitié je me sais trop devoir.

CHRYSANTE, à Philiste.

Ne te ressouviens plus d'une vieille promesse;
Et juge, en regardant cette belle maîtresse,
Si celui qui pour toi l'ôte à son ravisseur
N'a pas bien mérité l'échange de ta sœur.

CLARICE, à Chrysante.

Je ne saurois souffrir qu'en ma présence on die
Qu'il doive m'acquérir par une perfidie :
Et pour un tel ami lui voir si peu de foi
Me feroit redouter qu'il en eût moins pour moi.
Mais Alcidon survient; nous l'allons voir lui-même
Contre un rival et vous disputer ce qu'il aime [2].

SCÈNE IX.

CLARICE, ALCIDON, PHILISTE, CHRYSANTE, CÉLIDAN, DORIS.

CLARICE, à Alcidon.

Mon abord t'a surpris, tu changes de couleur;

---

[1] VAR. Ce colère Alcidon tient en gage ma foi.
　　　　　　　CÉLIDAN.
Voilà de ta parole un manque trop visible.
　　　　　　　PHILISTE.
Je t'ai bien tout promis ce qui m'étoit possible;
Mais une autre promesse ôte de mon pouvoir
Ce qu'aux plaisirs reçus je me sais trop devoir. (1634-47.)

[2] VAR. Disputer maintenant contre vous ce qu'il aime. (1634-47.)

Tu me croyois sans doute encor dans le malheur :
Voici qui m'en délivre ; et n'étoit que Philiste
A ses nouveaux desseins en ta faveur résiste,
Cet ami si parfait qu'entre nous tu chéris
T'auroit pour récompense enlevé ta Doris.

ALCIDON.

Le désordre éclatant qu'on voit sur mon visage [1]
N'est que l'effet trop prompt d'une soudaine rage.
Je forcène de voir que sur votre retour
Ce traître assure ainsi ma perte et son amour.
Perfide ! à mes dépens tu veux donc des maîtresses ?
Et mon honneur perdu te gagne leurs caresses !

CÉLIDAN, à Alcidon.

Quoi ! j'ai su jusqu'ici cacher tes lâchetés,
Et tu m'oses couvrir de ces indignités !
Cesse de m'outrager, ou le respect des dames
N'est plus pour contenir celui que tu diffames.

---

[1] Var. Le désordre qu'on lit en mon ame étourdie
 Vient moins de votre aspect que de sa perfidie.
. . . .
. . . .
 O honte ! ô crève-cœur ! ô désespoir ! ô rage !
 Qui venez à l'envi déchirer mon courage ;
 Au lieu de vous combattre, unissez vos efforts
 Afin de dénouer mon ame de mon corps.
 Je tiens les plus cruels pour les plus favorables.
 Mais pourquoi vous prier de m'être secourables ?
 Je mourrai bien sans vous ; dans cette trahison,
 Mon cœur n'a, par les yeux, pris que trop de poison.
 Perfide, à mes dépens tu soûles donc ta braise,
 Et mon honneur perdu contribue à ton aise ?
  CÉLIDAN.
 Traître, jusques ici j'ai caché tes défauts,
 Et pour remerciement tu m'en donnes de faux !
 Cesse de m'outrager, ou le respect des dames. (1634-47.)

ACTE V, SCÈNE X.

PHILISTE, à Alcidon.

Cher ami, ne crains rien, et demeure assuré
Que je sais maintenir ce que je t'ai juré;
Pour t'enlever ma sœur, il faut m'arracher l'ame.

ALCIDON, à Philiste.

Non, non, il n'est plus temps de déguiser ma flamme;
Il te faut, malgré moi, faire un honteux aveu [1]
Que si mon cœur brûloit, c'étoit d'un autre feu.
Ami, ne cherche plus qui t'a ravi Clarice,
  (il se montre.)   (il montre Célidan.)
Voici l'auteur du coup, et voilà le complice.
  (à Philiste.)
Adieu. Ce mot lâché, je te suis en horreur.

SCÈNE X.

CHRYSANTE, CLARICE, PHILISTE, CÉLIDAN, DORIS.

CHRYSANTE, à Philiste.

Eh bien! rebelle, enfin sortiras-tu d'erreur?

CÉLIDAN, à Philiste.

Puisque son désespoir vous découvre un mystère
Que ma discrétion vous avoit voulu taire,
C'est à moi de montrer quel étoit mon dessein.
Il est vrai qu'en ce coup je lui prêtai la main.
La peur que j'eus alors qu'après ma résistance
Il ne trouvât ailleurs trop fidèle assistance...

PHILISTE, à Célidan.

Quittons là ce discours, puisqu'en cette action

---

[1] Var. Il faut lever le masque, il faut te confesser
  Qu'une toute autre ardeur occupoit mon penser. (1634-47.)

La fin m'éclaircit trop de ton intention,
Et ta sincérité se fait assez connoître.
Je m'obstinois tantôt dans le parti d'un traître ;
Mais, au lieu d'affoiblir vers toi mon amitié,
Un tel aveuglement te doit faire pitié.
Plains-moi, plains mon malheur, plains mon trop de franchise,
Qu'un ami déloyal a tellement surprise ;
Vois par-là comme j'aime, et ne te souviens plus [1]
Que j'ai voulu te faire un injuste refus.
Fais, malgré mon erreur, que ton feu persévère ;
Ne punis point la sœur de la faute du frère ;
Et reçois de ma main celle que ton desir,
Avant mon imprudence, avoit daigné choisir [2].

CLARICE, à Célidan.

Une pareille erreur me rend toute confuse :
Mais ici mon amour me servira d'excuse ;
Il serre nos esprits d'un trop étroit lien
Pour permettre à mon sens de s'éloigner du sien.

CÉLIDAN.

Si vous croyez encor que cette erreur me touche,
Un mot me satisfait de cette belle bouche ;
Mais, hélas ! quel espoir ose rien présumer [3],

---

[1] VAR. Vois par-là comme j'aime, et perds le souvenir
    Qu'un traître contre toi tu m'as vu maintenir.
    Bien que ma flamme, au point d'avoir sa récompense,
    De me venger de lui, pour l'heure, me dispense,
    Il jouira fort peu de cette vanité
    D'avoir su m'offenser avec impunité. (1634-47.)

[2] VAR. Paravant cette offense avoit voulu choisir. (1634-47.)

[3] VAR. Mais, hélas ! mon souci, je n'ose avoir pensé
    Que sans avoir servi je sois récompensé.
        DORIS, à Célidan.
    Ici votre mérite est joint à leur puissance,
    Et la raison s'accorde à mon obéissance.

ACTE V, SCÈNE X.

Quand on n'a pu servir, et qu'on n'a fait qu'aimer?
DORIS.
Réunir les esprits d'une mère et d'un frère,
Du choix qu'ils m'avoient fait avoir su me défaire,
M'arracher à Florange et m'ôter Alcidon,
Et d'un cœur généreux me faire l'heureux don,
C'est avoir su me rendre un assez grand service
Pour espérer beaucoup avec quelque justice;
Et, puisqu'on me l'ordonne, on peut vous assurer
Qu'alors que j'obéis, c'est sans en murmurer.
CÉLIDAN.
A ces mots enchanteurs tout mon cœur se déploie,
Et s'ouvre tout entier à l'excès de ma joie.
CHRYSANTE.
Que la mienne est extrême! et que sur mes vieux ans

> En secondant vos feux, je fais par jugement
> Ce qu'ailleurs je ferois par leur commandement.
> ### CÉLIDAN.
> A ces mots enchanteurs mon martyre s'apaise,
> Et je ne conçois rien de pareil à mon aise,
> Pourvu que ce propos soit suivi d'un baiser.
> ### CHRYSANTE, à Doris.
> Ma fille, ton devoir ne le peut refuser.
> ### PHILISTE, à Clarice.
> Leur exemple, mon cœur, t'oblige à la pareille.
> ### CLARICE, à Philiste.
> Mais je n'ai point de mère ici qui me conseille.
> Tu prends toujours d'avance.
> ### CHRYSANTE.
> Oh! que sur mes vieux ans
> Le pitoyable ciel me fait de doux présents!
> . . . .
> . . . .
> Ainsi me donne-t-il, pour comble de mes vœux,
> Bientôt des deux côtés quelques petits neveux,
> Rendant, par les doux fruits de ce double hyménée,
> Ma débile vieillesse à jamais fortunée! (1634-47.)

Le favorable ciel me fait de doux présents !
Qu'il conduit mon bonheur par un ressort étrange !
Qu'à propos sa faveur m'a fait perdre Florange !
Puisse-t-elle, pour comble, accorder à mes vœux
Qu'une éternelle paix suive de si beaux nœuds,
Et rendre, par les fruits de ce double hyménée,
Ma dernière vieillesse à jamais fortunée !

CLARICE, à Chrysante.

Cependant pour ce soir ne me refusez pas
L'heur de vous voir ici prendre un mauvais repas,
Afin qu'à ce qui reste ensemble on se prépare[1],
Tant qu'un mystère saint deux à deux nous sépare.

CHRYSANTE, à Clarice.

Nous éloigner de vous avant ce doux moment,
Ce seroit me priver de tout contentement.

---

[1] Var. Afin qu'à ces plaisirs ensemble on se prépare.
. . . .
CHRYSANTE, à Clarice.
Vous quitter paravant ce bienheureux moment. (1634.)

FIN.

EXAMEN DE LA VEUVE.

Cette comédie n'est pas plus régulière que *Mélite* en ce qui regarde l'unité de lieu, et a le même défaut au cinquième acte, qui se passe en compliments pour venir à la conclusion d'un amour épisodique, avec cette différence toutefois, que le mariage de Célidan avec Doris a plus de justesse dans celle-ci que celui d'Éraste avec Cloris dans l'autre. Elle a quelque chose de mieux ordonné pour le temps en général, qui n'est pas si vague que dans *Mélite*, et a ses intervalles mieux proportionnés par cinq jours consécutifs. C'étoit un tempérament que je croyois lors fort raisonnable entre la rigueur des vingt et quatre heures et cette étendue libertine qui n'avoit aucunes bornes. Mais elle a ce même défaut dans le particulier de la durée de chaque acte, que souvent celle de l'action y excède de beaucoup celle de la représentation. Dans le commencement du premier, Philiste quitte Alcidon pour aller faire des visites avec Clarice, et paroît en la dernière scène avec elle au sortir de ces visites, qui doivent avoir consumé toute l'après-dînée, ou du moins la meilleure partie. La même chose se trouve au cinquième : Alcidon y fait partie avec Célidan d'aller voir Clarice sur le soir dans son château, où il la croit encore prisonnière, et se résout de faire part de sa joie à la nourrice, qu'il n'oseroit voir de jour, de peur de faire soupçonner l'intelligence secrète et criminelle qu'ils ont ensemble; et environ cent vers après, il vient chercher cette confidente chez Clarice, dont il ignore le retour. Il ne pouvoit être qu'environ midi quand il en a formé le dessein, puisque Célidan venoit de ramener Clarice (ce que vraisemblablement il a fait le plus tôt qu'il a pu, ayant un intérêt d'amour qui le pressoit de lui rendre ce service en faveur de son amant); et, quand il vient pour exécuter cette résolution, la nuit doit avoir déja assez d'obscurité pour cacher cette visite qu'il lui va rendre. L'excuse qu'on pourroit y donner, aussi bien qu'à ce que j'ai remarqué de Tircis dans *Mélite*, c'est qu'il n'y a point de liaison de scènes, et par conséquent point de continuité d'action. Ainsi, on pourroit dire que ces scènes détachées qui sont placées l'une après l'autre ne s'entre-suivent pas immédiatement, et qu'il se consume un temps notable entre la fin de l'une et le commencement de l'autre ; ce qui n'arrive point quand elles sont liées ensemble, cette liaison étant cause que l'une commence nécessairement au même instant que l'autre finit.

Cette comédie peut faire connoître l'aversion naturelle que j'ai toujours eue pour les *à parte*. Elle m'en donnoit de belles occasions, m'étant proposé d'y peindre un amour réciproque qui parût dans les entretiens de deux personnes qui ne parlent point d'amour ensemble, et de mettre des compliments d'amour suivis entre deux gens qui n'en ont point du tout l'un pour l'autre, et qui sont toutefois obligés, par des considérations particulières, de s'en rendre des témoignages mutuels. C'étoit un beau jeu pour ces discours à part, si fréquents chez les anciens et chez les modernes de toutes les langues; cependant j'ai si bien fait, par le moyen des confidences qui ont précédé ces scènes artificieuses, et des réflexions qui les ont suivies, que, sans emprunter ce secours, l'amour a paru entre ceux qui n'en parlent point, et le mépris a été visible entre ceux qui se font des protestations d'amour. La sixième scène du quatrième acte semble commencer par ces *à parte*, et n'en a toutefois aucun. Célidan et la nourrice y parlent véritablement chacun à part, mais en sorte que chacun des deux veut bien que l'autre entende ce qu'il dit. La nourrice cherche à donner à Célidan des marques d'une douleur très vive qu'elle n'a point, et en affecte d'autant plus les dehors pour l'éblouir; et Célidan, de son côté, veut qu'elle ait lieu de croire qu'il la cherche pour la tirer du péril où il feint qu'elle est, et qu'ainsi il la rencontre fort à propos. Le reste de cette scène est fort adroit, par la manière dont il dupe cette vieille, et lui arrache l'aveu d'une fourbe où on le vouloit prendre lui-même pour dupe. Il l'enferme, de peur qu'elle ne fasse encore quelque pièce qui trouble son dessein; et quelques uns ont trouvé à dire qu'on ne parle point d'elle au cinquième : mais ces sortes de personnages, qui n'agissent que pour l'intérêt des autres, ne sont pas assez d'importance pour faire naître une curiosité légitime de savoir leurs sentiments sur l'événement de la comédie, où ils n'ont plus que faire quand on n'y a plus affaire d'eux; et d'ailleurs, Clarice y a trop de satisfaction de se voir hors du pouvoir de ses ravisseurs et rendue à son amant, pour penser en sa présence à cette nourrice, et prendre garde si elle est en sa maison, ou si elle n'y est pas.

Le style n'est pas plus élevé ici que dans *Mélite*, mais il est plus net et plus dégagé des pointes dont l'autre est semée, qui ne sont, à en bien parler, que de fausses lumières, dont le brillant marque bien quelque vivacité d'esprit, mais sans aucune solidité de raisonnement. L'intrigue y est aussi beaucoup plus raisonnable que dans l'autre; et Alcidon a lieu d'espérer un bien plus heureux succès de sa fourbe, qu'Éraste de la sienne.

FIN DU PREMIER VOLUME.

TABLE DES PIÈCES

CONTENUES

DANS LE TOME PREMIER.

Avertissement de l'Éditeur. — Page j
Étude de la langue de Corneille et du Commentaire de Voltaire. — ix
Vie de Corneille, par Fontenelle. — xxxiij
Supplément à la Vie de Corneille. — lviij
Nouveaux détails sur la Vie de Corneille. — lj
Mélite, comédie. — 1
Clitandre, tragédie. — 133
La Veuve, comédie. — 251

FIN DE LA TABLE.

www.ingramcontent.com/pod-product-compliance
Lightning Source LLC
Chambersburg PA
CBHW070547230426
43665CB00014B/1845